ULLI OLVEDI

Meine Tara

arkana

ULLI OLVEDI

Meine TARA

Befreierin, Retterin, Kraftquelle:
die Geschichte einer ganz besonderen Liebe

arkana

MIX
Papier aus verantwortungsvollen Quellen
FSC® C014496
FSC
www.fsc.org

Penguin Random House Verlagsgruppe FSC® N001967

1. Auflage
Originalausgabe

in der Penguin Random House Verlagsgruppe GmbH,
Neumarkter Straße 28, 81673 München
Lektorat: Susanne Härtel
Umschlaggestaltung: ki 36 Editorial Design, München, Daniela Hofner
Umschlagmotiv: akg-images / Pictures From History
Fotos im Innenteil: © Ulli Olvedi
Satz: Satzwerk Huber, Germering
Druck und Bindung: GGP Media GmbH, Pößneck
Printed in Germany
ISBN 978-3-442-34278-5

www.arkana-verlag.de

Für Allessa und Dani

INHALT

ཏཱ་ར།

EINFÜHRUNG

Dieses Buch ist die Geschichte einer ganz besonderen Beziehung. Was diese Beziehung so außergewöhnlich macht, ist über das übliche Kennenlernen, die zunehmende Annäherung und das Vertiefen hinaus die Möglichkeit, dass sie sich vollkommen erfüllen kann. Sie ist eine lebenslange, wenn nicht noch viel längere Geschichte.

Eines Nachts wachte ich auf und »wusste«, dass ich diese Geschichte schreiben würde. Eine gewisse Plötzlichkeit kannte ich schon von meinen Romanen, die immer als eine Art Sturzgeburten zu mir kamen mit mehr oder minder fertigem Rahmen.

In den 20 Jahren des Immer-nur-Schreibens waren meine Seminare, vor allem die Tara-Seminare, eine schöne Abwechslung. Meine Seminarteilnehmerinnen – es waren fast nur Frauen – sagten immer wieder, ich solle doch ein Buch über Tara schreiben. Auf meinen Einwand hin, es gebe schon einige Bücher über sie, meinten sie, dass sie es sich so wünschten, wie es in den Seminaren war, so persönlich und direkt. Doch ich fühlte mich weit davon entfernt, über Tara zu schreiben. Die schönen Seminare mit all dem Austausch, der Praxis und den spontanen

Gedichten der Gruppen genügten mir völlig. Umso seltsamer war dieser nächtliche Einfall, der zudem ganz nachdrücklich den Titel »Meine Tara« mitlieferte. Es ging also weniger darum, Allgemeines über diese Meditationsgottheit zu schreiben, als von meiner ganz persönlichen Beziehung zu Tara zu erzählen.

Beziehung beginnt mit Anziehung. Beziehungen kann man nicht »machen«, sie fallen gewissermaßen vom Himmel. Dann kommen Vorstellungen, Hoffnungen, Erwartungen dazu; das Denken und Fühlen kreist um das Objekt der Anziehung. So geht das üblicherweise vor sich. Man beginnt nach der Vergangenheit, dem Vorleben des anderen zu fragen, nach der Familie, nach dem kulturellen Umfeld, man möchte alles über ihn oder sie wissen. Man wünscht sich Nähe, Vertrauen, um nicht zu sagen Erlösung von der grundlegenden Einsamkeit des Individuums.

Meine Geschichte berichtet also von einer Beziehung, die in gewisser Hinsicht alle diese Aspekte enthält. Das In-Beziehung-Sein ist ein tiefes Bedürfnis, es ist ganz natürlich und gehört zum Menschen. In diesem Fall geht es allerdings um eine Beziehung zu einem vieldeutigen geistigen Objekt, zu einer bedeutenden buddhistischen Gestalt – einem weiblichen Buddha, Personifizierung des ursprünglichen, reinen Geistes, »Mutter aller Buddhas« betitelt, kulturfremd für mich und doch vom ersten Augenblick des Kennenlernens an vertraut.

Es geht nicht um die Kategorien Buddhismus oder Religion. Ich bin eine Geschichtenerzählerin und erzähle eine Geschichte, eine sehr persönliche Geschichte, obwohl sie notwendigerweise auch viele allgemeine Details über Taras »Familie« und ihren Rahmen, den Buddhismus, enthält. Es geht um »meine« Tara, darum, wie ich sie und ihr geistiges Umfeld kennenlernte, was ich mit ihr und durch sie erlebte. Nicht zuletzt eine Art Liebesgeschichte – sofern man Liebe als eine Kraft verstehen will, deren Wesen Freude, Geborgenheit, Vertrauen, Offenheit und Herzenswärme ist.

Also taste ich mich ein halbes Jahrhundert zurück in eine Zeit, in der »Buddhismus«, die Lehren des Buddha, in Europa zumeist nur in der Gegenkultur der Hippies erwähnt oder von kirchlicher Seite zu den »Jugendsekten« gezählt wurde. Damals hatte man noch nicht einmal PCs, geschweige denn Internet, und Informationen waren nur aus Büchern zu bekommen. Mein Erzählen verläuft nicht linear, das wird von Geschichten nicht verlangt, es wandert und mäandert durch Zustände und vorläufige Einsichten und Fehler und Korrekturen und über viele Stufen des Lernens und Irrens und Verstehens. Es ist ein Prozess, der sich wie ein Fluss durch Gegebenheiten und Umstände verändert, mal schnell, mal langsam fließt. Die Metapher passt aus buddhistischer Sicht auch insofern, als ein Fluss zwar einen Verlauf hat, darin immer Wasser, aber nie »dasselbe« Wasser fließt und sich seine Form am Ende auflöst. Man muss also keine Logik bemühen, warum diese Geschichte so und nicht anders verlief. Ursache und Wirkung sind ständig am Werk.

»Meine Tara« ist eine Anfängergeschichte. Nicht nur im Sinn des Kennenlernens und Vertiefens des Kennenlernens der Tara, ihrer Familie, ihrer Bedeutung, sondern auch des Zen-Spruchs »Zen-Geist, Anfänger-Geist«. Das heißt unter anderem, dass man auf dem Weg des Dharma – so nennen Buddhisten den Buddhismus – nie fertig ist, nie »ankommt«, sondern dass man Vorstellungen hinterfragen und immer wieder neu angehen soll. Also erzähle ich von kulturellen Hürden der Sprache und der Vorstellungen, von Missverständnissen, Ungeschicklichkeiten, Mühen und vorläufigen Einsichten, aber auch von Freuden, Überraschungen und unerwarteten Hilfen, die ich nur Wunder nennen kann, da sie sich über meine psychologischen, familiären und auch finanziellen Probleme hinwegsetzten und mir den Weg zu einer ständig wachsenden, immer wieder neu beleuchteten Beziehung zu Tara und allem, wofür sie steht, öffneten.

Es ist vor allem eine innere Biografie, dennoch will ich einige äußere Anhaltspunkte nennen, wobei ich hauptsächlich von den ersten etwa 20 Jahren meines Dharma-Wegs erzähle, obwohl ich den Prozess nicht in Jahreszahlen verpacken kann.

Ich war eine weitgehend alleinerziehende und -versorgende Mutter mit zwei Kindern in großem Altersabstand. Für die erforderlichen Reisen nach Asien und USA hatte ich zwar nie Geld, aber es kamen, wenn es nötig war, immer Wunder zu Hilfe. Meine erste Begegnung mit Tara im Himalaya fand Anfang der 70er-Jahre statt, als es mich mit der Welle der »Morgenlandfahrer« ins Exil-Tibet in Indien zog, angefeuert von Lama Anagarika Govindas »Weg der weißen Wolken« und völlig ahnungslos, was Dharma wirklich bedeutete.

Meinen ersten authentischen tibetischen Lehrer, Chögyam Trungpa Rinpoche, traf ich jedoch erst Anfang der 80er-Jahre. Dieser Lehrer lebte damals in Boulder, Colorado, und ich hatte das Glück, lange Studien- und Praxisseminare mit ihm zu erleben und beim Aufbau eines deutschen Stadtzentrums seiner weltweiten Organisation[1] zu helfen. Nach seinem frühen Tod Ende der 80er-Jahre durfte ich bei Kathmandu in Nepal einen weiteren Lehrer, Tulku Urgyen, finden. Dort begann eine Phase jährlicher zweimonatiger Retreats in dessen Nonnenkloster, und ich gründete den Verein Tashi Delek e.V.[2], der auch heute noch die Nonnen und Mönche in seinen Klöstern unterstützt. Dieser Lehrer starb 1996. Der dritte Lehrer, Tarab Tulku, lehrte in Seminaren in ganz Europa. Ihm verdanke ich die Grundlagen meiner Seminararbeit durch seine Seminare mit dem »Unity in Duality«[3]-Programm. Er starb 2006. Wie ich schmerzhaft drei

Mal erfahren musste, sind auch die großartigsten Meister des Dharma sterblich. Mein vierter Lehrer, Chökyi Nyima Rinpoche, der weltweit lehrt (darunter auch in Österreich[4]), ist das Oberhaupt der Klöster, die der Tashi Delek-Verein unterstützt, und er wird hoffentlich noch sehr lange leben und lehren.

Meine Geschichte mit Tara ist nicht zu trennen von meinen wunderbaren Lehrern. Dass es Menschen wie sie mit einem so weiten und klaren Geist gab und gibt, empfinde ich als wunderbar. Ihre so unterschiedlichen Persönlichkeiten, die doch stets eins darin waren, die authentischen Lehren des Buddha in einer Weise zu vermitteln, die ich verstehen konnte, empfinde ich als wunderbar. Dass sie da waren für mich und so viele andere spirituell Hungrige, empfinde ich als wunderbar. Und dass sie jeweils ihre männliche und weibliche Energie so gut verbunden hatten, dass es keine Rolle für mich spielte, ob sie Mann oder Frau waren, empfinde ich als wunderbar.

Ich stellte lange Überlegungen an, wie ich in diesem Buch meine Lehrer bezeichnen sollte. Als hohe Wiedergeburten in einer Wiedergeburtslinie tragen sie den tibetischen Titel »Rinpoche« (Kostbares Juwel), und benannt werden sie in der Tradition mit der Bezeichnung für Lehrer, »Lama«; die Sanskrit-Bezeichnung ist »Guru«. Eine Übersetzung in westliche Sprachen gibt es nicht. Je nach Sprache verwendet man den Begriff, der am besten zu passen scheint. Die englische Bezeichnung – Englisch gilt heute als die Dharma-Sprache des Westens – ist üblicherweise *teacher*, also Lehrer. Deshalb habe ich diese Benennung gewählt. Manchmal verwende ich auch die Bezeichnung »authentischer Lehrer« oder »Meister«, um die Bedeutung eines Lehrers einer Traditionslinie zu unterstreichen. Da die Namen meiner tibetischen Lehrer fremd und kompliziert sind, nenne ich nur beim ersten Erwähnen den Namen, danach weise ich auf die

Reihenfolge ihres Erscheinens in meinem Leben hin, also erster Lehrer, zweiter Lehrer usw. Trotz ihrer Unterschiedlichkeit als Persönlichkeiten war der essenzielle Inhalt der Lehren derselbe, und die Vermittlung war immer authentischer Dharma.

Übrigens ist auch die Bezeichnung »Schüler« für Dharma-Lernende und -Praktizierende, die im deutschen Gebrauch verwendet wird, nicht wirklich angemessen. Das englische *student* lässt sich in diesem Fall nicht übertragen, denn im deutschen Sprachgebrauch ist die Bezeichnung »Student« in seiner Bedeutung so stark eingegrenzt, dass man sie außerhalb des akademischen Rahmens nicht verwendet. Also blieb nur »Schüler« übrig. Die Bezeichnung beider Geschlechter ist in einer sächlichen Handhabung der Bezeichnungen – wie in der englischen Sprache – zu verstehen.

EINE LIEBE AUF DEN ERSTEN BLICK

Ein tibetisches Rollbild: Im rotgoldenen Brokatrahmen diese leicht mit Seidentüchern bekleidete junge Frau, die Brüste unbedeckt, mit klaren, sanften Zügen, ihre Haut goldgrün wie das Licht der Natur im Mai, die schwarzen Haare teilweise hochgesteckt, überall an ihrem Körper kostbarer indischer Schmuck. Locker sitzt sie auf einer Lotosblüte und einer Mondscheibe, ein Fuß ist erhoben, als wolle sie jeden Augenblick aufstehen und mir entgegeneilen. Die rechte Hand streckt sie mir entgegen, in der linken hält sie den Stiel einer Lotosblume, und die ganze Figur ist von einem Strahlenkranz voller Blüten und Juwelen umgeben. Arya Tara sei sie, die Edle Tara, Beschützerin vor allen Ängsten, Retterin in der Not, allzeit bereit zu helfen, so erfuhr ich. Und dass man sie rufen könne mit ihrem Mantra OM TARE TUTARE TURE SVAHA. Mehr wusste ich nicht. Damals war es genug, um ihr Bild in mir einzubetten wie einen heimlichen Schatz.

Ob dieses Rollbild »wertvoll« war im Sinn von Alter und Marktwert, wusste ich nicht. Ich begegnete ihm in einem kleinen tibetischen Tempel im Himalaya, in den ich zufällig gelangt war. Ich wusste, wer sie war, hatte von ihr gelesen, und im Lauf der Jahre sah ich viele weitere Bilder der grünen Tara mit ihren 21 Variationen neben vielen Bildern anderer weiblicher und männlicher Meditationsgottheiten des tibetischen Buddhismus. Genau genommen kann ich mich an dieses erste Tara-Bild gar nicht mehr so genau erinnern, was außer der festgelegten Ikonografie die malerischen Einzelheiten betrifft. Aber es gab von da an eine Tara in meinem Geist, in Kopf und Herz, die mich nicht mehr verließ und die ich nach und nach immer tiefer kennenlernen durfte.

Es war eine langsam wachsende Beziehung. Sie war ein »Du« für mich, auch wenn ich aus Büchern gelernt hatte, dass die Weisheitsgottheiten keine eigenständigen Persönlichkeiten nach unserem Verständnis sind, sondern als Personalisierungen der ursprünglichen Natur des Geistes definiert werden. Also kein Jemand, keine Entität, kein Du. Kein Du?

Dass Tara ein Du und ein Nicht-Du zugleich bedeutete, konnte ich damals zwar rational akzeptieren, aber nicht wirklich begreifen. Dass man gar beides zugleich erleben kann, ungetrennt, war mir so fern, wie es unserer gesamten Entweder-oder-Kultur nun einmal fern ist.

In meinem jungen Leben hatte es zuerst den übermächtigen Gott gegeben, den das Kind fürchten musste, unter dessen Beobachtung es ständig stand, vertreten von einem unangenehmen, schwarz gekleideten Mann im Beichtstuhl. Alle die Sünden in Taten und Gedanken fragte er ab, vor allem Angelegenheiten des verwirrenden sechsten Gebots, die Gott allerdings schon gesehen hatte, weil er ja immer alles sah. Das Kind musste in den Beichtstuhl, weil man, ohne Sünden gebeichtet zu haben (und es gab viele Sünden, einschließlich Gedankensünden), nicht zur Kommunion gehen durfte.

Eines Sonntags – oh, diese grausamen Kirchgangssonntage – sollte das Kind wieder zur Kommunion gehen, aber es hatte einen kleinen Griff in den mütterlichen Geldbeutel für die begehrten Eiskugeln nicht gebeichtet. Dazu hatte es sich einfach nicht überwinden können. Aber nun vor aller Augen nicht zur Kommunion zum Altar zu gehen hieß, dass alle im Städtchen dachten: Aha, die hat nicht gebeichtet, darum geht sie nicht zur Kommunion, wie es sich für einen anständigen Christenmenschen gehört! Dann würde getuschelt und gemutmaßt, um welche Sünde es sich handeln mochte, die diese Sünderin nicht gebeichtet hatte. Zumindest war das zu befürchten. Also ging das Kind mit Herzklopfen ohne die Beichte zur Kommunion.

Die Zeit danach war wahrhaft höllisch. Es war Sommer, und bei Gewitter wagte sich das Kind nicht ans Fenster, geschweige denn außerhalb des Hauses zu sein, weil ständig die Gefahr bestand, von Gottes Blitz erschlagen zu werden. Schuld! Das furchtbare Wort, randvoll mit Drohung, Strafe und Vergeltung!

Die Angst verfolgte das Kind weit über den Sommer hinaus. Schließlich wandte es sich an den Sohn Jesus, von dem es hieß, dass er Sünder nicht verfolgte und alle Kinder zu sich kommen ließ. In einem religiösen Kinderbuch entdeckte es das Jesusgebet »Jesus, erbarme Dich meiner!«, das man so oft wiederholte, wie man konnte oder wollte. Das Kind hoffte, von Jesus beschützt zu werden, und das Gebet hatte etwas Beruhigendes, wie der Aufenthalt beim Schäferhund in dessen geräumiger Hundehütte, in der es so heimelig nach feuchtem Hundefell roch. Manchmal verband das Kind beides, Hundehütte und Jesusgebet.

Das Älterwerden beendete auch dies.

Es ist möglich, dass sich der Beginn meiner Beziehung zu Tara, auf psychologischer Ebene interpretiert, an diese Kindheitserfahrungen anschloss. Eine schwache, zu Depression neigende Mutter ließ ein Loch im Bewusstsein des Kindes offen. Dieses Loch konnte sich mit dem Erwachsenwerden nicht schließen, dafür war es zu groß. Die Tara, die ich kennenlernte, als ich selbst schon eine junge Mutter war, erlebte ich zutiefst als ein mütterliches, beschützendes, nie verurteilendes, mir stets zugewandtes Du, wann immer ich an sie dachte. Mag sein, dass ich deshalb auch meine Lehrer zunächst als vorwiegend mütterlich empfand.

Manche Menschen verraten mir, dass sie sich gelegentlich selbst damit überraschen, in verzweifelten Notsituationen innerlich zu rufen: »Lieber Gott, hilf mir!«, auch wenn Religion weder in ihrer Kindheit noch danach eine Rolle gespielt hat. Es ist ein ahnungsvolles Bedürfnis, in der Not eine Hilfe herbeirufen zu wollen, die stärker ist als das eigene Ich. Wie könnte sonst in fast allen Kulturen von Göttern, Totemtieren, Elementargeistern oder Schutzwesen die Rede sein, an die man sich wenden kann. Das Bitten um innere Hilfe scheint zur natürlichen Ausrüstung unseres menschlichen Bewusstseins zu gehören und nur dann zu verschwinden, wenn eine rationale Dominanz diesen Impuls erstickt.

Mit der Zeit wurde Tara noch viel mehr für mich als ein hohes Wesen, das mir half, wenn ich Probleme hatte. Aber ein Du ist sie in gewisser Weise geblieben, auch wenn sich ihr spezielles Du-Sein nach und nach verwandelte. Als ich einmal auf Martin Bubers Erklärung stieß, »Wesenheiten werden in der Gegenwart gelebt, Gegenständlichkeiten in der Vergangenheit«, dachte ich: Ja, so geht es mir mit Tara, sie ist immer Gegenwart, umso mehr gegenwärtig, je mehr sich die Beziehung vertieft. Vielleicht ist es überhaupt das Phänomen von Beziehungen, dass sie, um lebendig und entfaltungsfähig sein zu können, stets ganz und gar gegenwärtig sein sollten, geschützt durch die nötige Bereitschaft und

Achtsamkeit. Ist vielleicht deshalb manchmal die allererste Phase einer Liebesbeziehung, die noch keine Vergangenheit hat und völlig im Jetzt erlebt wird, so reich und fällt in sich zusammen, wenn kein lebendiges Jetzt mehr aufrechterhalten werden kann?

Tara blieb meine immerwährend gegenwärtige, immerwährend wachsende Beziehung. Was nicht heißt, dass ich sie nicht an der Oberfläche zwischendurch fast vergaß in den Wirbelstürmen des täglichen Lebens.

Tara wird beschrieben als die personifizierte Energie der vollkommenen Liebe und des vollkommenen Mitgefühls und damit auch der Weisheit, denn Liebe ist nicht blind, sondern sehend, wissend, unterscheidend. Obwohl Tara in der Geschichte des Buddhismus in Asien schon sehr lange eine große Rolle spielt, lernte ich aus den Büchern, dass sie zwar zum Buddhismus gehört, aber der Buddhismus in seinen verschiedenen Ausprägungen auch ohne Tara auskommt. Meine Tara ist eine tibetische Angelegenheit, sie gehört zu den Meditationsgottheiten der tibetischen spirituellen Praxis. Andere asiatische Kulturen, wie etwa das japanische Zen, haben andere Ausdrucksformen des Dharma.

Aber solche Überlegungen störten mich nicht. Die tibetische Form zog mich an, andere Formen weniger, wenn ich sie auch alle respektierte und respektiere. Als ich von den sehr abwertenden Meinungen mancher westlicher Buddhismus-Anhänger über die tibetische Form erfuhr, war ich schockiert. Das passte so gar nicht zum Buddha, der sich sehr deutlich darüber ausgesprochen hatte, dass Meinungen eben nichts anderes als Meinungen sind, die lediglich auf der konventionellen Ebene des Dualismus einen gewissen vorübergehenden Gebrauchswert haben mögen.

Obwohl vor der Zeit meines ersten Lehrers die Frage, wo der Buddhismus nun eigentlich einzuordnen sei, mit jedem Buch, das ich las, für mich dringlicher wurde, berührte sie meine Beziehung zu Tara kaum. Tara war etwas ganz Eigenes, das wenig mit Denken und viel mit Fühlen zu tun hatte, wundersam unberührt von der Dominanz des konzeptuellen Denkens, das ich mit der Gesellschaft, in der ich lebte, zwangsläufig teilte. Doch auf der Ebene der Konzepte hieß es: Religion oder Philosophie? Und wo sollte ich die Psychologie, die ganz eindeutig auch im Dharma enthalten war, oder gar die Metaphysik unterbringen? Religion, so schien es mir, war nach westlichem Verständnis weitgehend mit den Offenbarungsreligionen (oder abrahamischen Religionen) identifiziert, und theistische Vorstellungen wurden oft auch auf nicht theistische spirituelle Systeme projiziert. Daneben gab es die Kategorie der Naturreligionen, in denen Schamanismus und die Verehrung und Berücksichtigung der Natur die Hauptrolle spielten.

In Ermangelung eines Lehrers trieb ich mich damals lesend in den verschiedenen buddhistischen Kulturen Asiens herum, doch nur im tibetischen Buddhismus fand ich meiner Ansicht nach von allem das Beste. Mein Lieblingsautor war Lama Govinda, ein gebürtiger Deutscher, der sein ganzes erwachsenes Leben in Asien verbrachte, zuerst als buddhistischer Mönch in Sri Lanka, dann als tibetischer Gelehrter und Yogi in Tibet und danach bis zu seinem Tod im indischen Himalaya. Er schrieb in meiner Sprache in einer Weise, die mich anzog und die ich verstehen konnte, und öffnete mir mit seinen Büchern eine Tür zum spirituellen Wissen Tibets.

Erst viel später entdeckte ich Taras Lebensgeschichte, eine sehr besondere, überraschende Geschichte, die meinen Vorstellungen von »Tara, der Gottheit der Liebe und des Mitgefühls« einen ganz neuen Rahmen gab. Diese Lebensgeschichte begann einigermaßen verwirrend mit »einem Zeitalter, vor dem nichts war« oder

»vor anfangsloser Zeit«. Heute weiß ich, dass man in buddhistischen Geschichten und Legenden oft ganz andere Zeitangaben als die uns vertrauten findet. Ich stellte es mir so vor, dass sich in der inneren Welt des frühen Erzählers und auch der Hörer – denn solche Geschichten wurden ja lange erzählt, bevor jemand sie niederschrieb – die Idee von Zeit auf einen Zeit/Raum voller unvorhersehbarer Strömungen von Gefühlen, Erfahrungen und Weisheiten erstreckt haben mochte, völlig anders, als die engmaschige, kleine Zeit meiner Vorstellung. Also war ich bereit, mich nicht zu wundern, dass Taras Geschichte auf diese Weise begann.

Taras Lebensgeschichte

So wird es überliefert: Einst, in einem Zeitalter, vor dem gar nichts war, nahm ein Buddha namens Trommelklang Existenz an. Damals lebte ein König, dessen Tochter, die Prinzessin mit dem Namen Weisheitsmond, eine tiefe Wertschätzung für die Lehre des Buddha entwickelte. Während einer sehr langen Zeit, nämlich zehn Millionen und einhunderttausend Jahren, brachte sie ihm und seinem Gefolge die kostbarsten Gaben dar. Ihre tiefe Verehrung und Hingabe veränderte ihren Geist.

Nach jener sehr, sehr langen Zeit erkannte Weisheitsmond ihren Erleuchtungsgeist, und als dies geschah, legte sie vor dem damaligen Buddha das Bodhisattva-Gelübde ab – das Versprechen, dass sie die Erleuchtung erlangen wolle, um allen Wesen in aller erdenklichen Weise zu helfen. Das war ein heroischer Entschluss, denn es wurde allgemein die Meinung vertreten, dass das für eine Frau völlig unmöglich sei.

Die Mönche, die den damaligen Buddha umgaben, zeigten sich sehr erfreut über ihr Gelübde und sagten, die Prinzessin müsse dringend Wunschgebete sprechen, damit sie bald im Körper eines Mannes wiedergeboren würde. »Auf diese Weise wirst du den fühlenden Wesen und dem Dharma weit besser zum Wohle dienen können«, sagten sie in aller Selbstverständlichkeit, denn sie wussten es nicht besser. Die Prinzessin Weisheitsmond, im Wissen um die vollkommene Natur aller Dinge, lachte über diesen guten Rat und antwortete: »In diesem Leben gibt es keine Unterscheidung von männlich oder weiblich, ebenso wenig wie man von der Identität eines Selbst reden kann. Deshalb ist ein Festhalten an Ideen wie männlich oder weiblich völlig unsinnig. Nur schwachköpfige Weltlinge halten an solchen Bezeichnungen fest.« Und dann gelobte sie: »Es gibt zwar viele, die in der Form eines Mannes Erleuchtung erlangen wollen, aber nur wenige, die sich in einem weiblichen Körper für das Wohl aller Wesen einsetzen möchten. Deshalb will ich in einem weiblichen Körper für das Wohl aller Wesen wirken, und zwar bis ans Ende von Samsara.«

Dann verweilte sie zehn Millionen und einhunderttausend Jahre im Zustand der Meditation im königlichen Palast, erkannte die wahre Natur des Geistes und lernte die Meditation beherrschen, die alle Wesen befreit. Damit wurde sie schließlich zur Weisheitsgottheit Arya Tara.

Das Tara-Tantra wurde äonenlang weitergegeben, von einem Buddha zum nächsten. Und viele Geschichten werden berichtet, wie sie sich als Beschützerin vor Ängsten, Gefahren und Dämonen erwies.

Diese Lebensgeschichte beeindruckte mich sehr. Zum einen, weil diese Gottheit ursprünglich ein menschliches Wesen war, aber nicht zuletzt auch damit, dass es wohl ziemlich lange schon Zeitalter gab, in denen Männer, auch buddhistische Mönche, ihre männliche Vorherrschaft für nicht diskutierbar hielten. In der Gesellschaft, in der ich aufgewachsen war, wurden Frauen ganz selbstverständlich als die minderwertige Hälfte der Menschheit betrachtet. Es war ein sehr wichtiges Thema für mich als vierte Tochter eines Vaters, der vergeblich auf einen Sohn gehofft hatte und sich nicht bemühte, seine Enttäuschung, gemischt mit Verachtung für seine Frau und die Töchter, zu verbergen.

So anziehend Tara für mich war, umfassender zu verstehen lernte ich sie erst mit dem Bild des Kreises, des Symbols der Ganzheit, des Mandalas (Sanskrit: Kreis). Ein Kreis hat ein Außen, ein Innen und ein Innerstes, den Mittelpunkt. Das trifft auf jedes Phänomen in der Welt der Phänomene zu, auf Dinge und auf Lebewesen. Man kann also sagen, dass alles, was »ist«, also als ein Etwas benannt werden kann, ein Mandala ist. Immer gibt es ein Äußeres, ein Inneres und das Innerste.

Früh schon während meiner Bekanntschaft mit Tara hatte ich mich ausführlich mit C. G. Jungs Werk befasst. Ich verstand zum größten Teil nur die Oberfläche dessen, was er aussagte, doch das genügte, um meine Neugier auf weitere Bereiche der Psychologie zu wecken. Er hatte berichtet, dass viele seiner Patienten im Verlauf ihrer psychischen Gesundung Kreisbilder in der Art von Mandalas malten, auch wenn sie noch nie mit der indischen oder tibetischen Mandala-Kunst in Berührung gekommen waren. Also nahm der Kreis als Symbol der Ganzheit einen zentralen Platz in seiner Archetypenlehre ein. Das unterstützte mich später darin, Tara auf mehreren Ebenen zu verstehen, als »äußere, innere und innerste« Tara. Vor allem fand ich damit eine Art innerer Landkarte, an der ich mich orientieren konnte.

Diesen Kreis beschreibe ich heute mit den Begriffen, die mein dritter Lehrer, Tarab Tulku, vermittelte. Vor allem der Begriff

»Energie« im spirituellen Kontext musste geklärt werden. Der Lehrer gab dazu eine Formel: »Das Äußere der Materie ist das Sichtbare, das Innere der Materie ist Energie. Das Äußere des Geistes ist das Denken, das Innere des Geistes ist Energie.« Energie hat nichts mit Denken zu tun, sie wird wahrgenommen. Es ist eine Wahrnehmung ohne Beschreibung, ohne Kommentar und natürlich ohne Urteil.

Nach und nach lernte ich: Das Außen meiner Tara ist das Sichtbare, ihre ikonografische Gestalt und alle symbolischen Details. Das ist die Ebene der Projektionen, die ich mit ihr verband, und der Gefühle, die ihr Bild bei mir auslöste. Das Innen ist Energie jenseits von Denken, die Energie spontaner altruistischer Liebe und des unwillkürlichen aktiven Mitgefühls. Also ist sie das Symbol Tara und zugleich »meine« Energie, die der Befreiung aller Wesen aus dem Leiden an der Existenz dient. Und als Weisheits-Buddha teilt sie mit allen Weisheits-Buddhas zudem auch die Qualität der Vollkommenheit an Weisheit und Liebe und der vollkommenen Kraft; das ist die »Natur des Geistes«, traditionell »Buddha-Natur« genannt. Zu lernen, wie ich Tara auf den verschiedenen Ebenen verstehen und gar wahrnehmen sollte, war ein langer Weg, der durch viel meditative Praxis, Nachsinnen und Nachfühlen führte. Denn es bedeutete, die Welt der Spiritualität, den Hintergrund meines Lebens, *des* Lebens überhaupt kennen und zuinnerst berühren zu lernen. Albert Einstein hat das Dilemma, um das es dabei ging, einmal so ausgedrückt: »Der intuitive Geist ist ein Geschenk. Der rationale Geist ist sein Diener. Wir haben eine Gesellschaft geschaffen, in der wir den Diener verehren und das Geschenk verleugnen.«

So ging es mir. Ich hatte nur den Diener kennengelernt und mich brav seinem Diktat unterworfen. Das Geschenk begegnete mir in Tara, auch wenn mir die tiefe Bedeutung dieser Beziehung erst viel später klar wurde.

Zunächst las ich einfach alles, was ich über die buddhistische Philosophie finden konnte. Die Lehre, wie sie dargestellt wurde, befriedigte mein Bedürfnis nach Logik und Nachvollziehbarkeit weitgehend. Aber es gab auch ein Problem. »Leerheit« hieß das Zauberwort. Darum drehte sich die gesamte Lehre, ohne diesen Begriff gab es keinen Buddhismus. In meiner Jugend hatte ich Bücher mit existentialistischem und nihilistischem Hintergrund verschlungen, weil ich glaubte, dort etwas über den »Geist« zu erfahren. Aber sie waren Gift für mich. Sie hatten mich nur noch ratloser und depressiv werden lassen.

Deshalb schlich ich zunächst um den Begriff Leerheit herum wie die Katze um den heißen Brei und schob ihn erst einmal zur Seite. Ein sehr liebenswürdiger alter Zen-Meister, Nagaya Roshi, kam in der ersten Zeit meines »Bücher-Buddhismus« jedes Jahr aus Japan und leitete Zen-Sitzungen an verschiedenen Orten. Da ich Meditation lernen wollte, machte ich mangels tibetischer Möglichkeiten einige Male bei Sesshins, den tagelangen Sitzungen, mit, obwohl Zen nicht die buddhistische Richtung meiner Wahl war. Der Zen-Meister sprach nie von Leerheit, lediglich von Buddha-Natur. Ich nahm an, man müsse sich die Erklärung für dieses Geheimnis sozusagen einfach »ersitzen«. Eine seiner Lieblingsermutigungen – er sprach ein wenig Deutsch – lautete: »Wenn Ei soll kochen, Topf muss auf Feuer bleiben.« Ich war bereit, weich gekocht zu werden, aber seinen Tischspruch nahm ich doch eher skeptisch auf: »Wir essen, um gesund zu sein, und nicht, um zu genießen.« Da ist man wohl recht streng im Zen, dachte ich.

Bücher halfen mir mit der Zeit ein bisschen weiter, so dass ich Leerheit zumindest als eine Wortkrücke auffasste, die ausdrückt, dass man nicht etwas benennen kann, wo kein Etwas ist. In dieser Zwickmühle, vermutete ich, hatte sich vielleicht der christliche Mystiker Meister Eckhart befunden, als er schrieb: »Ich sagte, Gott ist ein Pünktchen, aber es ist nicht einmal das.«

Er hatte einfach keine Worte für seine Wahrnehmung gefunden. Ich hingegen hatte keine Wahrnehmung, aber ziemlich viele Worte.

Wer oder was ist Tara?

Taras ikonografische Erscheinung hat menschliche Form und menschliche Züge, eine nach typischen menschlichen Maßstäben schöne Figur und das wohlproportionierte Gesicht einer gerade zur Reife gekommenen jungen Frau. Und ihr Körper ist grün.

Die Farbe störte mich nicht, auch die Exotik störte mich nicht. Grün war schön. Ich dachte zunächst nicht weiter darüber nach, vielleicht, weil ich Tara irgendwie mehr spürte als bildhaft sah. Auf einem Weg zwischen Bäumen und Büschen an einem sonnendurchstrahlten Morgen im Mai brachte ich Taras Grün in einer sehr offenen, poetischen Stimmung mit Bäumen in Verbindung. Tara ist wie die Bäume, dachte ich beglückt. Die Bäume sind so ein wunderschöner Ausdruck von Leben. Tatsächlich hat ja das Leben auf diesem Planeten mit ihnen begonnen. Zuerst schmolz das Eis und wurde Meer, im Meer entwickelten sich Algen, die Algen gingen an Land, wurzelten und wurden Bäume. Damals wusste ich noch nichts vom geheimen Leben der Bäume, aber ich fand, dass sie irgendwie fühlende Wesen waren wie alle Pflanzen. Was sich durch Forschungen beweisen ließ.

Grün tut den Augen gut, im Wald spazieren zu gehen steigert das Wohlgefühl, und wenn man Sorgen hat, hilft ein Waldlauf, das wusste fast jeder Mensch. Später erfuhr ich, wie Bäume mit Wurzeln und der Hilfe der Pilze kommunizieren, dass sie einander helfen, dass sie ihren Nachwuchs, die kleinen Schösslinge in ihrer Umgebung, durch ihre Wurzeln ernähren, und welche gesunden Stoffe außer Sauerstoff sie abgeben. Und dass darüber hinaus die gesamte grüne Natur in ständiger kommunikativer Verbindung untereinander und mit anderen Lebewesen steht. Solche Assoziationen machten mir Taras Bedeutung als Bodhisattva, als Weisheitsenergie des umfassenden und alle Wesen mit einbeziehenden Mitgefühls und liebevoller Zuwendung, besonders deutlich.

Aber zunächst war es mir ja gar nicht so wichtig, mir Tara zu erklären. Sie war da und erfüllte offenbar ein tiefes Bedürfnis; heute würde ich sagen, sie erfüllte in mir den natürlichen spirituellen Instinkt menschlicher Wesen. Angesichts einer Notsituation wandte ich mich, ohne darüber nachzudenken, mit ihrem Mantra an sie und bat sie, mir zu helfen. Irgendwie schien sie immer zu helfen, und sei es nur, dass es mich beruhigte, sie bitten zu können. Es war eine schöne, einfache Beziehung.

Die Erklärung der Ganzheit mit außen, innen und zuinnerst vermittelte mir später die Gewissheit, dass Tara mir nicht nur Beschützerin, Trösterin und Retterin sein konnte, sondern auch spirituelle Inspiration und Katalysator im Entwicklungsprozess zum geistigen Erwachen, je nachdem, auf welcher Ebene ich mich an sie wandte, und dass das eine das andere nicht ausschloss. Das ließ mich auch verstehen, dass es Tara in 21 und noch mehr unterschiedlichen Erscheinungsformen geben konnte. Als »pädagogische Wahrheit« beschrieb ein Meister, Bokar Rinpoche, die konventionelle, dualistische Verständnisebene im Verhältnis zur grundlegenden, tatsächlichen, ultimativen Wahrheit, die nur wahrgenommen werden kann, wenn der Geist völlig frei von allen Vorstellungen und Projektionen ist. Doch solch einen Zustand konnte ich mir beim besten Willen nicht vorstellen.

Ich dachte viel nach. Wie sehr wünschte ich mir, einen authentischen Lehrer zu finden, aber es lief mir keiner über den Weg. In den frühen 70er-Jahren war Deutschland noch ein ziemlich weißer Fleck auf der buddhistischen Landkarte. Meine romantische Hoffnung, dass es »einfach geschehen« würde, erfüllte sich bei meiner ersten Himalaya-Reise nicht, und auch nicht bei den wenigen, meistens zum Verzweifeln schlecht übersetzten Vorträgen tibetischer Lehrer, die sich nach Deutschland verirrten. Ich wartete, lebte mein schwieriges Leben und blieb auf der Jagd nach Büchern, die mir weiterhalfen. Immerhin las ich im Lauf der Jahre ziemlich viel über die Grundlagen der buddhistischen Lehre, wenn auch mitsamt all den unvermeidlichen Missverständnissen durch meine erlernten religiösen Vorstellungen und die Fehlinterpretationen in manchen Büchern beim Übertragen dieser subtilen Inhalte von einer Kultur und Sprache zur anderen.

Versuche des Verstehens

Natürlich kann ich heute, mehrere Jahrzehnte später, nicht mehr sagen, was ich genau wann las. Aber denke ich an diese Zeit meines Lebens, ist deutlich, dass die tiefgreifende Erfahrung, Mutter zu sein, und die vielen Bücher über Buddhismus, die ich las, die zauberischen Trittsteine waren, die mich aus der Dunkelheit meiner Kindheit und Jugend hinausführten. Begleitet von LSD und anderen psychotropen Mitteln versuchte ich, die engen

Grenzen meines Bewusstseins zu erweitern, um zu dem, was ich las, irgendwie einen tieferen Zugang zu finden. Das war abenteuerlich, aber nicht nur ein Trugschluss. Wenn ich in der Lebensgeschichte des großen Weisen Milarepa las, dass er im kleinen Horn eines Jaks Zuflucht vor einem Unwetter fand, erschien mir das angesichts der erstaunlichen Dimensionen, die ich neugierig, manchmal erschreckt und mit großer Aufmerksamkeit auf Trips mit psychotropen Substanzen erlebte, durchaus annehmbar. Wenn es sich auch lediglich um künstlich angeregte Zustände handelte, zeigten sie doch, dass mein Bewusstsein höchst beweglich und zu unterschiedlichen Erlebnisweisen in der Lage war und die gewohnheitsmäßige Trennung meiner äußeren und inneren Welt nicht mehr als unvermeidlich gelten konnte. Die buddhistische Feststellung, dass mein alltägliches, vertrautes Erleben als relativ zu betrachten sei und es weit und breit nichts Absolutes gab, erschien mir immer vernünftiger.

Also konnte ich auch noch einen Schritt – oder besser Sprung – weitergehen und mir die Basis des Dharma erklären, die so dargestellt war: Es gibt zwei Seiten oder Aspekte der Wahrheit. Der eine Aspekt, die relative Wahrheit, ist das, was ich normalerweise als Wirklichkeit erlebe, mit vertrauten Bezeichnungen für Dinge und Phänomene und den gängigen Vorstellungen innerhalb des Messbaren in Raum und Zeit. Der andere Aspekt ist die tatsächliche, nicht relative oder ultimative Wahrheit, die nicht dualistisch ist. Man kann sie der Einfachheit halber »Einheit« nennen, denn wo Einheit ist, gibt es kein Etwas, also keine Unterscheidung und Trennung. Die einzige Instanz, die Trennung aufrechterhält, ist mein Bewusstsein. Ich sehe entweder den Handrücken *oder* die Handinnenfläche, nie beide zugleich. Aber beide zusammen nenne ich ganz selbstverständlich Hand. Das war einleuchtend. Ich fühlte mich sehr zufrieden mit dieser Erklärung. Ich dachte: Also sehe ich Tara zunächst nur in ihrem vordergründigen Aspekt, aber gleichzeitig ist ihr anderer, vollkommener, nicht relativer Aspekt auch da. Sie ist in meiner Vorstellung nicht Ich, sondern ein Du, aber andererseits ist sie dennoch irgendwie Ich.

So einfach war das.

Damals glaubte ich an Wörter.

Doch nach und nach wurde mir klar, welch gewaltiges Experiment meine Beziehung zu Tara war. Und ich konnte ja nicht wirklich wissen, wohin es mich führte. Gewiss, ich kannte die Bezeichnungen, die das Ziel benannten: »Erwachen des Geistes aus dem Traum der Dualität«, »nicht bedingte Glückseligkeit«, »Befreiung des Geistes« usw. Aber wie sollte ich mir in allem Ernst vorstellen, dass die Meditationsgottheiten »nicht getrennt sind von mir selbst«? Irgendwo las ich einmal, dass man die Meditationsgottheiten auffassen kann wie eine Brücke über einen Abgrund. Der Abgrund ist sehr tief. Der Weg durch den Abgrund auf die andere Seite wäre sehr beschwerlich und würde sehr lange dauern. Wie wunderbar hingegen, wenn eine Brücke über den Abgrund führt und diesen mühseligen Weg abkürzt.

Ich dachte an diesem Bild weiter: Tara ist meine Brücke. Allein kann ich keine Brücke sein, doch in der Verbindung mit Tara ist es möglich. Denn dass Tara, die Brücke und die andere Seite in Wahrheit nichts anderes sind als ich selbst, oder genauer, dass diese Projektion von Ich und die Projektion der Brücke und die Projektion der anderen Seite nichts anderes sind als mein eigener Geist – das konnte ich abstrakt verstehen. Es änderte jedoch nichts daran, dass Tara mein Du war und ich sie brauchte, dass sie da war, wenn ich mich an sie wandte – und dass ich immer wieder ihr Da-Sein vergaß, so verstrickt wie ich nun mal in die alltäglichen Themen in meinem Geist war.

Ich suchte Antworten. Eine davon lautete, dass Tara als ikonografisches Bild, als sichtbare Gottheit irgendwie ein Hilfsmittel ist, das mein Bewusstsein als ein Du erlebt; sichtbar gemachte, inhärente Energie der Einheit von vollkommener Liebe, Mitgefühl und Weisheit. Das klang nach einer sehr schönen Antwort, aber es reichte nicht. Ich musste mehr wissen. Doch wie viele komplizierte Gedanken ich mir auch machte, sie hin und her drehte, die leise, für mein enges intellektuelles Selbstverständnis kindlich erscheinende Gewissheit, dass Tara da war, bei mir, wurde von all diesen Überlegungen nicht beeinträchtigt. Es war lediglich so, dass das viele Herumdenken manchmal störte, etwa so, wie wenn man einen Radiosender nicht richtig einstellt.

Dingender wurde die Frage, zu wie viel Liebe und aktivem Mitgefühl ich wohl tatsächlich fähig war. Nicht nur dann, wenn mir danach war, sondern in jeder Situation. In der buddhistischen Tradition wird die Mutter mit ihrem Baby als Beispiel genannt. Daran konnte ich anknüpfen. Diese Erfahrung kannte ich, dieses unwiderstehliche Lieben und aktive Mitfühlen, das Beschützen, das Trösten, die Freude daran, wohlzutun. Alle Wesen als meine Babys zu sehen, das war irgendwie möglich. Mit Einschränkungen. Leidende, ja – aber Vergewaltiger, Mörder, Hitler, Stalin, Mao als meine Babys sehen? Mitgefühl empfinden nicht nur mit Opfern, sondern auch mit Tätern? Reichlich viel verlangt an Mitgefühl, dachte ich.

Und dazu die vollkommene Weisheit! Viel Weisheit traute ich mir nicht zu. Konventionelles Wissen würde ich weiterhin reichlich anhäufen können, aber Weisheit? So viel Klarheit! Wie ein blanker Spiegel, der alles zeigt, was da ist, ohne etwas wegzulassen oder hinzuzufügen. Oh nein, ich doch nicht.

Erst die eigene Praxis in Form von »Sichtweise, Meditation und Handeln« würde diese vollkommenen Fähigkeiten freisetzen können, so lernte ich. Hierfür war mein Geist ausgerüstet, das lernte ich auch. Es lag also nur an mir. Nun gut, ich war bereit, die Ärmel aufzukrempeln und mich darauf einzulassen. »Praxis« ist in diesem Zusammenhang ein Wort, das alle Mittel umfasst, die im Dharma angeboten werden. Am Anfang dachte ich, Praxis bezöge sich nur auf das Sitzen auf einem Sitzkissen mit gekreuzten Beinen, und das möglichst lange. Da ich zudem meine allerersten Meditationsunterweisungen von dem liebenswürdigen alten Zen-Meister erhalten hatte, geriet mein Versuch meditativer Praxis ein wenig durcheinander, denn bei den Sesshins sollte ich nicht denken, so hatte ich es jedenfalls verstanden. Aber das funktionierte nicht, und zudem gefiel es mir viel besser, das Tara-Mantra zu rezitieren.

Erst als ich meinen ersten tibetischen Lehrer fand, lernte ich, dass Praxis sowohl im stillen Sitzen und Wahrnehmen geistiger Aktivitäten als auch im Kontemplieren der Lehren besteht und dazu da war, den eigenen Geist kennenzulernen, wie er funktioniert, wie Wahrnehmung entsteht, wie man die persönlichen Denk- und Fühlmuster und Rollenspiele aufdeckt und wie man das diskursive Getümmel zu zeitweiliger Beruhigung bringen kann. Und wie sich dann auf dieser Basis die natürliche Fähigkeit zu intelligenter Liebe, Mitgefühl, Freude und Unvoreingenommenheit, also zu Taras charakteristischen Qualitäten entfalten kann. Irgendwann.

Jedenfalls war die erste Tara, die ich fühlte und verstehen lernte, die »äußere Tara«, die Beschützerin und Helferin in aller Not. Viele alte und neue tibetische Geschichten beschreiben Taras wirkungsvolles Eingreifen in allen möglichen Gefahrensituationen. Ein Buch über die Entstehung des Tara-Tantras[5] zeigt, dass Tara ihre große Popularität in fast allen buddhistischen Ländern vor allem diesen vielen jahrhundertealten Geschichten von Taras Eingreifen verdankt. Zugleich ist Tara aktuell wie eh und je. Eine der Geschichten aus neuer Zeit berichtet zum Beispiel von der Rettung einer Gruppe von Nomaden, die bei der Okkupation Tibets vor den chinesischen Verfolgern über den Himalaya flohen.[6]

Tara schickt Schnee

Bokar Rinpoche, der Abt eines Klosters und ein großer Meister, der eine sehr innige Beziehung zu Tara hatte, machte sich 1959 mit einer riesigen Gruppe von Mönchen, Nonnen und Laien auf den Weg, den Himalaya an der Grenze zu Nepal zu überqueren, um dem chinesischen Militär zu entkommen. Schon bevor die Reise begann, bat er alle, die mit ihm fliehen wollten, die Tara-Meditation zu praktizieren, und auch unterwegs wurde Tara immer wieder mit ihrem Mantra angerufen.

Es war ein gefährliches Unterfangen. Überall patrouillierten chinesische Truppen, und selbst die Bergbewohner waren eine Gefahr, denn wie sollte man Menschen trauen, die angesichts eines chinesischen Gewehrlaufs wahrscheinlich nicht würden schweigen können? Also blieb nichts anderes übrig, als auf den geheimsten, schwierigsten Wegen über das größte Gebirge der Welt zu fliehen, doppelt erschwert durch den gewaltigen Tross von Pferden, Yaks, Schafen und Ziegen, auf den die Nomaden keinesfalls verzichten konnten. Die Tiere bedeuteten ja ihr Überleben.

Sie beeilten sich, so gut es ihnen möglich war, doch solch eine große Gruppe kam natürlich nur langsam voran. Und als wäre es nicht schlimm genug, die Chinesen hinter sich zu wissen, gab es noch ein Gerücht, dass in der Gegend des vor ihnen liegenden Passes tibetische Khampa-Kämpfer[7] lauerten, um sich einer chinesischen Patrouille entgegenzustellen. So liefen sie Gefahr, mitten in ein Gefecht zu geraten. Das war nun wirklich eine ganz schreckliche Nachricht.

Was tun? Weiterziehen und auf Glück hoffen? Oder einen anderen Weg nehmen, der länger und schwieriger war und über einen noch höher gelegenen Pass führte, wo sie mit Verlusten an Tieren und vielleicht sogar Menschen rechnen mussten?

»Das geht nicht«, sagten die Leute. »Wir brauchen doch unsere Tiere, und sie sind jetzt schon müde. Wir wollen den einfacheren Weg nehmen, der ist besser für uns alle, auch wenn es gefährlich ist.«

Aber der Rinpoche beschwichtigte die verzweifelte Gruppe. Er vollzog ein großes Ritual, um Tara zu Hilfe zu rufen, und unternahm danach eine Orakelbefragung, welcher der beiden Wege wohl sicherer sei. Das Orakel wies eindeutig auf den schwierigeren Weg hin. Also packten alle ihre Sachen zusammen und zogen weiter, voller Vertrauen auf Taras Hilfe.

Der Weg war schlimmer, als sie es sich vorgestellt hatten. Vor allem führte er als schmaler Pfad über steile Hänge, wo nur einer hinter dem anderen gehen konnte und die endlos lange Schlange der Flüchtlinge von weitem sichtbar war. Endlich erreichten sie den letzten Pass, der zur Grenze nach Nepal führte. Schon warfen die Männer ihre Hüte hoch und schrien »*lha gyelo*!« – die Götter siegen –, wie es beim Überqueren von Pässen üblich ist, da setzte ein Schneesturm ein. Es schneite so heftig, dass sie im immer tiefer werdenden Schnee nur mit großer Mühe vorankamen. Der Pass zog sich lange hin, der Trampelpfad durch das felsige Gelände war nicht mehr sichtbar, erschöpfte Tiere blieben im Schneetreiben stecken und mussten zurückgelassen werden, Gepäck ging verloren.

»Warum hilft uns Tara nicht?«, jammerten einige, doch die meisten kämpften sich tapfer voran, Taras Mantra in Herz und Geist.

Plötzlich fiel kein Schnee mehr, der Pass konnte ohne weitere Verluste überquert werden, und bald erreichten sie das kleine Königreich Mustang jenseits der nepalesischen Grenze.

Später erfuhr der Rinpoche, dass eine chinesische Patrouille ihnen tatsächlich gefolgt war und sie fast schon erreicht hatte, als der Schneesturm sie unsichtbar machte und von ihren Verfolgern abschnitt. Ohne den Schnee wären viele der Flüchtenden, allen voran der Rinpoche, erschossen worden, die übrigen hätte man in chinesische Gulags deportiert. Und der Schneefall hatte aufgehört, bevor auch nur einer der Reisenden zu Schaden gekommen war.

Was für ein wundersamer »Zufall«. Der Rinpoche zweifelte nicht daran, dass es Taras Hilfe war, die sie alle gerettet hatte.

Vertrauen

In unserer Kultur glauben heutzutage viele Menschen, nur das persönliche Handeln oder ein unpersönliches, blindes Schicksal, also »Zufall«, gestalte die Zukunft. Meine eigene Erfahrung mit Tara hat mich anderes gelehrt. Auch das Wünschen hat Kraft, vor allem, wenn es aus unserer grundlegenden geistigen Gesundheit aufsteigt. Denn die geistige Gesundheit, so lernte ich, ist angeboren und unzerstörbar, und alle Störungen – Verwirrungen, Neurosen und psychopathischen Phänomene – sind sekundär. Der ursprüngliche, natürliche Zustand, die grundlegende geistige Gesundheit ist das Innerste des Mandalas, das wir selbst sind, auch wenn dies für das gewöhnliche Bewusstsein, das nur die Konsens-Realität kennt, nicht wahrnehmbar ist. Dort ist die Wurzel des Vertrauens.

Sehr eindringlich erlebte ich schon am Beginn meiner Beziehung zu Tara ihre Hilfe in Alpträumen. Ich lernte Tara kennen in einer Zeit, in der mein Leben voller äußerer und innerer Schwierigkeiten war. Eine zu frühe Ehe, in der zwei traumatisierte Kriegskinder Familie spielen wollten und wenig Ahnung hatten, wie man ohne Rückendeckung durch elterlichen Rat mit dem Leben fertigwerden sollte, brachte allzu viel Druck mit sich, und dementsprechend quälend waren meine Träume. Die wunderbare Rettung, die Tara mir mehrmals brachte, ist mir mit großer Lebendigkeit in Erinnerung geblieben:

Ein unterirdischer Gang, von kaltem blauem Licht erbarmungslos beleuchtet. Ich weiß, dass ich zu Laboren geschleppt werde, in denen es um grauenhafte Versuche mit Menschen geht. Ich zittere vor Panik, werde weitergezerrt, eisern festgehalten von Männern in weißen Laborkitteln. Es gibt keinen Ausweg. Plötzlich denke ich an Tara. Ich brauche ihr Mantra! Wenn ich sie mit ihrem Mantra rufe, wird sie kommen und mir helfen. Aber das Mantra will mir nicht einfallen. Ich kenne es so gut, bin ganz nah daran, aber die Verirrung ist zu groß, es will mir nicht einfallen. Das ist entsetzlich, denn jetzt brauche ich es unbedingt. In meiner Verzweiflung rufe ich schließlich: »Tara! Tara!« In einem einzigen Augenblick ist alles vorbei. Ich wache auf, in meinem Bett, in meinem vertrauten Zimmer. Das Schreckensbild hallt noch nach, aber Dankbarkeit überflutet mich, wärmt mich. Tara kam augenblicklich, als ich nach ihr rief, und ließ mich aufwachen! Sie kam allein dadurch, dass ich nach ihr rief in meiner Not.

Doch Tara ist, so wurde mir nach und nach klarer, auch für ein viel größeres Aufwachen zuständig – für die Befreiung des

Geistes aus dem Traum meiner wie immer gearteten Zustände. Meine Alpträume, während derer ich eine nicht im Geringsten in Frage gestellte Realität erlebte, ließen mich ein bisschen verstehen, was mit »Erwachen« und »Befreiung« im Buddhismus gemeint ist. Denn nach dem Aufwachen war ich genauso ich, wie ich im Traum die geträumte Wirklichkeit erlebt hatte, und ich konnte mich sehr deutlich an meine entsetzliche Angst erinnern. Doch nach dem Aufwachen war ich nicht mehr mit der Traumrealität identifiziert. Ich war befreit. Deshalb wurde der Buddha »der Erwachte« genannt – erwacht aus dem alltäglichen Traum des Lebens. Wie Edgar Allen Poe hellsichtig wusste: »Alles was wir sehen oder meinen / ist nur ein Traum in einem Traum.«

Also hatte ich zu begreifen, dass Tara Beschützerin und Befreierin auf allen drei Ebenen der Ganzheit ist. Ich konnte Tara in Gefahrensituationen um Hilfe rufen, ich konnte sie bitten, von Angst und verwirrenden emotionalen Zuständen im Wachzustand oder im Traumbewusstsein befreit zu werden, und ich konnte sie um Unterstützung auf dem spirituellen Weg zur völligen Befreiung bitten, bis das Ich (oder Selbst), Tara und der Weg eins sein würden.

Der Schlüssel dazu war Vertrauen. Ich wusste natürlich, dass man Vertrauen nicht machen kann; bestenfalls kann man ihm den Raum geben, um es wachsen zu lassen. Es ging, das erkannte ich, weniger um das Vertrauen darauf, dass durch Taras Hilfe alles so geschehen würde, wie ich es haben wollte. Das Vertrauen bezog sich vielmehr darauf, dass Taras Hilfe meine potenzielle Fähigkeit stärkte, mit wie auch immer gearteten Situationen gut umgehen zu können, im Leben und im Sterben. Gut bedeutet, mich nicht zum Opfer meiner Zustände werden zu lassen – welcher auch immer im ganzen Lebensrad. Ein buddhistischer Kernsatz lautet: »Es ist nicht die Frage, was geschieht, sondern wie man damit umgeht.«

Mit dem wachsenden Vertrauen wuchs auch mein Bedürfnis, nicht nur zu bitten, sondern auch zu danken. Wann immer etwas gut lief, dankte ich Tara. Es wurde selbstverständlich. Wo Bitten ist, muss auch Danken sein, und mein reifendes Vertrauen äußerte sich auf natürliche Weise darin, Tara für alles zu danken, was beruhigend und unterstützend war, ob ich sie ausdrücklich darum gebeten hatte oder nicht.

Tara als Vorbild

Dass Tara als weiblicher Buddha laut ihrer Ursprungsgeschichte eine Frau war, die durch eigene Kraft die vollkommene Befreiung des Geistes, die Buddhaschaft, erreichte, ist in der Hierarchie der Buddhas und Bodhisattvas im indischen bzw. tibetischen Buddhismus eine herausragende Besonderheit. Dank diesem weiblichen Vorbild fiel es mir leicht, mich mit Tara, der Prinzessin Weisheitsmond, und ihrer begeisterten Wertschätzung für die Lehren des damaligen Buddha zu identifizieren. Mein Buddha hieß jedoch nicht Trommelklang, sondern *Shakyamuni*, und er reichte nur vergleichsweise kurze 2600 Jahre zurück; aber beide, so verstand ich, sind derselbe verkörperte Buddha-Geist. Wie gut konnte ich nachvollziehen, dass die Prinzessin, ebenso wie ich, zutiefst beeindruckt war von den Lehren des Buddha, so wundervoll schön in ihrer klaren Weite und Tiefe.

Die Szene mit den Mönchen, die Tara erklären, sie müsse erst als Mann wiedergeboren werden, um die vollkommene Befreiung des Geistes erreichen zu können, findet man übrigens in ähnlicher Form in mehreren traditionellen buddhistischen Geschichten, wie zum Beispiel in der Geschichte des Mädchens Chandrottara[8]:

Chandrottara war die Tochter eines Mannes, der für seine Weisheit berühmt war, und sie war selbst eine weit fortgeschrittene Dharma-Praktizierende. Sie war sehr schön, und viele Männer hohen Standes waren hinter ihr her. Ihr Vater war besorgt, einer davon könne sie rauben. Das war nicht unüblich, denn hatte der Freier die begehrte Schöne erst mal in seiner Gewalt, gehörte sie ihm nach geltendem Gewohnheitsrecht.

Doch Chandrottara glaubte nicht an solch eine Gefahr. Sie sei so ganz und gar voller Mitgefühl, erklärte sie, ihr könne nichts Böses geschehen. Davon ließ sich der Vater jedoch nicht überzeugen, und er fürchtete sehr um seine schöne Tochter. Um ihn zu beruhigen, flog sie mit Hilfe ihrer außergewöhnlichen Kräfte zu dem Ort, wo der Buddha lehrte. Die anerkanntesten Schüler des Buddha forderten sie heraus, und sie bewies, dass sie die Lehre des Erwachten bis ins Tiefste verstanden hatte.

Einer der hohen Bodhisattvas, von ihrer Einsicht und ihren außergewöhnlichen Fähigkeiten beeindruckt, sagte: »Es ist leider unmöglich, dass eine Frau ein Buddha wird. Warum also wandelst du nicht mit deinen besonderen Fähigkeiten dein Geschlecht um und wirst ein Mann?«

Chandrottara wies darauf hin, dass alle Erscheinungen ihrer Natur nach leer, ohne Eigenschaften seien. Wie also sollte sie etwas, das keine Eigenschaften hat, verwandeln? Darauf wussten die Mönche keine Antwort.

In der Geschichte heißt es, dass der Buddha ihre bevorstehende Buddhaschaft voraussagte, was bedeutet, dass sie spätestens im Augenblick ihres Todes befreit werden würde. Vor lauter Freude sprang Chandrottara auf den nächstbesten Baum. Dort verwandelte sie sich augenblicklich in eine männliche Erscheinungsform und hielt eine Lehrrede, die so überwältigend war, dass 12 000 Wesen (oder sagen wir, sehr, sehr viele sichtbare und unsichtbare Wesen), die zuhörten, die vollkommene Erleuchtung bzw. Befreiung erlangten.

Dass in dieser Geschichte Chandrottara nachgab und sich in einen Mann verwandelte, beruhte auf ihrer gewiss zutreffenden Annahme, dass die Menschen ihrer Zeit, männliche wie weibliche, nur einem männlichen Lehrer zuhören würden. Der heutige Dalai Lama (der 14.) sieht das übrigens den jetzt gegebenen kulturellen Umständen entsprechend anders. Auf die Frage, ob er sich vorstellen könne, als Frau wiedergeboren zu werden, lachte er und sagte, das könne er sich sehr gut vorstellen. Aber schön müsse sie sein, denn sonst würde ihr niemand zuhören.

Als Frau wäre Chandrottara zu ihrer Zeit nur die Wahl zwischen dem zurückgezogenen Leben einer unterwürfigen Nonne oder aber Heirat und damit die Gefangenschaft in Haushalt und Mutterschaft geblieben.

Dieser Verlauf der alten Lehrgeschichte wies mich sehr deutlich auf die Frage hin, welche weiblichen Rollenbeispiele es für mich in meiner eigenen Kultur gab, an denen ich mich hätte orientieren können. Meine Mutter oder meine Großmutter waren ganz und gar Kinder ihrer Zeit und hatten nie die Kraft und Inspiration gehabt, sich über ihre Rollen Gedanken zu machen.

In der Weltliteratur gab es zwar Frauengestalten, die aus den gelebten Klischees auszubrechen versuchten, aber letztlich mussten sie stets hart dafür bezahlen. Bei meiner Suche nach einem spirituellen Vorbild stieß ich auf die spanische Mystikerin Teresa von Avila, die mit viel Mut die ihr aufgezwungene Rolle durchbrach.

Teresa von Avila

Teresa war eine Nonne, »Doktorin der Mystik«, eingebunden in das enge Frauenbild des 16. Jahrhunderts. Damals waren in spanischen Klöstern Bußübungen und Selbstkasteiungen üblich, die sie nicht nur depressiv, sondern auch körperlich so krank machten, dass sie fast daran starb. Sie befreite sich schließlich vom Diktat der kirchlichen Autoritäten, von denen sie schrieb: »Nichts als Männer, die meinen, jede gute Fähigkeit bei einer Frau verdächtigen zu müssen. Aber es wird der Tag kommen ... wo dies alles bekannt wird ... Ich werfe unserer Zeit vor, dass sie starke und zu allem Guten begabte Frauen zurückstößt, nur weil es sich um Frauen handelt.« Und an anderer Stelle schreibt sie: »Es ist kein kleines Kreuz, seinen Verstand dem zu unterwerfen, der keinen hat. Ich habe das nie vermocht, und es scheint mir auch nicht richtig zu sein.«[9]

Sie entwarf ein Reformprogramm eines »geschwisterlichen Lebensstils und die Einübung ins Ich-Sterben«, was ich für mich als das Überwinden der Ego-Fixierung interpretiere. Die Tradition der »Brautmystik« oder »Liebesmystik«, der sie folgte, musste ich mir allerdings aus der religiösen Sprache, die sie verwendete, in meine Sprache eigener Erfahrung übersetzen, nüchterner, weniger ekstatisch, aber doch im Sinn einer Verbundenheit mit ihr in einer anderen Wirklichkeit als der alltäglichen.

Teresa wurde ihr Leben lang vom Gefühl angeborener Schlechtigkeit gequält. »Es bedeutet viel zu erkennen, dass wir aus uns selbst nichts Gutes haben, sondern Elend und Nichts sind«, schrieb sie in ihren Aufzeichnungen und sagte von sich selbst: »Ich bin ein Weib und noch dazu kein gutes.«

Geboren in einer Zeit, in der von den Schwachen, schlecht Funktionierenden als »unwertem Leben« gesprochen wurde, und von der Religion und den Menschen, mit denen ich aufwuchs, von einem Selbstbild grundlegenden Unwerts geprägt, fühlte ich mich Teresa nah. Aber ich sah auch, wie hilflos sie zwischen dem dogmatischen Konzept der Kirche, das ihr den Wert absprach, und andererseits ihrer eigenen intuitiven Erkenntnis im kaum lösbaren Konflikt feststeckte. Erst die *unio mystica*, eine Erfahrung von Einheit, gab ihr die innere Freiheit, ihr Leben so zu gestalten, wie sie es wünschte – Frauenklöster zu gründen und ihre spirituellen Schwestern anzuleiten und zu unterstützen. »Es ist schwer, von diesem Zentrum unserer Seele oder unseres Geistes zu sprechen«, schrieb sie. Johannes vom Kreuz, ihr wichtigster Mitarbeiter in ihrem Bemühen um eine Ordensreform, mag einer der wenigen Männer dieser Zeit gewesen sein, die sie verstehen konnten.

Als Ordensfrau vermochte sie mir kaum Vorbild in meinem Leben mit Beruf und Kindern zu sein, wohl aber in ihrer Beharrlichkeit, trotz aller Hindernisse und Minderwertigkeitsgefühle zu dem geistigen Weg, den sie aus innerstem Wunsch eingeschlagen hatte, zu stehen.

Machig Labdrön

Später las ich die Geschichte der Tibeterin Machig Labdrön, die im 11. Jahrhundert in Tibet lebte, und war tief beeindruckt. Sie war nun wirklich ein überzeugendes Rollenbild – zuerst Nonne, Studierende, Praktizierende, eine Schülerin, die über ihre Meister hinauswuchs, später Partnerin eines bedeutenden Yogis, Mutter dreier Kinder, berühmte Dharma-Lehrerin und Begründerin der einzigen original tibetischen, nicht aus dem buddhistischen Nordindien importierten Praxislinie Chöd.

In eine gebildete Familie hineingeboren, soll Machig Labdrön schon als Kind eine große Neigung zum Studium der buddhistischen Schriften gehabt haben. Nach dem Tod ihrer Mutter lebte sie in einem Kloster, dessen Oberhaupt ihr erster Lehrer wurde. Es hieß, dass dieser Lehrer sie alles lehrte, was er wusste, bevor seine Schülerin ihn in kurzer Zeit überflügelte. Also schickte er sie zu einem besonders berühmten Meister. Die junge Frau lernte sehr schnell sowohl bei diesem wie bei weiteren hervorragenden Lehrern, und sie entwickelte, wie es heißt, die Fähigkeit des tiefen Erkennens. Das brachte sie schließlich dazu, ihre Nonnentracht abzulegen und als Yogini mit den Ärmsten der Gesellschaft zu leben. Die folgende Phase ist in den Biografien voller tantrischer Inhalte – z.B. zähmt sie einen Schlangendämon –, die ihren inneren Befreiungsprozess beschreiben.

Auf dem Höhepunkt dieses Prozesses erschien ihr Tara und sagte: »Du wirst allen Lebewesen helfen. Du wirst auf den 108 Friedhöfen und den schrecklichen Orten praktizieren. Deine Belehrungen werden strahlen wie die Sonne, wenn sie hoch am Himmel steht. Und deine Schüler werden jenes Wissen erlangen, von dem man nicht mehr zurückfällt.«[10]

Die Praxis des Dämonenbezwingens, die sie lehrte, leuchtete mir ein. Zwar lebte ich in einer materialistisch orientierten Welt, in der nicht die Rede von Dämonen war, hatte aber auf meinen inneren Reisen mit LSD und anderen psychotropen Substanzen eine Ebene der Wahrnehmung kennenlernen können, auf der meine Dämonen Gestalt annahmen und ich gezwungen war, mit ihnen umzugehen. Dazu ist zu sagen: Ich war mir während dieser Reisen meiner Situation immer völlig bewusst, konnte aber das, was ich als Realität erlebte, nicht willkürlich verändern, anders, als wenn man einen luziden Traum wirklich beherrscht. Ich »reiste« nachts, wenn ich allein und ungestört war. Und wann immer ich mich – allein in meinem Zimmer, wenn mein Kind schlief und ich keine Störung befürchten musste – auf die Reise begab, war mir bewusst, dass ich, wie Aldous Huxley es nannte, Himmel oder Hölle erleben konnte.

In einem Fall, den ich beschreiben möchte, begann die Reise beunruhigend. Eine Wolke senkte sich herab, die ich sofort als »Grauen« erfuhr. Die Wolke sank langsam, aber unaufhaltsam. Es gab keine Zweifel, ich war in großer Gefahr. Bevor das Grauen mich völlig erreicht hatte, duckte ich mich und legte mich rücklings auf den Boden. Die Wolke hielt knapp über mir an. Solange ich stillhielt, hielt auch die Wolke still. Doch dann begannen sich an der Zimmerwand große Blasen zu bilden. Sie brachen auf, und die Köpfe von Dämonen wurden sichtbar. Sie sahen schreckenerregend aus mit ihren riesigen, rollenden Augen. Ich wusste, dass sie ungeheuer gefährlich waren, und geriet in Panik. Doch bevor die Panik mich völlig überfluten konnte, sagte eine Erkenntnis in mir: Es sind meine eigenen Dämonen! Wo sollen sie denn hin, wenn nicht zu mir? Die Angst mischte sich auf seltsame Weise mit einem mitfühlenden Impuls. Ich öffnete weit den Mund und signalisierte den Dämonen, sie mögen in mein Herz kommen, dort würden sie Ruhe finden. Und so zogen die Dämonen kometenartig mit wunderschönen langen Schweifen in schillernden Farben durch meinen Mund in mein Herzzentrum und ließen sich sanft darin nieder. Es gab sie nicht mehr. Ich empfand einen wunderbaren Frieden und verweilte zeitlos darin, bis die Wirkung der Substanz nach ein paar Stunden verebbte.

Diese Wahrnehmung des alles durchdringenden Friedens, untrennbar von Freude, untrennbar von Verbundensein mit allem, hielt noch stundenlang an. Es war traurig, als sie sich auflöste, doch die Gewissheit, dass alle Dämonen auf allen Ebenen, denen ich je begegnen würde, zu mir gehörten, ging nie mehr ganz verloren.

Dass Dämonen, ungeachtet ob man sie, je nach Kultur, als sichtbare Gestalten oder als innere Zustände erlebt, grundsätzlich ihre Wurzel im Geist haben, machte Machig Labdrön in ihren »Gesängen der Weisheit« klar:

»Es gibt vier Arten von Dämonen:
Die berührbaren Dämonen, deren Grundlage die Außenwelt ist;
die nicht berührbaren Dämonen, deren Grundlage die geistigen Vorstellungen sind;
die Dämonen der Zufriedenheit, die von der Sehnsucht nach Erlangen leben;
und die Dämonen des Stolzes, deren Basis das Unterscheiden in Verschiedenes ist.«[11]

Über die »Grundlagen« dachte ich lange nach, leider damals ohne die Möglichkeit, Unterstützung durch Wissen über die Quantentheorie zu bekommen. Die »Außenwelt«, so hatte ich aus verfügbaren Buddhismus-Büchern gelernt, ist die mit den Sinnen erfahrene relative Welt. Was ich erst noch lernen musste, war die Tatsache, dass in der Art, wie erfahren wird, das Weltbild und auch der persönliche Geisteszustand, also die Erfahrungsweise, eine große Rolle spielen. Zumindest wusste ich, dass Angst die Sinne so sehr blockieren kann, dass ein Ast als Schlange wahrgenommen wird oder ein Busch am Wegrand als Monster.

Noch wesentlich weiter reichten tibetische Berichte vom »Tulpa«, einer aus Gedanken geschaffenen Manifestation. Von Meistern mit besonderen Fähigkeiten wird berichtet, dass sie Erscheinungen kreierten, die von anderen als real erlebt wurden. So reiste etwa ein Meister mit einem Tulpa als Diener, und niemand erkannte diesen Begleiter als »Gedankenform«. Aber mein

Alltag machte das Phänomen ja schon deutlich genug: Wenn Autoritäten oder viele Mitglieder einer Gemeinschaft etwas behaupteten, wurde es bald als unumstößliche Tatsache akzeptiert. So wie des Kaisers neue Kleider.

Ich musste mich fragen: Wie wahr ist das alles, was ich übernehme, glaube, zu erfahren meine? Was ist dann überhaupt wahr? Zunächst ließ ich die Aussage des Dharma, dass alles Illusion sei, so stehen, erlaubte mir jedoch, mit der offenen Frage weiterzuleben.

Dass Machic Labdrön eine Mutter war wie ich, brachte sie mir besonders nah. Sie wurde in jungen Jahren ordiniert, weil das der normale und einzige Zugang zum Wissen war. Später wurde ein außergewöhnlicher indischer Yogi ihr Mann, von dem sie drei Kinder bekam, zwei Jungen und ein Mädchen. Dass sie eine ehemalige Nonne war, gab in dem Ort, wo sie lebten, offenbar so viel Anlass zum Tratschen, dass sie in einen entfernten Distrikt zogen. Als die kleine Tochter fünf Jahre alt war und die Jungen zehn und elf Jahre, einigte sie sich mit ihrem Mann, die Kinder ihm zu überlassen und ihre Lehrer aufzusuchen, um noch weitere subtile Lehren zu bekommen, zu praktizieren und auch selbst zu lehren.

Das erschien mir nun wirklich fast unglaublich in einer Geschichte von vor 1000 Jahren. Auf den Nenner eines heutigen Lebens gebracht: Der Vater übernahm ganz selbstverständlich die Kinder, damit seine Frau zu ihren Lehrern reisen und sich jahrelang um ihre spirituelle Entfaltung kümmern konnte.

Es vergingen weitere Jahre, bis der Ehemann ihr den jüngeren Sohn und die Tochter brachte, denn nun war es Zeit für den Yogi, nach Indien zurückzukehren; darüber herrschte völlige Einigkeit. Der Junge war 15 Jahre alt und von seinem Vater gut vorbereitet für den geistigen Weg, die zehnjährige Tochter bereits eingeführt in eine besondere Tara-Praxis. Da wurde der Sohn plötzlich krank. Es heißt, er wurde verrückt. Machig lehrte ihn bestimmte Praxisformen und schickte ihn für eine Woche zum Praktizieren auf den Friedhof. Er wurde gesund und ein großartiger Yogi.

Hagiographien als Orientierung sind schwierig, denn sie sind ja in erster Linie im Sinne der Lehren verfasst. Von Gefühlen ist nicht die Rede. Wie mag sich die Mutter gefühlt haben, als ihr Kind »verrückt« wurde? Und was war in der tibetischen Kultur unter »verrückt« zu verstehen? Dass Friedhöfe – in Tibet waren darunter wohl eher Himmelsbestattungsplätze oder Verbrennungsstätten zu verstehen – ein geeigneter Ort für meditative Bewältigung und Auflösung von Dämonen waren, wusste ich. Und Machig Labdrön hatte eine Praxisform entwickelt, die man »Dämonen abschneiden« nennt. Also gab sie ihrem Sohn wahrscheinlich diese Praxis, die ihm half.

Diese beiden Kinder hatten spirituell bedeutende Lebenswege. Vom ältesten Sohn, der kein Dharma-Praktizierender war und ein gewöhnliches Leben führte, ist in Machigs Biografie nicht mehr die Rede.

Entsprechend den Vorstellungen meiner Zeit war ich es gewohnt, als Mutter für alle Probleme meiner Kinder verantwortlich gemacht zu werden. Das Rollenbild einer Mutter, die seit einem Jahrtausend als größte Meisterin Tibets verehrt und deren Qualität nicht daran gemessen wurde, wie sich ihre Kinder entwickelten, gefiel mir, wenn auch ihre spirituellen Errungenschaften mehrere, nein, viele Nummern zu groß für mich waren.

Es waren die verwirrenden Jahre der Frauenbewegung, als ich Tara kennenlernte. Damals konnte nicht ausbleiben, dass diese Bewegung auch in der langsam wachsenden buddhistischen Sekundärliteratur sichtbar wurde. Taras legendäres Vorbild war eine wohltuende Antwort auf die frauenfeindlichen Tendenzen in den originalen buddhistischen Schriften. Denn dort gibt es Texte wie:

Leicht können Frauen die Gebote der Reinheit ruinieren.
Es fällt ihnen nicht schwer, Tugend und Ehre zu missachten.
Ihretwegen wird man in der Hölle wiedergeboren;
Sie verhindern eine Wiedergeburt in den Himmeln.
Warum sollte der Einsichtige also Gefallen an ihnen finden …
Ist man den Frauen ergeben, der Grundlage allen Übels,
vermehrt sich das Böse, und man wird von guten Freunden verlassen.

Und:

Fällt ein guter Mann einem Mörder zum Opfer,
so leidet er dadurch weniger Schaden als durch die Nähe einer Frau.

So spricht Ananda, der engste Vertraute des Buddha[12]. Oje!

Eine Frauenbewegung war in den 70er- und 80er-Jahren des 20. Jahrhunderts sicher nötig, aber in der aggressiven Form, die sie annahm, schoss sie über ihr Ziel hinaus. Wie so viele andere Frauen trug auch ich in mir eine Vorgeschichte von zutiefst beschädigtem Selbstgefühl durch väterliche Missachtung und psychologischen Machtmissbrauch, der vielen männlichen Schullehrern und Klerikern ganz selbstverständlich erschien. Ich erlag der Verführung, die Abwertung seitens des anderen Geschlechts umzukehren und meine persönlichen Erfahrungen der Erniedrigung und Verletzung zum emotionalen Maßstab zu nehmen. Es dauerte leider mehrere Jahre, bis ich diesen Irrtum durch bessere Kenntnis der buddhistischen Lehren korrigierte; denn Meinungen können widerstandsfähig sein wie Zecken. Doch dann machte ich mich auf den langen Weg, meinen eigenen Geist kennenzulernen und meine Erfahrungen als mein spirituelles Arbeitsmaterial zu erkennen, wie meine Lehrer in Buddhas Nachfolge es mir vermittelten.

Wie Tara nach Tibet kam

Dass die Praxis der grünen Tara bereits vor 1000 Jahren von Indien nach Tibet gebracht wurde und sich dort verbreitet hat, ist dem berühmten Meister Atisha Dipamkara zu verdanken. Als ich seine Lebensgeschichte las, musste ich ihn einfach lieben für seine beharrliche Suche nach der Befreiung des Geistes. Und ich fand es sehr inspirierend, dass er sich, so schwierig die Umstände auch waren, durch nichts davon abbringen ließ.

Atisha Dipamkara

Atisha wurde um die Jahrtausendwende in einem kleinen Königreich in Nordindien als Prinz geboren, also in einer Zeit, in der viele großartige Gelehrte und tantrische Meister die buddhistischen Lehren weitergaben. Der junge Prinz hatte, wie der Buddha anderthalbtausend Jahre zuvor, ein Leben mit vielen Annehmlichkeiten vor sich. Doch als er, fast noch ein Kind, offiziell einem standesgemäßen Mädchen versprochen werden sollte, griff Tara ein. Die Gottheit Tara war damals zwar bekannt, jedoch nur in kleinen, unbekannten Kreisen. Atisha hatte möglicherweise von ihr gehört, aber sie hatte bis dahin keine Rolle in seinem Leben gespielt. Doch nun erschien sie in seinem Geist und erklärte ihm, dass er sich nicht auf das Leben einlassen solle, das seine Eltern ihm anboten. Mehr als 500 Leben habe er bereits damit zugebracht, sich von der Verführung durch die Illusionen des Lebens zu lösen. Das schöne Leben, das ihm diese Inkarnation jetzt anbot, sei eine große Gefahr, auf die er nicht hereinfallen dürfe.

Atisha, so jung er war, erkannte die schwerwiegende Bedeutung dieser Warnung. Ich werde niemals heiraten, sagte er zu seinen Eltern, und ich werde auch niemals König sein. Das ist nicht mein Weg, denn ich will die Lehre des Buddha studieren. Man kann sich vorstellen, wie entsetzt die Eltern waren, hatten sie doch so große Pläne mit diesem Sohn, der seine Brüder an Intelligenz bei Weitem übertraf. Nun, er war noch sehr jung, und sie hofften, dass er mit der Zeit zur Besinnung kommen würde. Elterliche Vorstellungen sind mächtig, und Atisha wollte sich nicht auf Streitereien einlassen.

Deshalb ging er, um sie zu beruhigen, eines Tages mit einer Schar von Gefährten und Dienern auf die Jagd, wie es für prinzliche Heranwachsende allgemein üblich war. So ein Jagdausflug konnte recht lange dauern. Aber Atisha hatte anderes im Sinn, als Tiere zu erlegen. Er sammelte Informationen über berühmte Meister. Das war nicht einfach und verlangte Geduld und Zeit. Es musste viel herumgefragt und nachgeforscht werden, denn solche Meister lebten meistens zurückgezogen. Und selbst wenn sich ihr Ruf verbreitet hatte, war es oft schwierig zu erfahren, wo man sie finden konnte.

Dank seiner Beharrlichkeit gelang es ihm, gute Lehrer ausfindig zu machen, und im Laufe der folgenden Jahre wurde er Schüler bekannter Meister. Der wichtigste unter ihnen war ein Meister des buddhistischen Tantra, das sich in dieser Zeit schnell zu einer großen Ergänzung der bisherigen Methoden entwickelte.

Dieser Meister erkannte die große Begabung seines Schülers, sah aber auch die Abhängigkeit, die ihn an Eltern und Herkunft band. Also schickte er Atisha mit ein paar ausgewählten Begleitern und Begleiterinnen, allesamt bereits fortgeschrittene Tantra-Praktizierende, zu einem Besuch in den elterlichen Palast. Dort solle er eine Weile bleiben und genau prüfen, was dieses bevorzugte Leben und die königliche Zukunft ihm bedeuteten.

Wie glücklich waren die Eltern über die Rückkehr ihres Sohnes und dachten, nun sei er zur Vernunft gekommen. Die Freude währte nicht lange. Es schien wahrlich eine wilde Bande zu sein, die sie da aufgenommen hatten. Die jungen Männer und Frauen trugen bizarren Knochenschmuck und sonst sehr wenig, und sie verhielten sich über alle Maßen unkonventionell. In den Hainen im Umkreis des Palastes zelebrierten sie tantrische Rituale, sangen, trommelten und tanzten und führten sich nach Meinung der königlichen Eltern völlig unmöglich auf. Nach einiger Zeit ließen sie den eigenwilligen Sohn recht gern ziehen, mit reichlich Gold und Edelsteinen versorgt, die für eine lange Studienzeit ausreichten.

Atisha nahm seine Studien sehr ernst. Mit der Ordination, ohne die es kein Studium gab, bekam er den Namen Dipamkara, und als Atisha Dipamkara wurde er – bis heute – berühmt. Jahrelang studierte er bei berühmten Gelehrten an buddhistischen Klosteruniversitäten, aber auch bei vielen Tantra-Meistern, und so wurde er auch in alle tantrischen Meditationen der Tara in ihren verschiedenen Erscheinungsformen eingeweiht. Vor allem vertiefte er sich in das klassische »Geistestraining« *(Lojong)* und wurde als Universitätslehrer berühmt für seine Wortgewandtheit und Redekunst.

Aber seine Erfolge als gepriesener Gelehrter befriedigten ihn nicht. Er konnte zwar hervorragend über die Lehren des Buddha und den Weg des Bodhisattva reden, konnte andere überzeugen, wie wunderbar dieser Weg der bedingungslosen Nächstenliebe sei, aber es wurde ihm immer klarer, dass es nicht genügte, gut denken und reden zu können. Also gab er sich sehr viel Mühe, alle die Meditationen zu üben, die er kannte. Er wollte die Befreiung erreichen, darum ging es ja, aber er schien einfach nicht weiterzukommen, obwohl er alles wusste, was zu wissen war. Doch da er so gut denken konnte und es nun mal gewohnt war, über alles nachzudenken, verstellte ihm wohl gerade diese Fähigkeit ständig den Weg zur wahren Erkenntnis.

Diese Einsicht machte ihn sehr unglücklich. In seiner Not wandte er sich an den tantrischen Meister, den er seit seiner Jugend kannte und verehrte, und der sah, dass sein Schüler jemanden brauchte, der ihm helfen konnte, alle Zweifel, störenden Reflexionen und Kommentare zu überwinden. Also schickte er ihn zu einem erleuchteten Meister der vollkommenen Liebe, der allerdings nicht gerade leicht zu finden war, denn er lebte weit entfernt von Indien auf der »Goldenen Insel«, die man heute Sumatra nennt. Aber einen Atisha konnte auch dies nicht aufhalten. Er wusste, was für ein gefährliches Unterfangen es war, den Indischen Ozean entlang der Küste von einem Handelsort zum nächsten auf einem Handelsschiff zu bereisen, monatelang dem Meer ausgeliefert. Aber es war seine einzige Hoffnung. Tatsächlich fand er den großen Meister[13] auf der Goldenen Insel, und er blieb dort, bis der Meister starb.

Für Atisha hatte es auf der intellektuellen Ebene längst nichts mehr zu lernen gegeben. Es waren das außerordentliche menschliche Vorbild, wortlose Übertragungen und eine ganz besondere, geheime Meditationspraxis des Mitgefühls, die ihm in den zwölf Jahren mit dem Meister der vollkommenen Liebe schließlich den ersehnten Geistesfrieden brachten. Die ganz besondere, bis in die Neuzeit geheim gehaltene Meditationspraxis *Tonglen*, die er bei diesem Meister vervollkommnet hat, hieß so viel wie Austausch; dies bedeutete, das eigene Selbst gegen das anderer auszutauschen – alles Leiden, alles Negative in sich aufzunehmen und alles Gute, Heilende zu geben.

Wieder in seiner Heimat, suchte sich Atisha seinen Platz für den Rest seines Lebens in einem kleinen, abseits gelegenen Kloster, in dem er nur wenig lehren musste. Er war nun schon ein halbes Jahrhundert alt und wünschte sich ein einfaches Leben in Zurückgezogenheit und Ruhe. Aber er hatte nicht damit gerechnet, dass sich sein Ruhm bis nach Tibet verbreitete. Für den König von Tibet war dieser berühmte Gelehrte und Meditationsmeister genau das, was er brauchte, ein allseits hoch geachteter Mann, der wieder Ordnung in den tibetischen Buddhismus bringen sollte. Denn die Unordnung war groß. Klöster verschiedener Traditionslinien bekämpften einander, alte schamanische und neue tantrische Elemente bildeten ein verwirrendes Durcheinander, und die grundlegenden Lehren des Buddha wurden gar nicht mehr beachtet.

Atisha wäre viel lieber in seinem kleinen Kloster geblieben, doch Tara mischte sich ein. Sie erschien ihm im Traum und erklärte, dass Tibet ihn brauche. Allerdings würde ihn diese aufreibende Arbeit, Tibet wieder im authentischen Dharma zu verankern, ein Stück Lebenszeit kosten – in verschiedenen Biografien ist von acht oder auch 20 Jahren die Rede. Jedenfalls ziemlich viel. Also machte sich Atisha wieder einmal auf zu einer langen Reise, diesmal über die gewaltigen Berge des Himalaya ins zentrale Tibet. Dort starb er im Alter von 75 Jahren, was allerdings nach den Umständen des damaligen Tibet nicht gerade als frühzeitiger Tod gewertet wurde. Ihm ist es zu verdanken, dass die Meditationspraxis der Arya Tara Tibet erreichte.

Jonang Taranatha

Nachdem Atisha die einfache Mantrayana-Praxis der Arya Tara in Tibet bekannt gemacht und eine neue Traditionslinie eingeführt hatte, wurden die verschiedenen Tara-Tantras nur von ausgesuchten autorisierten Meistern weitergegeben und in kleinen, geschlossenen Kreisen praktiziert. So hatte Atisha es verfügt, wohl um so eine Verdrehung und vielleicht auch Banalisierung zu verhindern. Erst 500 Jahre später unternahm es der große Gelehrte und tantrische Meister Jonang Taranatha, alle Lehren und Praxisformen, die Atisha von Indien mitgebracht hatte, zu sammeln. Taranathas Leben war weit weniger spektakulär und wurde hauptsächlich in der Form seines Werks festgehalten. Er wurde als ein Tulku, eine hohe Wiedergeburt, erkannt, hatte bedeutende Lehrer und gründete ein wichtiges Kloster. Gesichert ist es nicht, dass er danach in die Mongolei reiste und nicht zurückkam, aber so wird es erzählt.

Hatte er vielleicht genug von der klerikalen Politik in Zentral-Tibet? Möglicherweise fand er in der Mongolei Menschen, die offen und bereit waren für das wunderbare Geschenk der Tara-Praxis, das er ihnen brachte, und vielleicht auch begeistert von den Erzählungen, die einen Teil seines Werks ausmachten. Diese Erzählungen sind entzückend, vor allem, weil die Protagonisten so ungeheuer eifrige und erfolgreiche Praktizierende waren. Denn ob es eine Zwölfjährige war, die vor einem wilden Elefanten gerettet wurde, eine Prostituierte, die, von einer Schlange bedroht, Tara um Hilfe anflehte, ein reicher Händler, der vor Räubern beschützt werden musste, oder ein armer Holzsammler, der ums Haar von einer Löwin gefressen wurde – immer wurden sie von Tara gerettet, weil sie so tiefes, hingebungsvolles Vertrauen zu ihr hatten. Man kann diese Geschichten in die Rubrik der »pädagogischen« Ebene der Lehren einreihen, aber sie beschreiben recht anschaulich, wie echte Hingabe von Angst und Bedrohung zu befreien vermag.

Es wird berichtet, dass Taranatha Mitte des 17. Jahrhunderts in der Mongolei starb. Ein Fluss soll seinen Körper nach Tibet zurückgetragen haben. Das scheint mir ein sehr gelungenes erzählerisches Ende seiner Lebensgeschichte zu sein. Denn er war ja nie wirklich weg, wird es nie sein, da er die Tara-Praxis so nachhaltig ins Bewusstsein der Menschen seiner Zeit getragen hat, dass sie sich zuerst in ganz Tibet und heute weltweit verbreiten und dringend benötigte Hilfe bringen kann.

དྷ་ར།

BUDDHA SHAKYAMUNI KENNENLERNEN

In den Büchern über Dharma, die mir in die Hände fielen – anders kann ich es nicht nennen, denn genau darauf war ich angewiesen –, wurde Taras Platz in ihrer »Familie« je nach der Tradition der Verfasser unterschiedlich dargestellt. Oft war es auch die weiße Tara, der ich dabei begegnete, aber das war eine Differenzierung, die für mich keine Rolle spielte. Es war etwa so, wie eine Person innerhalb einer Familie unterschiedlich wahrgenommen und positioniert wird; letztlich geht es ja um die Person selbst und unsere Beziehung zu ihr.

Die Familie meiner Tara beginnt natürlich mit dem Buddha unseres Zeitalters, »Buddha Shakyamuni«, »Der Erwachte aus dem Klan der Shakya«. Ich liebte das wohltuende Bild des Buddha, sanft, souverän, wo immer in der Welt er sitzt – riesig, mächtig im japanischen Kamakura, klein und mit stabiler Grazie auf meinem Schrein –, immer scheint er am richtigen Platz zu sein, so einfach und fern aller Provokation. Damals wirkte er auf mich mehr mütterlich als väterlich, aber das hatte natürlich mit meiner persönlichen Geschichte zu tun.

Meiner christlichen Erziehung entsprechend suchte ich zunächst so etwas wie die Bibel des Buddhismus, die Sammlung alter Schriften. Allerdings war der Buddhismus in Europa zu diesem Zeitpunkt, Anfang der 70er-Jahre, noch in einem frühen Pionierstadium. Die Übersetzungen dieser alten Schriften über Buddhas Leben und Lehre, der Pali-Kanon, waren teilweise direkt ins Deutsche übersetzt worden, aber in einem Vokabular verfasst, das, wie konnte es anders sein, viele Wörter mit christlicher Bedeutung enthielten. Dass die uns vertrauten Begriffe oft nicht zum tatsächlichen Inhalt der buddhistischen Aussagen passten, war den Übersetzern entgangen (übrigens auch heute noch ein Problem). Das war fatal und führte bei mir zu manchen falschen Vorstellungen, die später im Studium beim ersten meiner buddhistischen Lehrer korrigiert werden mussten. Das geschah nach seiner Anweisung durch gründliches Umkreisen des ursprünglichen Begriffs (»Begriffsteppiche« schaffen), auch in Sanskrit und Tibetisch, um den Inhalt durch »Hören, Nachdenken und Meditieren«, wie es traditionell heißt, also mit rationalem und nicht rationalem Vorgehen zu erfassen.

Die erste Aussage des Buddha, man solle nicht einfach glauben, nahm mich gefangen. Im Kalamasutta im Pali-Kanon heißt es:

»Glaubt nicht an etwas, bloß weil ihr es gehört habt.
Glaubt nicht an etwas, weil viele es sagen und es zahllosen Gerüchten zufolge so sein soll.
Glaubt nicht an etwas, bloß weil es in euren religiösen Texten geschrieben steht.
Glaubt nicht bloß aus Rücksicht auf die Autorität eurer Lehrer und Dorfältesten an etwas.
Glaubt nicht aus dem Grund an Traditionen, weil sie über viele Generationen weitergegeben worden sind.

Wenn ihr allerdings nach eingehender Betrachtung und Analyse feststellt, dass etwas vernunftgemäß ist, überdies nicht nur euch selbst, sondern auch der Allgemeinheit zum Wohl gereicht, dann akzeptiert es und lebt danach.«[14]

Das war neu, unerwartet, total unreligiös, und es verstieß radikal gegen das Muster des unbesehen Glaubenmüssens, des Nichtfragendürfens, wie es mir meine Kindheit lang antrainiert worden war. Das Kind hatte fraglos zu tun und zu glauben, was man ihm sagte. Die Fraglosigkeit war ein Nährboden für Angst, die unterirdisch wucherte. Also lernte das Kind, sich das Gefängnis des Nichtfragens als Normalzustand zu eigen zu machen. Wenn der Druck der Fraglosigkeit, wo dringend hätte gefragt werden müssen, zu groß wurde, versteinerte das Kind. Es wurde völlig sprachlos. Man nannte mich ein bockiges Kind, vermerkte diesen Fehler sogar im Zeugnis.

Mit Buddhas ausdrücklicher Erlaubnis, selbst nachdenken, prüfen und entscheiden zu dürfen, begann ich, alles zu lesen, was ich an buddhistischer Primär- und Sekundärliteratur in deutscher Sprache finden konnte. Da fand sich Anfang der 70er-Jahre nicht sonderlich viel, aber was ich fand, bewirkte eine enorme Resonanz. Zugänglich waren Informationen über das Leben des Buddha. Es gab die Sammlungen von Übersetzungen alter Schriften in der altindischen Sprache Pali, die Quelle des Bildes, das man sich von vielen Aspekten im Leben des Siddhartha Gautama machte, der den Titel »Buddha«, »Der Erwachte« erhielt. In den Jahrzehnten danach wurden viele weitere, in früheren Sammlungen nicht enthaltene Schriften in Sanskrit und in sehr alten chinesischen und anderen asiatischen Überlieferungen gefunden. Immer mehr davon werden noch immer gesammelt und übersetzt, und sie ergeben ganz neue Varianten vom Leben des Buddha.

Was ich jedoch zunächst erfuhr: Siddhartha Gautama, vor zweieinhalbtausend Jahren geboren, war ein junger Mann aus einem Königshaus in Nordindien (damals gab es in Indien viele kleine Königreiche), des Vaters einziger und geliebter Sohn. Bei seiner Geburt wurde prophezeit, er würde sich entweder zu einem großen Herrscher oder zu einem großen Weisen entwickeln. Natürlich wünschte sich der Vater den Sohn als königlichen Nachfolger und zog ihn dementsprechend auf. Also stellte ich mir Siddharta so vor, wie Bertolucci ihn in seinem Film »Little Buddha« zeigt: Schön, muskulös, durchtrainiert, im Zweikampf mit seinen Freunden Sieger im Ringen und Bogenschießen, so, wie ein privilegierter Junge in einer patriarchalischen Gesellschaft zu sein hat. Siddhartha wurde verheiratet und Vater eines Sohnes. Alles lief wunderbar gut in seinem Leben, und sein Vater hielt jegliches Unangenehme von ihm fern. Doch dann, so berichtet die Geschichte, begegnete Siddhartha ausgerechnet all dem, was sein Vater gern von ihm ferngehalten hätte. Er sah einen alten Mann, der sich stöhnend die Dorfstraße entlangschleppte, ein Leprakranker saß am Rand eines kleinen Tempels und streckte seine verkrüppelte Hand nach Almosen aus, eine weiß verhüllte Leiche wurde von den Leichenträgern zu einem Verbrennungsplatz gebracht. Und dann sah er einen »hauslosen« Asketen, der geruhsam und entspannt ohne allen Besitz seines Weges ging.

29 Jahre war er alt, so wird berichtet, als er Frau und Kind verließ, um solch ein »Hausloser« zu werden auf der Suche danach, das Leiden – äußerlich sichtbar vor allem an Alter, Krankheit und Tod – zu überwinden und den Geist zu befreien. Sieben Jahre lang lernte er bei vielen verschiedenen Lehrern Philosophien und Meditationen, denn davon gab es im damaligen Indien ein großes und vielfältiges Angebot. Schließlich ließ er sich

auf eine so strenge Askese ein, dass er fast daran starb. Eine einfache Frau erkannte seinen bedrohlichen Zustand und fütterte ihn ins Leben zurück.

Siddhartha stellte fest, dass das alles nicht taugte, um seine Frage nach der Ursache des Leidens und der Ursache des Glücks zu beantworten. Der Legende nach setzte er sich unter einen Baum, den berühmten Bodhi-Baum in Bodh Gaya, und beschloss, erst dann aufzustehen, wenn er völlige Klarheit gewonnen hatte, »erwacht« war aus dem Traum des Lebens. Da er dies erreichte, wurde er der »Erwachte« und der »Erleuchtete« genannt. Viele Anhänger scharten sich um ihn, denen er die Zusammenhänge erklärte, wie man durch genaues Erforschen des eigenen Bewusstseins die Trugschlüsse entdecken kann, die, kurz gesagt, in schmerzhafte Verwirrung anstatt in glückselige Klarheit führen. Und da er ganz offenbar aus eigener Erfahrung sprach und das verwirklicht hatte, was er lehrte, fühlten sich viele Menschen von seiner revolutionären Lehre angezogen. Denn im Hindu-Land Indien war es revolutionär zu sagen, dass sich alle Menschen selbst vom Leiden befreien und durch eigene Entscheidung Erleuchtung erlangen können, ohne Priester dafür zu brauchen und zu bezahlen, und das alles ganz ohne Kastensystem.

Zuerst waren es nur Männer, die sich dem Buddha anschlossen und von ihm ordiniert wurden, aber dann wünschten auch Frauen das hauslose Leben, was ihnen der Buddha zuerst verweigern wollte, es dann aber doch erlaubte. Allerdings mussten sie wesentlich mehr Gelübde einhalten als die männlichen Ordinierten.

So lernte ich die Person des Buddha nach den Schriften des Pali-Kanon sehen. Er war nachweislich eine historische Gestalt, über deren Leben und Lehren im Lauf der zweieinhalbtausend Jahre nach seinem 80 Jahre währenden Erscheinen in der Welt unglaublich viel und in verschiedenen Sprachen geschrieben wurde – überall dort in Asien, wohin sich der Buddhismus verbreitete und die Geschichte des Buddha erzählt wurde.

Ich hatte meine Bedenken. Ein junger Vater, der seine Frau und ihr kleines Kind verließ! Dieses Rollenvorbild erschien mir als junger Mutter in einer Zeit, in der »Alleinerziehende« ein stehender Begriff für Mütter wurde, die zugleich Vaterersatz und Ernährerin sein mussten, recht ungeeignet.

Doch da war seine Lehre, so logisch, überzeugend und inspirierend, dass ich für mich an dieser Lebensgeschichte kurzerhand einige Abstriche machte. Schließlich wurde erst drei Jahrhunderte nach Buddhas Tod damit begonnen, sein Leben und seine Lehren aufzuschreiben. Bis dahin hatten die Nachfolger sie von Generation zu Generation mündlich weitergegeben, gewiss mit bestem Wissen und Gewissen, aber auch sicher nicht gefeit dagegen, dass in dieser langen Zeit diverse kulturelle Vorstellungen andockten. Also gestattete ich mir einen gewissen Ermessensspielraum und konzentrierte mich lieber auf die Kernstücke der Lehre.

Erst viel später in meinem Leben las ich neu entdeckte Schriften, die das Leben des Buddha in den Kontext der damaligen Gesellschaftsordnung setzten. Dabei entstand nun ein ganz anderes Bild: Der Haushalt des Königs, Siddharthas Vater, besteht aus Hauptfrau und mehreren Nebenfrauen samt deren Kindern; auch Großmütter und diverse weibliche Verwandtschaft zählen dazu. Sie alle bevölkern die Frauengemächer, und der kleine Siddhartha wächst im schützenden Kreis dieses Frauenhaushalts auf. Aus diesen Schriften geht hervor, dass der junge Prinz wenig Interesse an körperlicher Ertüchtigung hatte, auch keine besondere Neigung zur Gelehrsamkeit zeigte. Es gab so herrlich viel Unterhaltung und Ablenkung in der Palastwelt, dafür sorgte der königliche Vater, der keinesfalls einen Weisen zum Erben haben wollte und den Sohn lieber mit den Annehmlichkeiten eines weltlichen Lebens vertraut machte. Man muss sich auch vor Augen halten, dass die Palastanlage eines Maharadschas ein großes Gelände umfasste, in dessen weiterer Umgebung seine Bauern mit ihren Feldern und Tieren lebten.

In der Sanskrit-Überlieferung Mahavastu wird der Buddha zitiert:

> *»Ich wuchs in einer sehr behüteten Situation auf, ihr Mönche …*
> *Mein Vater gab mir alles, um die fünf Arten sinnlicher Freuden zu genießen mit Tanz, Gesang, Musik und Frauen, damit ich mich ablenken und vergnügen konnte.*
> *Ich wuchs in einer sehr behüteten Situation auf, ihr Mönche … Mein Vater gab mir alle möglichen Transportmittel, Elefanten, Pferde, Boote und Sänften, damit ich mich ablenken und vergnügen konnte.*
> *Ich wuchs in einer sehr behüteten Situation auf, ihr Mönche … Mein Vater hielt einen Sonnenschirm über mich, wenn ich hinausging, damit ich nicht unter Hitze, Staub oder Licht litt, damit ich mich ablenken und vergnügen konnte.«*

Vor allem sorgten der Vater und die männlichen und weiblichen Familienältesten, die dem König zur Betreuung seines Sohnes nach dem Tod der Mutter bei Buddhas Geburt zur Seite standen, für viele schöne Gespielinnen, mit denen sich der Prinz vergnügen konnte. Im Land des Kamasutra, der äußerst verfeinerten indischen Liebeskunst – das Kamasutra entstand etwa zu Buddhas Zeit –, hatten die ausgedehnten Sinnesfreuden den höchsten Stellenwert im indischen Leben. Verständlich, dass der königliche Vater darauf setzte. Entsprechend erzählte der Buddha seinen Mönchen:

> *»Im Regenzeit-Palast unterhielten mich Musikanten, und unter diesen war kein einziger Mann. Während der vier Monate der Regenzeit ging ich nie hinunter in die unteren Gemächer des Palasts.«*

Bei allen Unterschieden in den Schriften, die in Indien, Sri Lanka und China überliefert und als Auswahl dann auch ins Hochtibetische übersetzt und im »Kangyur« als Buddhas Leben und Lehren festgelegt wurden, ist anzunehmen, dass der Buddha gemäß seiner Zeit und seinem Stand mehr als nur eine Frau hatte. Außerdem war sein Leben bestens eingerichtet. Über seine 20er-Jahre, eine wichtige Zeit des inneren Erwachsenwerdens, gibt es kaum Berichte. Einiges deutet darauf hin, dass er in diesen Jahren reiste und möglicherweise an der großen Universität von Taxila im heutigen Pakistan, wo damals wichtige Ost-West-Handelswege zusammentrafen, studierte. Man kann vermuten, dass er dort die brahmanische Welt, in der er aufgewachsen war, in einer veränderten Form erlebte. Kulturelle Einflüsse wie etwa aus Griechenland und Persien könnten eine Rolle gespielt haben, und so wäre es verständlich, dass sich die Hindu-Welt des elterlichen Palasts in der Lebenserfahrung des jungen Siddhartha relativiert hat.

Aber die Legende macht sich die Sache eben einfacher. Ein Ausflug, der möglicherweise der Suche nach Vergnügungen außerhalb des Palastes galt, wie eine der neu entdeckten Schriften andeutet, führte dem Prinzen in den Dörfern Alter, Krankheit und Tod vor Augen. In Indien, wo sich ein großer Teil des Lebens öffentlich abspielt, ist das, anders als in unserer modernen Welt, auch heute noch sichtbar.

Der plötzliche Blick auf die unaufhaltsame Vergänglichkeit stieß Prinz Siddhartha auf die wahre Realität des Lebens. Also beschloss er, eine glanzvolle weltliche Zukunft hinter sich zu lassen und sich auf die Suche zu begeben – nach der Lösung des Lebensproblems oder seiner Bestimmung folgend, wie man es interpretieren mag.

Es war eine große Zeit geistiger Bewegung in den Kulturen Asiens, damals vor zweieinhalbtausend Jahren. Laotse trat in China in Erscheinung, in Griechenland lehrten Sokrates und Plato. In Indien gab es zu Buddhas Zeit ein reiches Angebot an spirituellen Wegen. Siddhartha lernte sieben Jahre lang alles, was es auf der geistigen Ebene Indiens zu lernen gab, vedische Schriften, Theorien verschiedener Philosophien, dann auch ausgefallene yogische Methoden bis hin zu lebensgefährlicher Askese. Schließlich kam er zu dem Schluss, dass alle Theorien und Praktiken, die er kennengelernt hatte, ihm nicht die Befreiung brachten, die er suchte. Die Erkenntnis der Wahrheit kam, als er sich unter den Bodhi-Baum setzte und sich entschloss, erst aufzustehen, wenn er die Klarheit gefunden hatte. Diese Klarheit bedeutete zu erkennen, dass das Leben wie ein Traum ist, aus dem man aufwachen kann. Deshalb nannte man ihn den »Erwachten«. Und er wurde auch der »Erleuchtete« genannt als Hinweis auf das Licht der Klarheit, das die Dunkelheit der Verwirrung des Normalzustands erhellt.

Er wanderte durch das Gangestal und hielt Vorträge wie viele andere indische Weisheitslehrer jener Zeit. Schnell wurde er bekannt, und es sammelten sich immer mehr Männer um ihn, die nach dem Vorbild der damals verbreiteten spirituellen Shramana-Schulen eine eigenständige Ordensgemeinschaft bildeten.

In den überlieferten Texten richten sich die Lehrreden des Buddha immer an Mönche, nie an Nonnen bzw. Frauen. In den neu übersetzten Schriften finden sich jedoch viele Hinweise, dass der Buddha Frauen mehr achtete, als die bis dahin bekannten Texte vermuten lassen. Es sind vor allem weibliche Gelehrte, die sich heute für solche übergangenen Texte interessieren. Man mag fragen, ob es denn eine so große Rolle spiele, wie das Leben des Buddha tatsächlich verlief, denn er selbst sagte schließlich am Ende seines Lebens zu seinen Mönchen, sie sollten sich nicht an seiner Person festhalten, die Lehren seien viel wichtiger. Aber Menschen orientieren sich nun einmal an vorbildhaften Rollen, und wenn eine tradierte Lebensgeschichte des Lehrers nicht recht zum Inhalt seiner Lehren passen will, darf man sich schon ein bisschen den Kopf zerbrechen.

Ein bestimmtes überliefertes Detail im Leben Buddhas hat seit 1000 Jahren eine bedauerliche Auswirkung für viele buddhistische, insbesondere tibetische Nonnen, sogar noch im Exil. Es heißt, der Buddha habe sich sogar dann geweigert, Frauen in seine ordinierte Gefolgschaft aufzunehmen, als ihn seine geliebte Mutter (genau genommen Ziehmutter, die nach dem Tod ihrer Schwester bei Siddhartha Gautamas Geburt die Mutterstelle übernahm) ihn darum bat. Erst sein naher Verwandter, Freund und Schüler Ananda konnte ihn schließlich umstimmen. Der Buddha gab nach, verordnete jedoch für Nonnen eine größere Anzahl von Gelübden als für Mönche. Darunter verlangt zum Beispiel eine Regel, dass Nonnen sich grundsätzlich vor Mönchen, selbst vor männlichen Novizen, verbeugen müssen, ungeachtet ihrer eigenen Stellung oder ihres Alters. Was noch schlimmer klingt, der Buddha soll gesagt haben, seine Bereitschaft, Frauen zu ordinieren, würde alle möglichen schlechten Auswirkungen für die Entwicklung des Buddhismus haben. Bis heute erhalten buddhistische Nonnen in mehreren buddhistischen Ländern Asiens keine volle Ordinierung, und der Zugang zu einem buddhistischen Studium wird ihnen erst seit kurzer Zeit gewährt. Neu übersetzte Schriften sagen allerdings anderes:

> *»Wurden die Buddhas nur um der Männer willen in dieser Welt geboren? Ganz sicher auch zum Wohl der Frauen!«*

So wird der Buddha in einem singhalesischen Text zitiert[15]. Und andere Aussprüche, die ihm laut jetzt erst übersetzter Schriften zugeschrieben werden, legen den Schluss nahe, dass der Buddha nicht etwa Frauen das Ordensleben verweigern wollte, sondern dass er für sie den nicht monastischen Weg für besser geeignet hielt. Also könnte man es auch so sehen, dass der Buddha der Ansicht war, Männer würden sich auf dem Weg klösterlicher Disziplin besser entfalten, Frauen hingegen eher als Praktizierende im freien Umgang mit dem täglichen Leben. Ein anderes Zitat, in dem der Buddha auf den nicht monastischen Weg der Frauen hinweist, lautet:

> *»Gautami, trage das weiße Gewand der Laien-Frauen; strebe nach Vollkommenheit; sei lauter, züchtig und lebe tugendhaft, und du wirst bleibenden Lohn und Glück finden.«*

Ich würde es zeitgemäßer ausdrücken: »Strebe nach der Vollkommenheit von Verstand und Intuition; sei ein aufrichtiger, anständiger, zuverlässiger Mensch, dann wirst du ein erfülltes Leben und nicht bedingtes Glück finden.«

Mein erster Lehrer, Chögyam Trungpa Rinpoche, war als hohe Wiedergeburt und zukünftiges Klosteroberhaupt im klösterlichen Rahmen aufgewachsen und hatte an der Klosteruniversität sein Studium beendet. Nach seiner Flucht aus Tibet hatte er in Oxford studiert und die westliche Welt gut kennengelernt. Er kam zu der Überzeugung, dass auf längere Sicht der geeignete buddhistische Weg im Westen für Männer wie für Frauen die yogische Lebensform sein würde, also ein Leben, das zwar primär auf die spirituelle Entfaltung ausgerichtet ist, jedoch dies in jeder denkbaren selbstbestimmten äußeren Lebensgestaltung, allein, zu zweit, mit oder ohne Familie und mit einem geeigneten Beruf. Der yogische Weg wird nicht von der festgelegten Form des Klosterlebens bestimmt, vielmehr wird die passende Form in der Alltagswelt gefunden, je nach Fähigkeit und frei von allem Sexismus.

Nicht nur die Lehren, sondern auch die Lebensdetails des Buddha waren seinen Nachfolgern so wichtig, dass beides so genau wie möglich weitergegeben und später auch aufgeschrieben wurde. Dass während der 300 Jahre mündlicher Weitergabe ein gewisser Legendencharakter entstand, stört letztlich die Inhalte seines in sich logischen Lehrgebäudes nicht. Buddha war und ist die personifizierte Inspiration des Buddhismus, und obwohl die Lehre im Vordergrund steht, ist er doch als historische Person seit zweieinhalbtausend Jahren ein Vorbild für alle, die seiner Lehre folgen.

Geschichten vom lehrenden Buddha

Einige der vielen Geschichten über den Buddha haben mich besonders beeindruckt. Der erste Teil des »Pali-Kanons«[16], derjenigen Sammlung, die im Westen am bekanntesten ist, enthält die Lehrreden, die der Buddha oft mit recht anschaulichen Bildern und kleinen Episoden ausgestattet hat. So auch in der Erzählung von den »Hausvätern«, die sich in einem Brahmanendorf abspielt. Ich will sie kürzer als im Original nacherzählen, denn sie sind traditionell sehr, sehr ausführlich und voller Wiederholungen:

Sein Ruf war dem Buddha vorausgeeilt, und als er sich mit seiner Gefolgschaft von Almosen sammelnden Mönchen an einem Dorfrand niederließ, war schnell das ganze Dorf auf den Beinen. Die Leute – es ist nur von Männern die Rede, die Frauen mussten sich wohl im Hintergrund halten – setzten sich zu dem berühmten Weisen, und der Bericht geht sehr ins Detail, wie es damals üblich war. Die einen wagten einen kleinen Gruß, andere streckten nur die gefalteten Hände aus, manche verhielten sich ehrfürchtig schweigend, und Mutige, die vielleicht im Dorf etwas zu sagen hatten, formulierten ein elaboriertes Willkommen. Alle hatten ganz offensichtlich auf den Buddha gewartet, denn nach diversen Höflichkeiten legten sie die Frage dar, über die sie vermutlich schon längere Zeit nachgedacht hatten. »Wir möchten gern schöne Häuser haben und viele Kinder darin«, sagte einer, und ein anderer sagte: »Ja, und wir wünschen uns auch schöne Sachen und feine Düfte und Gold und Silber.« Und ein Weiterer fügte hinzu: »Und wenn wir dann sterben, würden wir jenseits des Todes gern in die Himmelswelt kommen.« Alle nickten zustimmend. »Was sollen wir tun, um das alles zu erreichen? Wir bitten, edler Herr Gotama[17], um die Lehre, was wir tun sollen.«

Ich sehe den Buddha vor mir, in seinem einfachen Gewand mit dem Tuch, das die rechte Schulter frei lässt, denn so tragen es angeblich seit zweieinhalbtausend Jahren die Mönche in vielen buddhistischen Ländern Asiens, sogar im kalten Tibet, weil es damals nun mal so üblich war. Ich sehe ihn lächeln, vielleicht zieht er sein Tuch in aller Ruhe ein bisschen zurecht, wartet, damit auch alle gut zuhören, und dann sagt er ernsthaft: »Hört gut zu, ich will euch die Regel erklären, die sich auf euch selbst bezieht.«

Und dann beschreibt er des Langen und Breiten, wie es wäre, wenn man sich seines Lebens erfreute, und es käme ein anderer daher und würde einem das Leben nehmen. Na, das würde man doch wirklich nicht wollen. Und wenn es andersherum wäre, das würde der andere auch nicht wollen. Und wenn man das nun gründlich bedacht hat, dann preist man den Verzicht darauf, Leben zu nehmen. So macht er also klar, dass Töten nicht in Frage kommt. Dann erklärt er auf dieselbe Weise weitere heilsame »Enthaltungen«, wie etwa Enthaltung von Diebstahl, Verleumden und Ehebruch, all dies entsprechend der schlichten Regel: Was du nicht willst, das man dir tu, das füge auch keinem andern zu.

Ich sehe sie eifrig nicken, die Hausväter und Brahmanen. Ist doch schlimm, wenn einem die Kuh gestohlen wird oder wenn man verleumderisch beschuldigt wird, etwas Gemeines über den Oberpriester gesagt zu haben, oder wenn ein Nachbar die Ehefrau verführt, während man gerade unterwegs ist, um in einem anderen Dorf einen guten Handel abzuschließen. Wie sehr man da leiden würde. Das könne man doch niemandem antun, nicht wahr? Dessen solle man sich also unbedingt enthalten. Sie hören ihm ja nicht nur zu, diesem freundlichen, sanften und so seltsam mächtigen Mann, sie spüren ihn, fühlen die liebevolle Weite seines Geistes.

Die Sitzung endet mit dem Hinweis des Buddha, wenn man sich konsequent an diese Regeln hielte, könne man von sich sagen, dass einem die Erleuchtung sicher sei. Daraufhin erklären die Dorfleute, solchermaßen ermutigt, sie würden ihre Zuflucht zum Buddha nehmen, und er möge sie bitte als Laienjünger akzeptieren.

Ich fand es sehr berührend, dass der Buddha einfach von den Erfahrungen sprach, die den Leuten vom Land recht vertraut waren. Damit konnten sie etwas anfangen, und das Verständnis für solche Weisheit fiel ihnen leichter, als wenn er theoretisch das Freiwerden von der Vorstellung von einem bleibenden Selbst erklärt hätte. Auch wenn es ihm letztlich genau darum und um nichts anderes ging.

Eine meiner liebsten Geschichten ist eine Erzählung, mit welcher der Buddha unmittelbar das Problem eines Meinungsstreits illustriert. Eines Tages kampierte er mit seinen Mönchen in der Nähe einer Stadt, in der gerade eine größere Versammlung von Asketen und Brahmanen verschiedener religiöser Gemeinschaften und Glaubensrichtungen stattfand. Das ging ziemlich lautstark vor sich, alle posaunten ihre Meinungen hinaus, gestikulierten wild und versuchten, einander wütend zu überschreien. Anhänger des Buddha, die in der Stadt lebten, waren über diese wilden Auseinandersetzungen empört und berichteten dem Buddha davon. Der Buddha beleuchtete dieses Phänomen mit einer Geschichte aus alter Zeit, die sich in ebendieser Stadt, Savatthi, zugetragen hatte:

Der ehemalige König, ein zu Scherzen aufgelegter Mann, befahl eines Tages, alle Blindgeborenen der Stadt sollten herbeigeholt und zu einem Elefanten geführt werden. Dann wurde den Blindgeborenen erklärt, vor ihnen stehe ein Elefant. Sie sollten herausfinden, was das sei, ein Elefant. Die Blinden waren gewohnt, mit den Händen zu sehen, und so betasteten sie den Elefanten da, wo sie eben gerade standen. Dann wurde der König geholt.

»Jetzt sagt mir, was ist der Elefant«, forderte der König. Da meinten diejenigen, die den Rüssel zu fassen bekommen hatten, der Elefant sei so etwas wie eine Riesenschlange. Wer einen Stoßzahn fühlte, behauptete, der Elefant sei so etwas wie eine Pflugschar. Andere fassten den Bauch an und erklärten, der Elefant sei eindeutig so etwas wie ein Reisspeicher, fühlten sie ein Bein, sagten sie, er sei wie ein Baumstamm, und sie fanden noch weitere Vergleiche. Die Schwanzquaste fühlte sich eindeutig wie ein Besen an, und spürten sie ein Ohr, war das eine Art Matte und so weiter. Schnell kam es zum Streit, wer recht habe. So groß wurde die Erregung, dass die Blinden schließlich mit den Fäusten aufeinander losgingen. Der König bog sich vor Lachen.

Der Buddha beendete seine Erzählung mit den vom Übersetzer elegant gereimten Worten:

»So streiten sich Gelehrte und Asketen,
die diese, jene Lehrmeinung vertreten,
sie bleiben stets auf einem Standpunkt stehn,
weil sie nur einen Teil der Wahrheit sehn.«

Ich machte mir das Vergnügen, diese Geschichte weiterzuspinnen: Einer der Blinden blieb bei dem Elefanten und tastete ihn überall gründlich ab. Er begann zu verstehen, wie die unterschiedlichen Aussagen zustande gekommen waren. Ich hatte recht, dachte er, aber die anderen hatten auch recht. Andererseits hatte keiner recht, aber auch niemand unrecht. Diese Gedanken verwirrten den armen Mann. Es konnte doch einfach nicht sein, dass beides stimmte, denn das hieße ja ... Aber diesen Gedanken konnte er nicht zu Ende denken, deshalb ließ er es bleiben und ging nach Hause.

Besonders berührt hat mich die Geschichte von einem jungen Mann, den man wohl kaum in der Gefolgschaft des Erhabenen, Erleuchteten, Erwachten erwartet hätte, der ja weit und breit gerühmt wurde, ein großer Gelehrter zu sein, und den die anerkanntesten Brahmanen zum Disput herausforderten. Dieser junge Mann, er hieß Chunda, war das, was man zurückgeblieben nennt. Hätte nicht sein Bruder ihn dazu gedrängt, er hätte sich nie und nimmer in die Nähe des Buddha gewagt. Aber der Buddha sah etwas in ihm, das die anderen nicht sahen, und erklärte, dass er ihn in seinen Orden aufnehmen wolle. Der arme Junge schaffte es allerdings nicht, auch nur einen kurzen Lehrtext auswendig zu lernen, nicht einmal eine einzige Strophe. Er war sehr unglücklich darüber und bat den Buddha um Verzeihung, dass er so schrecklich dumm sei. Der Buddha erklärte ihm, er sei in seinem früheren Leben als Brahmane ein arroganter Besserwisser gewesen und habe sich sogar als großer Meister ausgegeben. Damit habe er Menschen irregeführt, die mit bester Absicht ein spirituelles Leben führen wollten. Das sei natürlich schlimm, und deshalb müsse er jetzt diese Unfähigkeit erleiden. Er gab Chunda einen Besen und sagte, er könne etwas Gutes für die Gemeinschaft tun. Er solle den Tempel und die umgebenden Wege fegen, ebenso die Sandalen seiner Ordensbrüder putzen, und es genüge, wenn er sich dabei sage: »Den Staub beseitigen, den Schmutz beseitigen.« Und so putzte Chunda, der Dumme, mit großem Eifer und wiederholte immer wieder den kleinen Spruch. Irgendwann kam ihm der Gedanke, dass es den Dreck ja nicht nur außen gäbe, sondern auch innen, und Worte des Buddha fielen ihm ein, dass der Staub das Festhalten sei und der Schmutz die Wut. Beides, Staub und Schmutz, seien einfach Verblendung, und würde diese beseitigt, dann wäre man frei. Er war überglücklich über diese Erkenntnis und vertiefte sie immer mehr, während er weiterhin fleißig fegte. So wurde aus dem Dummen schließlich der berühmte »Arhat Chundaka, der Besenmeister«, denn der Buddha rühmte ihn als ein leuchtendes Beispiel, wie das Bewusstsein allein durch die Bereitschaft des Herzens verwandelt werden kann.

Die 80 Lebensjahre des Buddha verliefen zumeist unbeeinträchtigt von der restlichen Welt, abgesehen von einigen Brahmanen, die mit seinen Lehren nicht einverstanden waren. So wie ein Brahmane, der lautstark den Buddha beschimpfte. Der Buddha unterbrach den Redeschwall mit den Worten: Wenn ich Euch eine Handvoll Pferdeäpfel geben würde, würdet Ihr die nehmen? Der Brahmane, irritiert, sagte: Natürlich nicht! »Eben«, sagte der Buddha und ging weg.

Nur ein Ereignis bot reichlich Dramatik. Es wird in verschiedenen Überlieferungen ein wenig variiert, aber die grundlegende Story ist überall dieselbe:

Devadatta war ein Vetter des Buddha, und nach dessen Erleuchtung wurde er zusammen mit ein paar Freunden sein Schüler, darunter auch Ananda, später der engste Berater des Buddha. Dieser Vetter war lange Zeit einer der eifrigsten und vom Buddha gelobten Ordinierten. Jedoch nach und nach äußerte Devadatta immer häufiger seine Unzufriedenheit mit der Disziplin in der Gefolgschaft. Er erklärte, das liege daran, dass es bei den Regeln diese und jene Ausnahmen und überhaupt zu viel Spielraum gebe. Da müsse man straffer durchgreifen, darauf bestand er. Der Buddha, der ja gründliche Erfahrung mit Askese gemacht hatte, lehnte diese Forderung ab. Er lehre den mittleren Weg zwischen den Extremen, sagte er, und dabei bliebe es.

Ich kann mir gut vorstellen, wie es in solch einer Gemeinschaft gebrodelt haben muss, wenn ein wichtiger Mann, dessen Stimme gehört wurde, dazu noch ein naher Verwandter, den Meister kritisierte. Hierarchie ist immer und überall ein Thema in der Welt; kein Wunder, dass selbst der Buddha damit konfrontiert wurde. Er soll einmal gesagt haben: »Ich streite nicht mit der Welt, aber die Welt streitet mit mir.«

Ein Nein nahm ein stolzer Mann wie Devadatta nicht einfach hin. Er heuerte heimlich ein paar Bogenschützen an, die den Buddha erschießen sollten. Es wird beschrieben, wie der erste Bogenschütze buchstäblich in die Knie ging angesichts der überwältigenden Ausstrahlung des Buddha, sich vor ihm niederwarf und seine böse Absicht gestand. Da gaben auch die anderen auf. Nicht so Devadatta. Er bestach einen Elefantenhüter, einen besonders bösartigen Elefanten auf den Buddha loszulassen. Doch der Buddha, der mit seinen Mönchen beim Almosensammeln unterwegs war, beruhigte den Elefanten mit einem einzigen Blick.

In den verschiedenen Versionen kommt der Zeitablauf ein bisschen durcheinander, und es ist nicht ganz klar, wann was geschehen ist. Jedenfalls hat der Buddha offenbar keine große Sache aus diesen Mordversuchen gemacht. Devadatta blieb in der Mönchsgemeinschaft, aber er konnte wohl keine Ruhe geben. Schließlich forderte er den Buddha, der damals schon ziemlich alt war, dazu auf, ihm endlich die Leitung der Gemeinschaft zu übertragen. Der Buddha wies das zurück. Daraufhin sammelte Devadatta Anhänger um sich, die sich für Askese begeisterten, 500 Mönche sollen es gewesen sein, und zog mit ihnen davon, um eine eigene Ordensgemeinschaft zu gründen. Diese Spaltung brachte natürlich eine gewaltige Unruhe in die Gemeinschaft. Zwei leitende Mönche des Buddha beschlossen, die Abtrünnigen zur Rückkehr zu bewegen, was ihnen auch gelang. Es war wohl so, dass der größte Teil von Devadattas 500 Jüngern das harte Regime ihres neuen Führers bald satthatte, und so kehrten sie bei Nacht und Nebel, während der selbsternannte Meister schlief, zum Buddha zurück.

Im Alter von 80 Jahren starb der Buddha, so wird überliefert, an einer Lebensmittelvergiftung. Als er im Sterben lag, tröstete er seine Gemeinschaft, sie sollten nicht trauernd an ihm hängen, sie hätten ja die Lehre, das sei alles, was sie brauchten.

Dasselbe sagten auch meine Lehrer immer wieder: Die Anstrengung des Lernens und das Umsetzen der Lehren in die Praxis des Lebens könne man niemandem abnehmen, dafür sei jeder selbst verantwortlich. Aber meine eigene Erfahrung zeigte mir auch, dass die Vermittlung der Lehre durch einen authentischen Lehrer eine völlig andere Qualität und Wirkung hat als gedruckte Texte. Deshalb spielt die Tradition der Weitergabe der Lehre in einer ungebrochenen Reihe von Lehrer zu Schüler so eine große Rolle im Buddhismus. Einen buddhistischen Lehrer fragt man immer nach dessen Lehrer und die Lehrer vor ihm, nach der ganzen Linie, denn so gibt es die Sicherheit, dass dieser kein selbsternannter Meister ist, sondern die Lehrerlaubnis erhalten hat.

Trotz meiner diversen kritischen Überlegungen zum Leben des Buddha, die sich zunächst hauptsächlich auf die Aussagen im ehrwürdigen Pali-Kanon stützten – denn nur auf diesen konnte ich mich ja damals in den 70er-Jahren beziehen –, setzte sich in mir das innere Bild durch, das ich aus all den buddhistischen Kulturen Asiens kannte: die mit gekreuzten Beinen sitzende Gestalt, der Gesichtsausdruck entspannt, freundlich, manchmal leicht lächelnd, in der linken Hand im Schoß die Bettelschale haltend und mit der rechten die Erde berührend, die er zum Zeugen für die Wahrheit seiner Lehre aufruft. Eine manchmal fast androgyn wirkende Figur, in der sich Disziplin und Sanftheit, Stärke und Offenheit, männliches und weibliches Prinzip vereinigen. So sah und empfand ich ihn.

Diese ikonografische Form hat sich gegen alle anderen Buddha-Gestalten, wie den stehenden, lehrenden Buddha oder den auf der rechten Seite ausgestreckt liegenden Buddha, durchgesetzt. Abgesehen von kleinen Unterschieden im Detail findet man die sitzende Form in allen buddhistischen Ländern Asiens. In dieser Gestalt begann er mir immer vertrauter zu werden, dieser Weisheitslehrer, der mir hochoffiziell erlaubte zu fragen, infrage zu stellen, zu entscheiden, meine Entscheidungen zu überdenken, sie sogar zu verwerfen und neu anzusetzen. Er führte mich in den Prozess, meinen eigenen Geist zu beobachten, zu untersuchen, gründlich kennenzulernen, und er gab mir die Mittel, die ich dazu benötigte. Das heißt, er schickte mir die kostbaren Lehrer, durch die er seine Lehre über alle Überlieferungen und Schriften hinaus lebendig machen konnte und denen ich Tara verdankte, das heißt, all das, was ich unter »Tara« und meiner Beziehung zu ihr verstehen und erfahren lernte.

Wie sich die Vorstellung vom Buddha über die Jahrhunderte im Bewusstsein derer, die seine Lehre studierten und praktizierten, immer mehr ausweitete, so entwickelte sich auch in mir nach und nach das Verständnis von einem historischen Buddha Shakyamuni hin zu einem Buddha in viel weiteren Dimensionen, dem Buddha des Mahayana, des »Großen Fahrzeugs«. Der Buddhismus entwickelte sich in drei Formen: *Hinayana* oder *Theravada*, die Schule der Alten, ist die früheste Form des Buddhismus, *Mahayana* die später entwickelte Form und *Vajrayana*, das Tantrayana beinhaltet, eine Weiterentwicklung, die sich von Nordindien nach Tibet ausbreitete. Im Mahayana ist der Buddha nicht nur Lehrer und Vorbild, sondern auch der innere Buddha. Man könnte also sagen »Ich bin bereits Buddha«, oder besser »Ohne Ego bin ich Buddha«. Allerdings manifestiert sich dieser innere »Buddha, der ich bin« in der Verhüllung durch alle möglichen Arten von Masken, Rollen, Emotionen, Neurosen und diverse mögliche Störungen, bleibt sozusagen inkognito, bis er von all diesem Ballast befreit ist. Und das kann lange dauern, eines oder viele Leben lang.

Dharma lernen

Der Buddha war natürlich der wichtigste, aber nicht der einzige wichtige Aspekt von Taras Familie. Insgesamt heißt diese Familie »Buddha, der Lehrer – Dharma, die Lehre – Sangha, die Gemeinschaft«.

Dharma ist ein Sanskritwort mit vielschichtiger Bedeutung. Es wird übersetzt als »Gesetz der Wirklichkeit« oder »Daseinsgesetz«. Hierin ist alles enthalten, was der Buddha gelehrt hat, einschließlich der riesigen erklärenden und kommentierenden Dharma-Literatur, die sich seit seinem Tod angesammelt hat. Es beeindruckt mich immer wieder, wie lebendig der Dharma zweieinhalbtausend Jahre lang geblieben ist. Das grundlegende Lehrgebäude, das philosophische, psychologische und metaphysische Aspekte umfasst, wurde angewandt und in den verschiedenen Traditionslinien entsprechend den Erfahrungen der erfolgreich Praktizierenden immer von Neuem formuliert. Da verband sich die persönliche Erfahrung mit der wissenschaftlichen Weise des Nachprüfens und Kommentierens, sodass Intellekt und Intuition zusammenwirken konnten.

Die Art und Weise, wie ich in den 70er-Jahren mit Buddhas Lehre in Berührung kam, war alles andere als strukturiert. Ich las ja erst einmal einfach alles darüber, was mir in die Hände kam. Bald hatte ich die wichtigsten Begriffe beisammen: Buddha-Natur, Die Vier Edlen Wahrheiten, Samsara und Nirwana, bedingtes Entstehen, Ursache und Wirkung, relative und absolute Wahrheit. Und immer wieder das ominöse »Nichtbedingte«, die

»Leerheit«, die irgendwie das Glück der Befreiung enthielt, das es zu finden galt.

Das erste Problem, dessen ich mir damals noch gar nicht bewusst war, begann mit der Sprache. Die Begriffe, die ich in die Hand bekam, und auch die Erklärungen dazu, waren ja schon durch mehrere Sprachfilter hindurchgegangen. Die ersten Texte, die ich fand, waren aus der alten Sprache Pali ins Deutsche, andere vor allem aus Sanskrit und Tibetisch von englischsprachigen Wissenschaftlern übersetzt worden, und was schließlich bei mir ankam, hatte nicht nur den Sprung vom Orient zum Okzident vollzogen, von Asien ins Abendland, sondern war auch noch durch ein weiteres Sieb gesickert, dessen Tücken ich erst viel später entdecken sollte. Mir war nicht bewusst, dass die mir vertrauten Wörter ein christliches Denken transportierten und oft nur grob annähernd oder gar nicht das wiedergaben, was die buddhistischen Lehren beinhalteten. Meine religiöse Vorstellungswelt war ja nicht nur besetzt von Gott, Himmel und Hölle, sondern auch von Sünde, Schuld, Buße und Verdammnis – Worte mit Inhalten, die es in der buddhistischen Denkwelt in dieser Form gar nicht gibt. Die Begriffe, mit denen sich Menschen einer Kultur verständigen, beziehen sich auf Erfahrungen innerhalb dieser Kultur. Werden bestimmte Erfahrungen nicht gemacht, gibt es auch keine Worte dafür. Dasselbe gilt natürlich auch für Vorstellungen, auf die man sich in der jeweiligen Kultur geeinigt hat. Der Gedanke, Übersetzungen auf ihre tatsächliche Gültigkeit zu hinterfragen, kommt allzu selten auf, denn trotz individueller Unterschiede der Interpretation gibt es doch im westlichen, germanisch-romanischen Sprachraum aufgrund der christlich geprägten Kultur eine ungefähre Einigkeit.

Was ich am Anfang meiner Suche über die »Buddha-Natur« las, war zutiefst beeindruckend. Es war das Gegenteil dessen, was ich zu glauben gelernt hatte. In meiner Kindheit war »der Glaube« etwas Selbstverständliches, Unausweichliches. Glaube hieß vor allem, mit Erbsünde geboren zu sein, Schuld war unumgänglich, Verdammnis drohte, so hatte es mein kindliches Denken abgespeichert. Die Kindheit wurde vom Klammergriff der höheren Schule abgelöst, der Notausgang war bestenfalls Philosophie. Der Glaube verging, aber die Schuld blieb, sie klebte beharrlich an mir fest während des Irrens durch ekstatischen Existentialismus und nihilistischen Kater.

Doch die Lehre von der Buddha-Natur löschte nach und nach die Erbsünde aus, ersetzte sie durch die Buddha-Natur, erklärt als die Basis meines Seins, die ich als grundlegend gut und in Ordnung verstehen durfte. Mir gefiel das Bild von der Buddha-Natur als Sonne, die immer scheint, auch hinter verdunkelnden Wolken und selbst dann, wenn es Nacht ist. Was für eine schöne Vorstellung: Ich trage die Sonne in mir, auch wenn ich sie noch nicht sehen kann, sie ist immer da, ich wurde schon damit geboren und werde damit sterben. Niemand würde mich retten müssen, nur ich selbst. Ich würde die Wolken beseitigen, sie auflösen und die Sonne sichtbar werden lassen. Das war zunächst der allgemeine Eindruck, den ich aus meinen Büchern gewann.

Die Buddha-Natur ist die Basis, bestätigte mein erster Lehrer, aber noch mehr: Sie ist mein Potential, sie macht es mir möglich zu fragen, zu hinterfragen. Er sagte sogar: Je mehr Enttäuschungen, je mehr Zweifel da sind, desto gesünder ist es, denn wir werden nicht länger in ego-orientierte Situationen hineingezogen, sondern ununterbrochen aufgeweckt!

Buddha-Natur, so lernte ich, ist eine sprachliche Kreation, für die es in der buddhistischen Tradition verschiedene Begriffe gibt. Praktisch gesehen geht es darum, das, was immer da ist, aufzudecken. Dazu braucht man den Pfad oder Weg. Zusammengefasst: Man muss von einem erfahrenen Lehrer darüber informiert werden (hören), es dann verstehen (kontemplieren) und es schließlich erkennen (durch die Praxis intuitiv unmittelbar erfassen und diese Erfahrung stabilisieren).

Von Anfang an faszinierten mich die buddhistischen Lehren durch ihre überzeugende Verständlichkeit. Etwa die »Vier Edlen Wahrheiten«, die den Rahmen der Lehre bilden. Sie waren für mich wie ein Brennglas, denn sie kreisten eine grundlegende Orientierung ein und machten sie zugänglich. Der Buddha ging so vor, wie ein Arzt es zu seiner Zeit getan hätte: Zuerst stellt der Arzt fest, dass der Patient sich nicht wohlfühlt und es sich offenbar um eine Krankheit handelt. Dann erforscht er, welche Ursachen zu dieser Krankheit geführt haben; in allen naturmedizinischen Systemen ist diese Frage wichtiger als schulmäßige Etikettierung. Dann führen ihn die Ursachen zu dem Schluss, dass diese Erkrankung geheilt werden kann. Und schließlich wird auf die Mittel zur Heilung hingewiesen.

Dies also sind die Vier Edlen Wahrheiten:

Die Wahrheit vom Leiden umfasst alles, was einem das Leben irgendwie schwer macht: grundlegende Irritation, Frustration, Enttäuschung, Schmerzen, Angst und Unglück aller Art, eben alle Zustände, die man nicht haben möchte.

Die Wahrheit von der Ursache des Leidens kann man der Einfachheit halber Ego nennen, bestehend aus Begierde, Aggression und Ignoranz, oder man kann auch sagen Haben-wollen, Weghaben-wollen und Dummheit. Die Lehren vertiefen diese Ego-Aspekte ausführlich. Haben-wollen äußert sich unter anderem als Gier, Begehren, aber auch Wünschen, Ersehnen; Weg-haben-wollen hat viele Ausdrucksmöglichkeiten wie Ablehnen, Verdammen,

Aburteilen, aber erscheint auch als Arroganz und Missachtung. Dummheit oder auch Nicht-wissen-Wollen umfasst alle Spielarten von sturem Eigensinn, Verbohrtheit und Festhalten an allen möglichen Ideologien, Glaubenssätzen und, wie man heute sagt, Narrativen.

Die Wahrheit vom Aufhören des Leidens bezieht sich darauf, dass man die Ursachen durch die Heilmittel Einsicht und Praxis beseitigen kann, wozu die fünf »Enthaltungen« gehören.

Die Wahrheit vom Ende des Leidens spricht die Befreiung des Geistes an. Darunter stellte ich mir, so gut es ging, Glück vor, ein Glücklichsein ohne alle Bedingungen, grundlegend, ohne Begrenzungen. Schön und gut, aber auch ohne Gegensatz? Ein Glück jenseits von glücklich und unglücklich? Also mit nichts Bekanntem zu vergleichen? Und dies ist der tatsächliche, grundlegende, immer vorhandene Geist? Mein Geist.

Damals fragte mich jemand nach der schlimmsten und der glücklichsten Erinnerung in meinem Leben. Die schlimmste fiel mir sofort ein, dazu auch eine ganze Wagenladung von weiteren unglücklichen Erinnerungen. Aber als ich dann meine glücklichen Erinnerungen hervorholte, hatten sie immer einen Makel. Entweder hielt das Glück nicht, was es versprochen hatte, und wurde dadurch in der Erinnerung eingetrübt. Oder es war in der Relation zu all den sehr präsenten Unglücken einfach viel zu kurz und zu klein. Unglück, so viel war mir bewusst, bedeutete ja nicht nur die großen Leiden wie Krieg, Verlust eines nahen Menschen, schwere Krankheit, große Schmerzen, Depression, Panik. All die kleinen Ängste und Schrecken, Bitternisse, Abhängigkeiten, Enttäuschungen, Missgeschicke, Unsicherheiten, Beunruhigungen, Irritationen, Ambivalenzen, Launen gehörten ja auch dazu. Das kannte ich alles nur zu gut. Erste Edle Wahrheit, na klar.

Dieses Anziehen und Abstoßen, dachte ich, gehört ganz offenbar auf allen Ebenen zur Existenz. Tiere haben Instinkte, die dafür sorgen, dass sie überleben, indem sie hinter dem her sind, was sie brauchen, und das vermeiden, was ihnen schadet. Pflanzen brauchen Licht zum Wachsen, also streben sie nach Licht, und unter Umständen drängen sie dabei andere, schwächere Pflanzen beiseite. Andererseits gibt es übergeordnet das komplexe Ökosystem, das immer wieder ausbalanciert, was aus dem Gleichgewicht kommt.

Aber Tiere und Pflanzen denken nicht nach. Ich hingegen begann immer mehr nachzudenken. Denn offenbar war dieses grundlegende Haben-wollen und Nicht-haben-wollen, das mit der Existenz verbunden ist, mein Problem, DAS Problem. Also wollte ich mehr wissen.

Das Lebensrad

Über das Bild des Lebensrads war ich entzückt und fragte mich, welcher schlaue Künstler wohl vor sehr langer Zeit in Indien die ganze Angelegenheit so eindrucksvoll illustriert hat. Tatsächlich weisen Schriften darauf hin, dass dieses Bild schon zu Buddhas Lebzeiten als Illustration zu seinen Lehren von der »Welt der Erscheinungen« entstanden ist. Denn an Bilder erinnert man sich viel leichter als an abstrakte Ausführungen.

Die Nabe des Rads bildet die dreifache Ursache des Leidens. Ein Hahn symbolisiert die Begierde, eine Schlange die Aggression und ein Schwein die Ignoranz, die Dummheit.

Diese ursächlichen Impulse, »Wurzelverdunkelungen« genannt, manifestieren sich in den »sechs Bereichen« des Rads – ein Standardbegriff, differenziert als die »drei unteren Bereiche«

und die »drei oberen Bereiche« – Himmelsbereich, Menschenbereich und Halbgötterbereich in der oberen Hälfte, Höllenbereich, Tierbereich und Hungergeisterbereich in der unteren Hälfte.

Meine erste Reaktion war Befremdung, denn ich assoziierte diese Bereiche zunächst mit dem, was ich schon kannte: den Himmel der Belohnung ganz oben und eine Hölle der Bestrafung ganz unten. Meine Vorstellung von Belohnung und Bestrafung musste ich allerdings revidieren, denn alle Bereiche des Lebensrades veranschaulichen lediglich die Wirkung von *Karma,* das man als selbstgeschaffenes Schicksal verstehen kann. Karma, so las ich, wird durch gutes oder schlechtes Handeln erzeugt. Entsprechend dem Gesetz von Ursache und Wirkung wirkt sich gutes Handeln (frei von Gier, Hass und Verblendung) in guter Wirkung aus und dementsprechend schlechtes Handeln in schlechter Wirkung. Die Wirkung ist ein persönliches Erleben guter oder schlechter Umstände, die einem begegnen, oder jedenfalls ein guter oder ein unerfreulicher Bewusstseinszustand.

So jedenfalls lautete die Erklärung auf einfachster Ebene. Allerdings, so lernte ich später, ist die Bedeutung von Karma viel komplexer, angefangen damit, dass es vor allem um Motivation geht, die dem Handeln zugrunde liegt. Nicht das äußerlich sichtbare Handeln, das unterschiedlich verstanden und beurteilt werden kann, ist entscheidend, sondern die Motivation, aus der gehandelt wird. Und grundlegend richtet sich die Motivation nach den Regeln des Nichtschadens, also danach, keinem Wesen bewusst Schaden zuzufügen.

Es gefiel mir, dass die Lehren keine Verbote formulieren, sondern Empfehlungen, die »Enthaltungen« genannt werden. Die fünf Grundregeln lauten: Man enthalte sich des Tötens, des Stehlens, des Lügens, des sexuellen Missbrauchs und des Missbrauchs von Rauschmitteln. Das schafft gutes Karma. Enthält man sich nicht, folgt schlechtes Karma, wobei offen ist, wie und wann es sich auch immer auswirken mag. Es gibt jedenfalls keine strafende oder belohnende Instanz, nur Ursache und Wirkung.

Eine Geschichte aus alter Zeit beschreibt anschaulich, wie sich altes Karma aus einem früheren Leben auswirken kann:

Es ist lange her, da lebte ein Mönch in der Gegend, die man heute Kaschmir nennt. Er hatte sein ganzes Leben dem buddhistischen Pfad geweiht und wurde von einer kleinen Schar von Schülern tief verehrt. Als er eines Tages feststellte, dass seine Mönchsgewänder alt und ausgebleicht waren, wollte er sie neu einfärben. Er suchte rote und gelbe Tonerde zusammen, stellte vor seinem Häuschen einen großen Topf mit Wasser auf ein Feuer und warf die Erde zum Färben hinein.

Nun war aber einem benachbarten Bauer seine Kuh abhandengekommen, und andere Bauern halfen ihm bei der Suche. Als sie bei dem Mönch vorbeikamen und den großen Kochtopf mit roten und gelben Stücken darin entdeckten, schrie der Nachbar, der Mönch sei gerade dabei, seine verlorene Kuh zu kochen. Ohne genauer hinzuschauen, packten sie den Mönch und zerrten ihn zum Ortsvorsteher. Der Mönch sagte nichts zu seiner Verteidigung, wurde in ein Verlies gesperrt und dort vergessen.

Der Bauer hatte seine entlaufene Kuh zwar schon wenige Tage nach der Inhaftierung des Mönchs wiedergefunden, und die Schüler des Mönchs hatten vom Ortsvorsteher verlangt, den unschuldigen Gefangenen augenblicklich freizulassen. Aber der Ortsvorsteher sagte, er könne nicht darüber entscheiden. Die Schüler gaben nicht auf, arbeiteten sich mühselig durch alle Instanzen und stellten schließlich mit einer Bittschrift den Antrag, beim König vorgelassen zu werden. Es verging wieder längere Zeit, bis diese Bittschrift an ihr Ziel kam.

Der König, ein Verehrer der buddhistischen Lehren, war entsetzt. Viel schlechtes Karma wurde angehäuft, sagte er, da ein Unschuldiger leiden musste. Gar nicht abzusehen, welches Unheil alle ereilen würde, die sich schuldig gemacht hatten. Sofort ließ er den alten Mönch, der nur noch Haut und Knochen war, zu sich bringen und beteuerte, alle Schuldigen würden bestraft werden. Aber warum, fragte der König, habe er denn die ganze Zeit geschwiegen. Der Mönch sagte, niemand solle bestraft werden, denn er habe wichtige Gründe gehabt zu schweigen. In einem seiner früheren Leben sei er einmal ein sehr schlechter Mensch gewesen. Er habe eine Kuh gestohlen und als er befürchtete, seinen Verfolgern nicht mitsamt der Kuh entkommen zu können, habe er sie einfach hinter der Behausung eines weisen Einsiedlers stehen lassen. Er entkam, aber dafür wurde der Einsiedler eingesperrt. Von dieser karmischen Verantwortung sei er nun befreit, und damit sei alles gut.

Diese Geschichte, so idealisiert sie ist, macht deutlich, wie unterschiedlich Erfahrungen mit dem nötigen Weitblick beurteilt werden können.

Dass der Begriff Karma weit mehr impliziert, als ich annahm, konnte ich damals noch nicht überschauen. Aber ich war zunächst schon ganz zufrieden mit dem Verständnis, dass ich die Verantwortung für mich selbst übernehmen durfte, sogar musste. Diese Begeisterung war ziemlich blauäugig, denn sich für Verantwortung zu entscheiden, ist das eine, das aber dann wirklich in die Tat umzusetzen, ist mehr als nur Sache des guten Willens. Selbst auf der Ebene, die der Lehrrede des Buddha auf der schlichten Verständnisebene der Dorfbewohner entspricht, ist die Herausforderung schon groß. Schwieriger ist es, wenn man die Macht der Gewohnheitsmuster und unbewusster neurotischer Impulse mit einbezieht. Dann wird der nachdrückliche

Anspruch auf Achtsamkeit, der die buddhistische Praxis durchzieht, immer verständlicher.

Das Lebensrad wird von Yama gehalten, allgemein als Totengott bezeichnet. Er sieht schreckenerregend aus, symbolisiert aber nichts anderes als die Zeit, die Voraussetzung für den unaufhaltsamen Prozess von Geburt zu Tod, von Werden zu Vergehen.

Diesen Prozess stellt ein Rahmen von zwölf Sinnbildern dar. In einer Art Kettenreaktion führt eins zum anderen, wie jedes Jetzt des Lebens ins nächste Jetzt führt. Der Anfang der Kette ist die Großmutter, was mir zu denken gab. Ich war in der Zeit des Wiederaufbaus nach dem Krieg aufgewachsen, in der man tunlichst nicht an die Vergangenheit dachte, sondern besessen nach vorn schaute, in die Illusion einer Wünsche erfüllenden Zukunft. Die Ahnen waren kein Thema, es erinnerte an Ahnenpass und vieles, an das man am besten nicht mehr dachte. Aber meine Großmutter lebte noch, und sie gab nach wie vor übernommene Denkstrukturen und Gewohnheitsmuster an meine Mutter weiter und diese an mich und meine Geschwister. Sich selbst im Licht der langen familiären Kettenreaktion zu sehen ist hierzulande eine eher neue Idee.

Diese äußere Kette (12 Nidanas) ist also eine Beschreibung der ersten Edlen Wahrheit. Die aufgereihten Geschehnisse – die Entwicklung der Sinne, des Bewusstseins, des Gefühls, die Beziehungen und wie sich das Leben gestaltet – haben mit Kausalität zu tun. Es ist demnach nicht die Frage, was geschieht, sondern wie man damit umgeht.

Die Beschreibung der sechs Bereiche, die das individuelle Leben ausmachen, nahm ich zunächst ziemlich wörtlich. Der Himmelsbereich mit seinen diversen Abteilungen wird von Göttern (Devas) bewohnt. Sie sind sehr schön, leben in herrlichen Palästen und haben alles, was sie sich wünschen. Aber der Aufenthalt im Himmel, wie lange er auch dauern mag, ist begrenzt wie jegliche Existenz. Wenn das gute Karma abgelebt wurde, so heißt es, vergeht die Schönheit der zeitweiligen Himmelsbewohner. Sie beginnen, schlecht zu riechen, und die anderen Götter meiden sie, bis sie schließlich aus dem Götterhimmel herausfallen und in einem der weniger angenehmen bis sehr unangenehmen Bereiche landen. Den Halbgötterbereich der eifersüchtigen Götter – sie schießen ihre Pfeile hinauf in den Götterhimmel, weil sie die Götter beneiden – stellte ich mir vor als Leben im Krieg. Auch die anderen Bereiche identifizierte ich als bekannte Lebensumstände: den Menschenbereich als das, was ich selbst kannte, eben ein Menschenleben, das alles Nötige zum Leben und Zugang zu Bildung bietet – die Hungergeister als Slumbewohner und Mafiosi – den Tierbereich als die Welt der Raubtiere und Opfertiere in der Nahrungskette – den Höllenbereich als die Folterkammern in aller Welt.

Dank meines Lehrers lernte ich, meine naive Auslegung des Lebensrads zu korrigieren. Man könne diese sechs Bereiche als bildhaft dargestellte psychologische Zustände verstehen, erklärte er, als »Wirbelstrom der Illusion«, den man »Samsara« nennt. Und man könne unter Umständen alle sechs Zustände an einem einzigen Tag erleben, auch wenn die jeweilige Persönlichkeit jeweils ihre besondere karmische Neigung zu einem bestimmten Bereich habe.

Ich versuchte, diese Zustände, die Spielarten der Realität, mit meinem eigenen Erleben in Verbindung zu bringen, angefangen mit dem Himmelsbereich. Die Götterwesen-Persönlichkeit ist ganz auf Genuss spezialisiert und kann sich so sehr in diesen Zustand hineinsteigern, dass alle Intelligenz davon überschwemmt wird bis hin zu einem regelrechten Rausch durch die Halluzination des eigenen Glücks. Das kann auf der weltlichen wie auf der spirituellen Ebene geschehen. Mein Lehrer sagte, es gebe einen Zustand scheinbarer spiritueller Vollkommenheit, den man für dauerhafte Erleuchtung oder die Einheit mit Gott halten könnte. Das wäre fatal. Dieser Zustand möge vielleicht eine Weile andauern, aber die Ernüchterung führe dann zur Herausforderung, um den Glückszustand zu kämpfen und zu versuchen, ihn mit allen Mitteln zu wiederholen.

Hatte ich mir nicht manchmal einen solchen abgehobenen Glückszustand, sozusagen den totalen Urlaub, gewünscht und ihn mit geistiger Freiheit verwechselt? Falls die Gefahr je drohte, in solch einen Zustand zu geraten, holte mich mein Alltag als Mutter und Ernährerin der Familie sehr schnell auf den Boden der Realität zurück.

Der zweite der oberen Bereiche, der Menschenbereich, wird von Verlangen beherrscht – es ist eine emsige, intelligente und wählerische Suche nach Glück auf höherer Ebene. In diesem Bereich spielt das Denken, der Verstand, eine gewaltige Rolle. Erziehung, Wissen, Bildung, großartigen Persönlichkeiten nacheifern, nach neuen Ideen, gar nach Ekstase zu suchen – das sind die wichtigen Aspekte des Menschenbereichs. Dieser Geisteszustand bringt wenig Befriedigung, sagte mein Lehrer, denn Leiden wird hier zur Quelle von ständigem Ehrgeiz, von der Jagd nach akademischen Titeln bis zur fatalen Falle des spirituellen Egos.

Als ich über diesen Bereich nachdachte, kam er mir vertraut vor. Seit meiner Kindheit waren Bücher meine Zuflucht gewesen. Mein innerer Altar war mit verehrten Schriftstellern, Künstlern und Philosophen bestückt. So wollte ich werden. In der Kindheit nie fragen zu dürfen wandelte sich später zu einer wahren Gefräßigkeit, Antworten anzuhäufen, ohne auf diese Weise das Fragen lernen zu können. Es war zweifellos eine gewaltige geistige Verkehrsstauung, die sich erst durch das unmittelbar mit meditativer Praxis verbundene Dharma-Studium auflösen ließ.

In manchen Darstellungen wird der Menschenbereich damit ergänzt, dass ein regenbogenfarbener Weg aus dem Bereich und damit aus dem gesamten Lebensrad hinausführt und bei einem Buddha endet. Denn nur in diesem Bereich, der auch als »Land des Karmas« bezeichnet wird, kann der immerwährende Kreislauf durchbrochen werden. Hier kann Karma erkannt werden, weil die Verstrickung in den Zustand des Bereichs nicht so übermächtig ist und die Intelligenz Spielraum hat. Das ständige Problem mit Begierde nach Befriedigung und dem Scheitern lässt eine Bereitschaft entstehen, die Lösung im eigenen Geist zu suchen, so dass geeignete Umstände eine Begegnung mit dem Dharma ermöglichen können.

Der Zustand der eifersüchtigen Götter, der dritte der oberen Bereiche des Lebensrads mit dem Wesensmerkmal der Aggression, ist folgendermaßen charakterisiert: vergleichen, sich herausgefordert fühlen, andere übertrumpfen wollen, Hinterhalte, Übervorteilung und Verschwörungen befürchten, der Welt misstrauisch und kampfbereit entgegentreten. Auch die arrogante Haltung der Überheblichkeit und Verachtung gehören dazu. Die Intelligenz in diesem Zustand ist beträchtlich, wird aber vor allem in alle denkbaren Varianten alltäglicher Paranoia kanalisiert.

Als junge Journalistin hatte ich diese Welt ein wenig kennengelernt und auch ausprobiert, doch die Anziehung war nicht groß genug gewesen, um mich darin festzuhalten. Die weniger intellektbetonte, kreativere Hippie-Welt von *love and peace* erschien mir attraktiver, und die Erforschung und Erprobung dieser bunten Gegengesellschaft war es schließlich, die mich mit dem Dharma in Berührung brachte.

Zu den unteren Bereichen gehört der Tierbereich, eine ganz andere Stilart. Sie besteht darin, sich selbst gegenüber völlig betriebsblind und humorlos zu sein, überaus gradlinig und jederzeit mit Selbstrechtfertigungen gewappnet. Dieser Bereich ist mit Ignoranz verbunden, symbolisiert durch das Schwein. Der Lehrer beschrieb diesen Zustand als »den Versuch, unsere Wünsche mit äußerster Ehrbarkeit, Aufrichtigkeit und Ernsthaftigkeit zu erfüllen«. Und fasste dies zusammen in dem geflügelten Wort: »Ein sehr ehrenwertes Schwein.« Als ich über diesen Bereich nachdachte, fiel mir auf, dass Institutionen häufig Menschen mit diesem Muster aufweisen und dass ich mich vor ihnen fürchtete.

Ebenfalls in den unteren Bereichen angesiedelt ist der Bereich der Hungrigen Geister. Hier ist die Ursache Begierde in Form eines unstillbaren Verlangens. Selbst wenn das Gewünschte da ist, hält es nicht, was es versprochen hat; die Enttäuschung macht das Verlangen nur noch größer; es überschlägt sich geradezu. Das schien mir die Situation der materialistischen und kapitalistischen Gesellschaften deutlich zu beschreiben – das Phänomen von mehr und immer mehr, nur scheinbar befriedigend, doch letztlich voller Enttäuschungen, wenn nicht gar Zerstörung.

Der Zustand des Höllenbereichs ist mit Aggression verbunden. In diesem Zustand ist man nicht nur bis zum Rand mit Wut und Hass erfüllt, sondern fühlt sich von einem ganzen Universum von Aggression umgeben. In der traditionellen Beschreibung wird zum Beispiel eine der vielen Höllen so beschrieben, dass man einen Gegner erschlägt, der sofort wieder aufsteht, so dass man vom Gegner erschlagen wird, danach selbst wieder aufsteht und den anderen erschlägt und so weiter, ohne Ende, keine Möglichkeit, zur Besinnung zu kommen. So dicht ist dieser Zustand, dass er einem Krokodil gleicht, das sich in rasender Wut vom Schwanz her selbst auffrisst.

Beim Nachdenken fielen mir Augenblicke giftiger Explosionen von Wut ein, vor allem Wut auf mich selbst. Nichts konnte so prächtig glühen wie der Selbsthass. Aber andererseits gab es kein anderes Gefühl, das mir so sehr die Tatsache, dass Leiden ein Leiden an mir selbst war, vor Augen führte. Doch welche Spielart einem auch speziell vertraut sein mag, illustriert doch jeder der sechs Bereiche emotionale Zustände mit bestimmten Konzepten und Erklärungen.

Nachdem ich das Lebensrad kennengelernt hatte, begann ich am Abend auf den Tag zurückzuschauen und versuchte, mich an die emotionalen Erfahrungen im Tagesverlauf zu erinnern und sie in die entsprechenden Bereiche einzuordnen. Dabei ging es, so hatte ich gelernt, vor allem um die Erkenntnis, dass alles Leiden letztlich »selbst geschaffen« ist, vom eigenen Ego und nicht von anderen bedingt. Die dominierenden psychologischen Gewohnheitsmuster von Menschen, die zu den drei oberen Bereichen gehören, lassen dieses Erkennen eher zu. In den drei unteren Bereichen sind die Muster so mächtig, dass Reflexion kaum möglich ist.

Auf den Weg der Befreiung

Die drei Ursachen, traditionell »Verdunkelungen«, *Klesa,* genannt, bedeuten Festhalten, wobei das Festhalten Veränderung verhindern soll. Die große Veränderung, der Tod, ist Vernichtung des Bekannten. Ich begriff, dass der großen Veränderung unzählige kleine Veränderungen, kleine Tode vorausgehen. Mir wurde klar: Jeden Abend begebe ich mich in einen Endzustand, und das morgendliche Aufwachen bedeutet den Beginn eines neuen Zustands, in dem mein Bewusstsein sich ganz schnell in die vertrauten Gewohnheitsmuster wieder einklinkt. Das Werden und Vergehen und wieder Werden findet auch innerhalb meines Körpers ständig statt. Genau genommen muss jeder Augenblick sterben, damit der nächste stattfinden kann.

Es wäre hoffnungslos, innerhalb des Lebensrads der Projektionen die Befreiung zu suchen. Also muss man raus aus dem Kreislauf – und diese Möglichkeit bietet eben nur der Menschenbereich. Karma entsteht auf Grund von Ursache und Wirkung. Jede Ursache war ursprünglich eine Wirkung und wurde so zur neuen Ursache, und diese wiederum hat eine Wirkung und so fort, wobei die Bausteine dieser Kette die drei Wurzelverdunkelungen sind. Sie bedingen die Zustände, die im Lebensrad dargestellt sind.

Der Lehrer erklärte, dass unser Leben so lange aus solchen Zuständen besteht, wie wir uns mit allen Arten von Zuständen identifizieren. Tun wir das nicht mehr, herrscht Klarheit, und der Geist ist frei. Da jedoch diese Identifikation mit Zuständen genau das ist, was das Ego ausmacht, braucht es einen klaren Weg für den Intellekt und die Intuition, um diese Identifikation zu lösen. Man muss sozusagen an die Wurzel des Problems kommen, sonst wächst es immer weiter. Die Wurzel ist in der Nabe des Lebensrads dargestellt; es sind die drei Ursachen, aus denen sich das »Ich bin« bildet. Die Identifikation mit »Ich bin«, mit den Klesas Begierde, Aggression und Ignoranz, wird als *Samsara* erlebt. Keine Identifikation mit den Impulsen des Egos ist die Art von Erfahrung, die *Nirwana* genannt wird, die Situation der Befreiung des Geistes. »Befreiung« klang wunderbar, aber ich konnte mir nicht vorstellen, wie ich mich von mir selbst befreien sollte. Doch allein schon der Wunsch nach Befreiung aus dem Hamsterrad der Projektionen ist sehr wichtig und wirkungsvoll.

Also konnte ich mir von Tara wünschen, mir auf dem Weg der Befreiung von Zuständen zu helfen. Dieser Wunsch an Tara dominierte mit zunehmendem Lernen immer mehr meine Wunschliste. Dabei ergab sich die Frage: Wie fühlt sich ein Bewusstsein ohne alle Zustände an? Das Fehlen aller Beunruhigungen und Belästigungen, vielleicht sogar das Wunschlos-glücklich-Sein konnte ich mir als einen wünschenswerten Zustand vorstellen, denn das ergab sich manchmal in besonders guten Augenblicken. Aber da der Lehrer sagte, die Befreiung sei kein irgendwie eingefärbter Zustand, wie man eben Zustände kennt, sondern die unmittelbare Wahrnehmung, der ganz unverhüllte, nackte Geist, wünschte ich auf gut Glück; Tara musste wissen, worum es sich handelte, dort war sie sozusagen zu Hause.

Denn jegliche buddhistische Praxis hat ja zum Ziel, diesen reinen Geist, der immer vorhanden ist, freizulegen. Damit musste ich mich erst einmal zufriedengeben.

Der Lehrer erklärte das ganze Lebensrad als Ausdruck der grundlegenden Verwirrung des Ichs, zusammengehalten von der größten Verwirrung, der Angst des Ichs vor Vernichtung. Bei genauem Hinschauen konnte ich bei mir diesen Ausgangspunkt »Angst« in vielen Äußerungsformen erkennen. Es musste nicht einmal ein großer Angriff auf mich sein, selbst eine kleine Meinungsverschiedenheit, bei der ich überzeugt war, recht zu haben und die andere Person unrecht, rief eine fast verzweifelte Verteidigungsreaktion hervor. Ich musste meine Meinung mit allen verfügbaren Argumenten verteidigen, als ginge es ums liebe Leben. War die Aufregung groß genug, mussten selbst zweifelhafte Argumente herhalten. Später mochte ein peinliches Gefühl sagen: Warum habe ich mich nur so aufgeregt? Warum war ich nur so dumm? Nun war die Antwort klar: Die tiefsitzende Angst angesichts der Bedrohung meiner »Identität« stand dahinter.

Ich begann deutlicher wahrzunehmen, wie meine persönlichen Muster aussahen und wie ich auf die Muster anderer reagierte. Wie viel wusste ich eigentlich von mir selbst? Welche Tretminen, welche unbewussten Zündstoffe lagen wohl in mir herum? Wie sah ich mich selbst? Inwieweit trafen meine Urteile über mich selbst zu? Und wenn ich das irgendwann alles herausgefunden hätte – was dann? Vom buddhistischen Standpunkt sollte ich mich als Gestalter meines Lebens erkennen, denn das Lebensrad bildete ja nichts anderes als meine eigenen Projektionen ab. Nur das völlige Loslassen dieses ständig aktiven Gestaltungsprogramms würde mich befreien.

Die zwei Seiten der Wahrheit

Das war nun ein wirklich riesengroßer Schritt, den mein Verstehen hier machen sollte. Es ging um das Verstehen der grundlegenden Anschauung oder Sichtweise in den Lehren Buddhas, *Shunyata* oder die Leerheit. Um einen vereinfachten Zugang zu bieten, wird von den zwei Wahrheiten gesprochen, der relativen Wahrheit und der absoluten oder letztendlichen Wahrheit. Shunyata, so lernte ich später, bedeutet zwar tatsächlich leer im Sinne von Nicht-etwas, aber zugleich auch Potenzialität. Anders ausgedrückt: Shunyata bedeutet die Zahl Null, aber ohne Null gäbe es keine Mathematik. Tatsächlich hört bei Shunyata das konventionelle Verstehen auf. Es ist paradox, aber es IST. Es ist, weil es nicht ist, sagte mein erster Lehrer, und ich war erschüttert und begeistert von der Poesie dieser Un-Wirklichkeit zweier scheinbar unvereinbarer, aber doch gleichzeitiger Standpunkte.

Das Lebensrad zeigte mir das Erleben auf der relativen Ebene – auf der vertrauten dualistischen Ebene der guten und schlechten Erfahrungen, der Urteile, Meinungen und Emotionen. Vom Standpunkt der nicht relativen Wahrheit beruhen alle diese Erfahrungen auf meinen eigenen Vorbehalten, und das, was ich für Wirklichkeit halte, ist lediglich meine ganz persönliche Wirklichkeit. So betrachtet, lebt jeder Mensch in seiner eigenen Welt. Sie hat zwar Ähnlichkeiten mit den persönlichen Welten anderer, vor allem durch diverse allgemeine kulturelle Übereinkünfte, was Sprache, Weltbild und Moralvorstellungen betrifft, aber ein großer Anteil beruht doch auch auf ganz eigenen Interpretationen.

Aber was ist denn dann die Welt, fragte ich mich, das, was um mich herum ist, was ich sehe, höre, fühle, die Natur, die Häuser, die Menschen und Tiere, das alles, was tagtäglich geschieht? Es ist so, aber doch auch wieder nicht so. Es ist relativ, aber auch nicht relativ, also anders. In der Diamant-Sutra heißt es: »Die Dinge sind nicht so, wie sie scheinen, aber anders sind sie auch nicht.«

Wie, bitte, sind sie denn nun? Was ist denn dann »wirklich«? Diese Frage stellte sich mir 30 Jahre bevor der Physiker Hans Peter Dürr postulierte: »Es gibt keine Materie«.[18] Dürr schrieb: »Ich habe somit fünfzig Jahre an etwas gearbeitet, das es gar nicht gibt.« Und kommt zu dem Schluss: »... dass wir wieder die spirituelle Dimension unserer Existenz erkennen müssen, die wir verdrängt haben.« So weit war die Aussage des Buddha einigermaßen geklärt, dass alles, was existiert, zusammengesetzt ist, also auch wieder auseinanderfällt. Und auseinanderfällt zu – nichts? Womit wir wieder bei der Leerheit angekommen wären.

Aber es war ja viel komplizierter. Ein häufig wiederholter Rezitationstext aus den Sammlungen der Lehren[19] beinhaltet den zentralen Satz: »Form ist leer, Leerheit ist Form; Form ist nichts anderes als Leerheit, Leerheit nichts anderes als Form.« Der Buddha selbst hatte das nicht mit diesen Worten gesagt, vielmehr ließ er die besten seiner Schüler selbst auf die Quintessenz seiner Lehre kommen und bestätigte dann ihre so ausgedrückte Erkenntnis. Das weist darauf hin, dass man die Befreiung selbst erleben muss, um wirklich zu wissen, welcher Art sie ist. Deshalb wird das letztlich Unausdrückbare dieser Erkenntnis, weil Sprache nun mal dualistisch ist und das Nicht-Dualistische nur dualistisch darstellen kann, mit vielen Umschreibungen philosophischer, psychologischer und poetischer Art umkreist. Mir blieb nichts anderes übrig, als mich damit zu begnügen, dass sich irgendwann auf geheimnisvolle Weise mit Taras Hilfe diese Frage von selbst beantworten oder besser erübrigen würde.

Mein erster Lehrer sagte: »Erst löschen wir alle unsere vorgefassten Meinungen aus, danach die Vorstellung von ›leer‹ ... Schließlich kommen wir mit beiden Beinen auf die Erde und sehen, wie die Dinge wirklich sind.«

Das, was ich zunächst darunter verstehen konnte, brachte ich auf den Nenner: Ich soll mich vor den Fallen meiner eigenen Vorstellungen und Meinungen hüten! In der Art, wie ich mich und die Welt erlebe, stimmt etwas nicht. Offenbar bin ich im Nebel unterwegs und sehe alles Mögliche, nur nicht das, was wirklich ist. Ich glaubte das irgendwie zu verstehen, aber im Übrigen musste ich mich darauf verlassen, dass die Meditationspraxis ihre unsichtbare Wirkung tun, den Nebel vertreiben und mich irgendwann die Einheit aller Dinge erkennen lassen würde.

Der Dalai Lama schrieb einmal: »Meine wichtigste Meditation hat mit der Leerheit zu tun, wobei ich mich auf die tiefsten Aspekte der Interdependenz konzentriere ... Ich bin dabei nicht in Trance, mein Geist ist hellwach, es ist eine Übung reinster Bewusstheit. Was genau damit gemeint ist, ist schwer in Worte zu fassen; mir geht es da wie dem Wissenschaftler, der vermitteln will, was er unter dem Begriff Raum-Zeit versteht. Weder die Sprache noch die Alltagserfahrung können die Erfahrung reiner Bewusstheit vermitteln, und man braucht mehrere Jahre, um diese Übung zu beherrschen.«[20]

Von Anfang an, als ich die Lehren des Buddha kennenlernte, und während meiner gesamten spirituellen Reise war ich zutiefst von der Sinnhaftigkeit, Menschlichkeit und Richtigkeit der grundlegenden Aussagen des Buddha-Dharma (Aussagen des Buddha und der Kommentare seiner die Lehre praktizierenden Nachfolger) überzeugt, auf denen das Lehrgebäude des Buddhismus beruht. Meine Zweifel galten mir, meinem Verstehen, meiner Fähigkeit, die Lehren in meinem täglichen Leben anzuwenden. Ob allerdings mein jetziges Leben ausreichen würde, um Shunyata in mein System aufnehmen zu können? Immerhin wurde mir immer deutlicher klar, dass im Zusammenspiel vom Studium der Lehren und der Praxis der Meditation die rationalen und die nichtrationalen Fähigkeiten meines Geistes, das Denken und die Intuition, lernen sollten, miteinander zu kooperieren, was sie ja nun mal gewöhnlich nicht tun.

Ein wichtiger Akzent beim Erlernen, Studieren und Kontemplieren des Dharma war die Freude. Es ging nicht um Konzepte, sondern um ein herausforderndes, aufregendes, begeistertes Aufnehmen von Informationen, die sofort in die Praxis umgesetzt werden konnten. Es gab sogar Prüfungen – bei denen man nicht durchfallen, aber das eigene Verständnis überprüfen konnte. So groß war die Freude, dass ich einmal alle Prüfungsfragen in Gedichtform beantwortete.

Ein großes Geschenk meines ersten Lehrers war auch seine Aufforderung, den Mut zu spontanen Gedichten aufzubringen – nichts Konstruiertes, sondern das anzunehmen, was sich im Geist unmittelbar anbot. Das war so ansteckend, dass die gesamte Gemeinschaft in einem großen Seminar[21] in spontanen Gedichten schwelgte, die auf Servietten, auf ein herausgerissenes Blatt des Notizheftes, sogar auf Toilettenpapier hingekritzelt und auch gern ausgetauscht wurden, über den Tisch geworfen, unter einer Tür hindurchgeschoben, auf ein Kopfkissen gelegt. So wurden die spontanen Gedichte zu einer poetischen Art von *social medium* im Seminar.

Seitdem schreibe ich spontane Gedichte.

དྲུག།

ZUFLUCHT

Traditionell beginnt der buddhistische Weg mit dem Zufluchtsgelübde. Das bedeutet, man nimmt Zuflucht zu den »Drei Kostbaren Juwelen«, Buddha, Dharma und Sangha. Zuflucht zum Buddha bedeutet Zuflucht vor der Haltlosigkeit; Zuflucht zum Dharma bedeutet Zuflucht vor der Unwissenheit und Verblendung; Zuflucht zum Sangha bedeutet Zuflucht vor der Einsamkeit.

Der Begriff Zufluchtsgelübde ließ mich ein wenig zurückschrecken, als ich ihn zum ersten Mal las. Gelübde klang für mich aufgrund meiner katholischen Erziehung problematisch, es klang nach lebenslänglich und nach lauernden Strafen. Gelübde war in meiner Vorstellung mit einem riesigen Etikett versehen: DU MUSST! Und auf der Rückseite: DU DARFST NICHT! Es war verwirrend. Denn mich hatte ja gerade die Aussage des Buddha angezogen, man solle nichts und niemandem einfach glauben, sondern selbst prüfen und sich dann entscheiden, ob man seinen Lehren folgen wolle. Wie lange durfte man prüfen, bis man sich entschied? Oder war ich einfach nur die Braut, die sich nicht traut?

Als meine Gedanken damals das Thema »Zuflucht nehmen« rational umkreisten, war auf intuitiver Ebene die Entscheidung bereits getroffen. Mein Gefühl lässt sich etwa derart beschreiben: Wenn ich auf einer Leiter auf die erste Sprosse steige, weiß ich noch nicht, wie der Ausblick von weiter oben aussehen wird. Es genügt, wenn ich sehe, dass die Leiter stabil ist und nach oben führt. Also vertraue ich der Leiter. Ich wüsste nicht, wie ich sonst nach oben kommen könnte. Schließlich wartete dort oben das wahre Glück. Denn darum ging es doch, wie in der Formel, die jede Meditation beendet, ausgedrückt wird: »Mögen alle Wesen des Glücks teilhaftig sein und der Wurzel des Glücks. Mögen alle Wesen von Leiden befreit sein und von der Wurzel des Leidens.«

Noch nicht klar war mir zunächst, dass ich für diesen Prozess nicht nur den Lehrer und die Lehre, sondern auch die anderen brauchte. Im Verständnis von Sangha sind mit den anderen nicht »die Anderen« im Sinn des Getrenntseins gemeint, sondern die Mitmenschen, mit denen man denselben Prozess teilen kann und die einander unterstützen. Mit dieser Hoffnung ließ ich mich auf die Gemeinschaft meines ersten Lehrers ein, aber es war eine Zeit, in der sich dieses Verständnis von Sangha, also der Zuflucht vor der Einsamkeit, noch nicht in den buddhistischen Gruppierungen verbreitet hatte. Viel weniger noch die praktische Ausführung. Es wäre schön, wenn sich diese Vision eines heilen Zusammenseins zu Modellen entwickeln würde, um ein Leben in Gemeinschaften in unserer Isolationsgesellschaft anziehend zu machen, in der Menschen an Einsamkeit krank werden oder gar sterben.

Die Zuflucht zu den Drei Kostbaren Juwelen bedeutete, so lernte ich es später verstehen, vor allem Zuflucht zu nehmen zu meinem eigenen Geist; nicht meinem »kleinen Geist« des Ich-mein-mir-mich, sondern zu meinem »großen Geist«, in dem ich und alle anderen und alles andere nicht voneinander getrennt sind. Der kleine Geist, so lernte ich, ist mit einem muffigen Häuschen zu vergleichen, dem Ego-Häuschen, das eng ist und vollgestopft mit dem eigenen Kram, und zudem ist es instabil und gewährt keinen Schutz. Dieses Häuschen ist der Kreislauf von Frustration und allen möglichen Arten von Leiden. Der große, natürliche Geist hingegen ist die unendliche Weite, der leuchtende Raum des nicht bedingten Glücks. Glück, das keiner Bedingung bedarf und für das es keinen Gegensatz gibt. Glücklich sein unter allen wie immer gearteten Umständen – was für eine Vorstellung!

Buddha Shakyamuni erklärte, er habe »einen alten Weg wiedergefunden«. Das erschien mir so herrlich unprätentiös, so ganz und gar nicht nach Religion klingend. Er hat also diesen alten Weg – zur befreienden Wahrnehmung des »Wie-es- ist« – in der Begrifflichkeit seiner Zeit erläutert und weitergegeben. Und das tun ebenso die Lehrer und Lehrerinnen, die diese Lehre praktiziert und verwirklicht haben und sie seit zweieinhalbtausend Jahren an jene weiterreichen, die das auch tun möchten.

Ich stand nun vor der Aufgabe, meinen eigenen Geist kennenzulernen und mich sozusagen von mir selbst, d.h. von der neurotischen Weise, wie ich mich und die Welt erlebte, zu befreien. Diese innere Verpflichtung mir selbst gegenüber war das Zufluchtsgelübde zu den »Drei Kostbaren Juwelen« – zu Buddha, dem Lehrer, Dharma, der Lehre, und Sangha, der Gemeinschaft der Praktizierenden. Ich fasste diesen Entschluss nicht in einem bestimmten Augenblick. Er wuchs einfach heran, je mehr ich mich mit den Lehren befasste. Ich sah es so: Da gibt es ein klares, logisches Lehrgebäude. Von mir wird nicht verlangt, etwas einfach zu glauben, im Gegenteil, ich soll erst einmal selbst gründlich beobachten. Es gefiel mir ungemein gut, dass die grundlegenden Verhaltensregeln nicht »Gebote«, sondern »Enthaltungen« genannt wurden – also die Enthaltung vom Töten, Stehlen, Lügen, vom Missbrauch von Sexualität und vom Missbrauch von Rauschmitteln. Halte ich mich an diese Regeln, bedeutet das, dass ich eine gute Grundlage für die Arbeit an meiner Befreiung habe. Enthalte ich mich hingegen nicht, gerate ich immer tiefer in den Sumpf der Verwirrung und bleibe gefangen im Hamsterrad des unbefriedigenden Lebens. Meine eigene Entscheidung.

Mein Lehrer sagte: »Es gibt keine Sündenböcke. Als Schüler des Dharma trägst du dir selbst gegenüber die Verantwortung.« Das hieß, dass ich niemanden mehr verantwortlich machen konnte für die Person, die ich war, mit all meinen Ecken und Kanten. Stattdessen ging es darum, die Funktionsweise meines Geistes zu erforschen, das, was ich zu sein meinte, infrage zu stellen, meine Lebenskrücken als das erkennen zu lernen, was sie waren, kurz, mein Leben ohne Ausflüchte selbst in die Hand zu nehmen. Natürlich hatte ich keine Vorstellung davon, was tatsächlich an lebenslänglicher Arbeit vor mir lag.

Die Sache war einigermaßen klar. Die Zufluchtnahme hieß, dass ich bisher keine Zuflucht gehabt hatte. Meine Familie war einfach da, ob ich wollte oder nicht, und die Sicherheit, die ein Kind von der Familie erwarten kann, erweist sich naturgemäß als relativ. Nicht anders ist es mit der Heimat. Man mag noch so viel scheinbare Sicherheit hineinprojizieren, sie ist eben nichts anderes als eine Projektion, und die kann nie halten, was sie zu versprechen scheint. Der Lehrer sagte: »Wenn wir eine Verbindung dazu herstellen, verloren und verwirrt zu sein, öffnen wir uns mehr ... Die Zufluchtnahme ist eine Ausdrucksform von Freiheit, denn als Zuflucht Suchende oder Flüchtlinge werden wir nicht mehr durch das Bedürfnis nach Sicherheit gebunden.«

Als ich dann offiziell drei Mal die Zufluchtsformel rezitierte, »Ich nehme meine Zuflucht zu Buddha, ich nehme meine Zuflucht zum Dharma, ich nehme meine Zuflucht zum Sangha«, besiegelte die Zeremonie, was für mich bereits unumstößliche Gewissheit geworden war. Dieses Labor der Erforschung und Entwicklung meines Geistes würde mein Leben sein, morgens, mittags, abends und nachts. Denn in diesem Labor gab es kein anderes Material als mein Leben, meine Erfahrungen. »Kostbares Material« nannte es mein Lehrer, und zwar ungeachtet meiner persönlichen Beurteilung als gute oder schlechte oder bedeutungslose Erfahrung. Ein Leben voller kostbaren Materials, um damit zu arbeiten, Gold daraus zu machen. Ich würde nicht mehr in meinem eigenen Gefängnis auf meinem eigenen Schlüssel sitzen und jammern, dass die Tür verschlossen war und ich nicht fliehen konnte. Natürlich kamen solche Stimmungen auch weiterhin vor, aber ich glaubte sie mir nicht mehr. Nicht wirklich.

Zudem bekam ich einen tibetischen Namen. Es war ein schöner, vielversprechender Name. Ich begann etwas von der Magie von Namen zu ahnen.

Ein tibetischer Meister beschrieb einmal eine wundersame Heilung, die mit einer Namensänderung zusammenhing. Seine Mutter war schwer krank und wurde von den besten tibetischen Ärzten behandelt, aber ohne jeden Erfolg. Ein magisches Ritual war die letzte Hoffnung. Mit Haaren und Stückchen ihrer Kleidung wurde ihr symbolisches Abbild gestaltet und verbrannt, und sie bekam einen neuen Namen. Sie wurde augenblicklich gesund, und zwar bleibend. Mit dem neuen Namen wurde die frühere Identifikation mit der Krankheit gelöscht. Das hatte natürlich mit der Zugehörigkeit der Mutter zu einer Kultur zu tun, die einen magischen Aspekt der Welt mit einschloss und damit ein Teil ihrer Identität war. Identität ist Identifikation. Mein Kulturstempel hatte diesen Aspekt nicht, aber mein neuer Name, der den Begriff für »durchdringende Freude« und »Lotos-See« enthielt – *Kunga Pema tso*, Lotos-See voller Freude –, beeindruckte mich sehr. An meine inhärente Freude war ich bis dahin in meinem Leben noch kaum vorgedrungen, aber der Lotos erinnerte mich natürlich sofort an Tara, die den Lotos, das Symbol der Erleuchtung, in der Hand hält. Und »See« ist ein mit weiblicher Energie verbundener Begriff. Dass sich mit Taras Erscheinen in mir ein Paradigmenwechsel angekündigt hatte, konnte ich damals nicht sehen – aber vielleicht ahnen.

Das Abenteuer der Meditation

Der Vogel hat zwei Flügel, heißt es im Dharma. Der eine Flügel ist das Studium, der andere Flügel die Meditation, die Praxis. Die zwei Flügel müssen zusammenarbeiten, sonst kann der Vogel nicht fliegen. Zu sagen, ich möchte zwar studieren, aber die Meditation lasse ich weg, kann sich als problematisch erweisen, denn ein rein intellektuelles Verstehen mit einem echten Verstehen zu verwechseln, könnte völlig in die Irre führen. Möchte man hingegen nur meditieren und hat keine Lust auf das Studium der Lehren, leidet die nötige Arbeit der Erforschung des eigenen Geistes und behindert das Entstehen von Klarheit. Das kann dann zu »Bypass-Meditation« abgleiten, wobei man um die Neurosen herummeditiert, oder zu »Beach-Meditation«, die zwar erholsam sein mag, aber mit dem Dharma-Weg wenig zu tun hat.

Die erste Erfahrung, die ich mit dem Phänomen Meditation machte, war Zen. Zwar fand ich den tibetischen Buddhismus wesentlich anziehender, hatte darüber auch schon viel mehr gelesen und den Ort im Himalaya besucht, wo dem Dalai Lama nach seiner Flucht aus Tibet von der indischen Regierung Asyl gewährt worden war. Ich hatte dort ein bisschen Dharma und ein wenig Mantra-Rezitation gelernt. Aber zu jener Zeit war es schwer, einen tibetischen Lehrer in Deutschland zu finden, und ich beschloss, nicht kleinlich zu sein und es zunächst mit Zen zu versuchen. So geriet ich an einen sehr liebenswürdigen, alten japanischen Zen-Meister, Nagaya Roshi, der in seiner Jugend einmal in Berlin Philosophie studiert hatte, sich noch ein wenig an die deutsche Sprache erinnerte und gern Kant zitierte. Er kam jedes Jahr nach Deutschland und leitete eine oder zwei Wochen Meditation, bei der man mit gesenktem Blick auf dem Sitzkissen einfach still sitzt und diszipliniert ist, bis der Geist sich von selbst klärt. Zumindest verstand ich es so.

Alle Meditierenden, hauptsächlich ältere Damen, saßen völlig still, und wenn ich mich rührte, trafen mich strafende Blicke. Mein erstes Fazit: Du sollst nicht mit dem kleinen Zeh wackeln, geschweige denn mit dem ganzen Fuß! Hin und wieder durfte man gehen, einen Schritt nach dem anderen wahrnehmen. Ich fand, dass manche versuchten, dabei ziemlich heilig auszusehen. Dann musste ich einen pubertären Drang zu einer Hüpfeinlage unterdrücken und hatte diesbezüglich ein schlechtes Gewissen.

Es war ein regelrechter *culture clash*. Damals begann eine Zeit, in der das Aufeinanderprallen von Kulturen sprichwörtlich geworden ist. Der Zen-Meister, der zuerst zeigte, wie man still sitzt und nicht muckst, wenn die Nase juckt oder das Knie wie Feuer brennt, stand einmal in der Mitte der zwei Reihen, die ich und meine Mitmeditierenden bildeten, um etwas zu demonstrieren, das mir nicht ganz klar war. Er stand hoch aufgerichtet mit leicht auseinandergestellten Beinen, und wie er so fest auf der Erde stand, schien seine kleine Gestalt zunehmend größer zu werden. Es war faszinierend. Er wurde tatsächlich riesengroß. Mit beiden Händen hielt er sein Gebiss fest und stieß plötzlich ein gewaltig tönendes »KA!« aus. Das Erschrecken riss mir den Kopf hoch. Was war das? Erst viel später begriff ich, was mit dieser Art von Weckruf gemeint war. Ein Augenblick des Nichtdenkens.

Es gab auch persönliche Begegnungen mit dem Meister. Damals war ich schwanger und befand mich in einer schwierigen Situation mit meinem Partner. Ich hätte gern darüber gesprochen und hob an: »Ich bin schwanger.« Der alte Zen-Meister lächelte beglückt und erwiderte auf Deutsch: »Schön! Frau kann, Mann kann nicht.« Damit war ich entlassen. Er ließ mir keine Möglichkeit, mehr zu sagen. Trotz aller Problematik richtete mich diese schlichte Aussage auf. So viel war klar: Dieses Kind war wichtiger als alle Probleme.

Das Motto des alten Zen-Meisters war Sitzen, Sitzen, Sitzen. Das war manchmal langweilig, oft körperlich schmerzhaft und gelegentlich dramatisch. Es war mir damals auch nicht wirklich klar, was das Sitzen bewirken sollte. Erleuchtungsgeist? Nicht bedingtes Glück? Leerheit? Davon war in den Büchern über Zen die Rede.

Ein großer schwarzer Vogel, der in einem Turm panisch gegen die Wände flog, füllte häufig meine Vorstellung aus. Ich wusste nicht, was ich dagegen tun sollte, ein eingesperrter, in Panik flatternder Vogel zu sein. Das Bild führte mich wieder zu C. G. Jung und seiner Welt der Symbole. Er hatte auf dem Höhepunkt seiner tiefenpsychologischen Karriere für sich einen Turm am See gebaut, einen Ort des Rückzugs, den er so beschrieb: »Hier ist Raum für das raumlose Reich des Hintergrunds.« Irgendwie schien ich etwas völlig falsch zu verstehen. Es ging vielleicht um dieses raumlose Reich des Hintergrunds, aber ich erlebte nur den Vordergrund und stieß mich wund daran. Doch mir selbst dies zu sagen änderte nichts.

Aber ich saß brav die Meditationsstunden durch und war ein bisschen stolz darauf, dass ich es aushielt. Doch währenddessen versuchte ich in jener heute undenkbaren Zeit, lange vor dem Internet, weiterhin eifrig Bücher über tibetischen Buddhismus in städtischen Bibliotheken aufzutreiben. Denn obwohl ich den alten Zen-Meister schätzte und mir selbst erklärte, dass die Disziplinierung des Geistes sinnvoll sei – schließlich war in den buddhistischen Büchern viel von »Geisteszähmung« die Rede –, zog mich der tibetische Buddhismus, Taras große Familie, bei weitem mehr an.

Zum Abschied durfte sich jeder Teilnehmer der Meditationswoche ein Thema für eine Kalligrafie vom Meister wünschen. Ich bat um das Zeichen für »nichts heilig«, und nach einem langen Blick schrieb der Zen-Meister mit seinem Pinsel das Ideogramm. Die Geschichte dahinter: Der berühmte Bodhidharma[22] wurde einst vor den Kaiser geladen, und als dieser verlangte, er solle ihm den heiligen Dharma erklären, antwortete der Meister: »Nichts heilig.« Diese Episode gefiel mir sehr, denn ich hatte die katholische Scheinheiligkeit der Welt meiner Erziehung gründlich satt. Ich empfand es als erleichternd, dass nicht mehr die Rede war von heilig und profan. Den Begriff »heilig« zu entstauben ist ja noch immer eine der vielen schwierigen Aufgaben im Umgang mit Sprache in der Vermittlung buddhistischer Inhalte.

Als ich auf meinen ersten tibetischen Lehrer durch eines seiner ersten Bücher[23] aufmerksam wurde, war ich augenblicklich gefangen. Vor allem ein Hinweis darin prägte sich mir ein, der lautete: »Ein guter Bauer wirft seinen Mist nicht weg, sondern streut den Dünger der Erfahrung auf das Feld der Erleuchtung.« Mist gebaut hatte ich gewiss zur Genüge, und ich litt darunter.

Ich bereute, auf meine eigene Dummheit, Unwissenheit, Verwirrung, auf all das neurotische Zeug, soweit ich es erkennen konnte, hereingefallen zu sein. Schwer genug, das einzusehen, viel schwerer noch, die Last weiterzuschleppen. Mea maxima culpa! So hatte man es dem schlechten Kind, von vorneherein schon belastet mit der Erbsünde, beigebracht. Immer Schuld, so viel Schuld!

Doch nun konnte ich einen völlig neuen Ansatz sehen. Alle diese alten Angelegenheiten waren Erfahrung und damit kostbares Material, mit dem ich arbeiten konnte im Prozess der angestrebten Transformation. Verwirrung als Treibstoff, um Verwirrung zu überwinden! Ich war begeistert. Mein Lehrer verordnete zwar als Erstes die Sitzmeditation, die ich ja ungefähr schon kannte, die aber – mit seinen Worten – »keine Zen-Folterkammer« war. Es war sehr schön, wie er dieses Stillsitzen beschrieb: »Wir verstehen hier unter Meditation etwas sehr Grundlegendes und Einfaches, das an keine bestimmte Kultur gebunden ist: auf dem Boden sitzen, eine gute Haltung einnehmen und ein Gefühl für unseren Platz in der Welt entwickeln.«[24] Er sprach nicht in traditioneller Weise von »Buddha-Natur«, sondern von »grundlegender geistiger Gesundheit« und »grundlegendem Gutsein«, die unzerstörbar seien, primär, angeboren, immer da, und nichts könne sie zerstören. Jede Art von Störung sei sekundär und damit überwindbar.

Die Störung bei der Sitzmeditation waren natürlich die Gedanken. Gefühle zählten auch zu Gedanken, denn sie präsentierten sich ja in Gedanken verpackt. Ich fühle dies und das, weil ... Und sie kamen ständig, die Gedanken und Gefühle, kleine, große, schöne, hässliche und auch viel bedeutungsloses diskursives Gebabbel. Manchmal waren es geradezu hehre Eingebungen, sphärisch, vage, abgehoben. Selbst die mehr oder minder erwartete »Ruhe«, in der man schwelgen oder versinken konnte, war nicht als nennenswerter Erfolg zu werten. »Alles nur Gedanken«, sagte der Lehrer. Innehalten, sich nicht weiter damit befassen; denn nur dann gab es eine Zäsur, eine Lücke.

Erleichternd war die Erfahrung, dass sich die Gedanken durch dieses bewusste Innehalten auflösten wie Quellwolken. Was nicht hieß, dass sie nicht, nachdem sie durch die Vordertür verabschiedet worden waren, durch die Hintertür wieder hereinkamen. Immerhin gab es gelegentlich kleine Pausen dazwischen. Manchmal fühlte ich mich wie ein Steak, das gut abhängen muss, um genießbar zu werden.

Andere Formen der Meditation, wie Rezitationen und Mantras, lernte ich erst später kennen. Aber im Rückblick bin ich dankbar, dass ich so gründlich im Labor meines Geistes trainiert wurde. Mein Boden war wohl ziemlich hart und musste erst einmal kräftig beackert werden, damit etwas darauf wachsen konnte. Das machte es mir irgendwann auch möglich, die Tatsache meines grundlegenden Alleinseins als Individuum anzuerkennen und Sangha nicht als In-Group (wie ich heimlich erhofft hatte), sondern so zu erleben, wie der Lehrer es beschrieben hatte: »Der Sangha besteht aus Tausenden von Menschen, die gemeinsam allein sind, die gemeinsam an ihrer eigenen Einsamkeit, an ihrem Alleinsein arbeiten.« Allerdings sagte er auch, Sangha sei eine Gemeinschaft voller Offenheit und grundlegender Freundlichkeit. Das löste große Erwartungen in mir aus, die nicht erfüllt wurden. Also musste ich lernen, dass ich diese Erwartung letztlich nur an mich selbst stellen konnte; ich selbst würde damit anfangen müssen.

Der schmale Grat der Achtsamkeiten

Die Basispunkte der buddhistischen Praxis sind die vier Achtsamkeiten – »Achtsamkeit auf den Körper«, »Achtsamkeit auf das Gefühl«, »Achtsamkeit auf die Anstrengung« und »Achtsamkeit auf den Geist, das Bewusstsein«. Mein Lehrer bezeichnete die Praxis der Achtsamkeit als eine Grundhaltung gegenüber der spirituellen Reise, die allen Überlieferungsformen des Buddhismus gemeinsam ist. Spiritualität, wie sie im Buddhismus verstanden wird, beziehe sich auf die Arbeitsgrundlage unserer Existenz, und das sei unser Geisteszustand.

Das fand ich alles überzeugend, und ich gab mir redlich Mühe, diese Anweisungen umzusetzen. Dass ich sie nicht wirklich verstand, betrachte ich heute nicht zuletzt als ein kulturelles Problem, das mit der Beziehung zu Spannung und Entspannung zu tun hat. Die innere Haltung, die nötig gewesen wäre – ein hellwacher, zugleich aber gelöster Zustand zwischen Anspannen und Entspannen, also in der Mitte zwischen den beiden Extremen –, kannte ich nicht. Es gab ja nicht einmal ein Wort für diese Befindlichkeit. Ich gab mir Mühe, mich gemäß der Anleitung auf den Atem, der Körper und Geist verbindet, zu konzentrieren. Das war anstrengend und auch langweilig. Nicht anders erging es mir mit den anderen drei Achtsamkeiten. Erst später verstand ich den bedeutsamen Unterschied zwischen zwei Funktionen, die ich noch nie ordentlich zu unterscheiden gelernt hatte: dass Aufmerksamkeit konzentriert ist und fokussiert, Achtsamkeit hingegen Raum gibt, in dem etwas wahrnehmbar wird.

Die erste Achtsamkeit ist die »Achtsamkeit auf den Körper«. Mein erster Lehrer, der über eine sehr gute Kenntnis der englischen Sprache verfügte, brachte die vier Objekte der Achtsamkeit in direkte Beziehung zur persönlichen Erfahrung. Mit der Achtsamkeit auf den Körper war der Geist-Körper gemeint; er nannte ihn auch »psychosomatischer Körper«. Das allgegenwärtige Mittel war Achtsamkeit auf den Atem.

Mein kulturimmanenter Mangel an Körpergefühl verhinderte, dass ich verstand, was er eigentlich meinte, denn auf diesen Mangel ging er nicht ein, vermutlich weil er ihm zutiefst unbekannt war. Tibeter tragen in sich die Muster einer naturnahen, nicht von rationaler Dominanz verzerrten Kultur. Sie leiden nicht unter den tiefgreifenden westlichen Neurosen wie dem Mangel an Körpergefühl.

Dieses tatsächlich zu verstehen und zu überwinden, lernte ich erst viele Jahre später durch einen anderen Lehrer, Tarab Tulku, der sich gründlich mit der westlichen Psychologie und Psychotherapie befasste[25]. Von ihm lernte ich, das Einüben einer guten Körperbeziehung als die Basis der Beziehung zur Körper-Geist-Ganzheit zu verstehen und zu erleben. In dieser Ganzheit spielt nicht der sichtbare Körper, sondern der fühlbare Körper, die »weiche Realität« des Körpers die Hauptrolle, die ahnen lässt, dass der Körper eine Verdichtung von Energie ist, während unser inneres Bild von unserer Körperlichkeit nichts anderes darstellt als eine Projektion. Das Echte an dieser Körperwahrnehmung ist die Verbindung mit der Erde, die fühlbar ist, wenn man sich bewusst tragen lässt, sich überlässt, loslässt. Dann bedeutet diese weiche Realität zugleich ein Ankommen im Jetzt, ganz stabil und selbstverständlich. Die Zeit verbindet sich mit Raum zu einer natürlichen Ruhe, ohne dass man auf dem Thron des Beobachters sitzt. Es mag paradox erscheinen, dass die weiche Realität eine Wahrnehmung von großer Festigkeit ermöglicht, unerschütterlich wie ein Berg. Das Rezept lautete: Da sein ohne Beschreibung, Erklärung oder Urteil.

Ich mochte meinen Körper nicht, war mir dessen aber gar nicht wirklich bewusst. Ich war so ahnungslos, wusste nicht, wie ungeheuer mächtig das unterschwellige Kulturmuster der Körpermissachtung, wenn nicht gar Körperfeindlichkeit tatsächlich ist. Eine Projektion, die auf dem Gefühl der Isolation beruht. Das traurige Produkt ist der besinnungslose Körperkult der materialistischen westlichen Gesellschaften, der sich nur auf gröbste Äußerlichkeit bezieht.

In meiner Praxis der grundlegenden Achtsamkeitsmeditation hat diese Trennung vom Körpergefühl leider alle anderen Aspekte beeinflusst. Ich war überzeugt, dass es genüge, sich um den Geist zu kümmern, dann würde der Rest schon von selbst mitziehen. Welch ein Irrtum!

Die zweite Achtsamkeit ist die »Achtsamkeit auf das Leben«. Der Lehrer erklärte, es gehe darum festzustellen, dass wir ununterbrochen etwas festhalten, ja, dass das ganze Leben daraus besteht, Strategien des Überlebens einzusetzen, indem wir an irgendetwas festhalten. Und sei es die Meditation!

Wie viel Mühe ich mir gab mit der Meditation. Ich nahm das alles sehr ernst und war streng mit mir. Ich war überzeugt, dass ich etwas Gutes, Richtiges und Besonderes tat, aber es war dennoch recht unbefriedigend. Mein Trugschluss war, dass ich mir nicht genug Mühe gäbe. Das war sehr ermüdend. Selten geschah es, dass die Meditation das beruhigende, freundliche Gefühl vermittelte, jetzt, gerade jetzt in diesem Augenblick lebendig zu sein. Viel später lernte ich bei meinem dritten Lehrer, Tarab Tulku, wie ich dieses unmittelbare Lebensgefühl, das Selbstgefühl der Erfahrung des Ganz-da-Seins ein wenig aktivieren konnte, indem ich mich an das Lebensgefühl in bestimmten Situationen meiner Vorschulkindheit erinnerte. Zum Beispiel vergegenwärtigte ich mir ein Stück Wiese, wo der Schnee so weit weggeschmolzen war, dass sich Schneeglöckchen entfalten konnten. Es roch nach Frische, mit der leichten Schärfe des Schnees, und vor allem war da das durchdringende Versprechen des Frühlings. Vielleicht dauerte die Erinnerung nur eine Minute, aber dieser Augenblick eines unmittelbaren Gewahrseins hatte einen besonderen Zauber. Und wenn ich mich heute an diese und ähnliche Situationen erinnere, bringt das trotz aller Flüchtigkeit jedes Mal einen zarten Hauch des Glücks mit sich.

In der Meditation, sagte der Lehrer, können Augenblicke des offenen Gewahrseins auftreten. Das ist eine schöne Erfahrung, aber sie verführt dazu, dass man sie festhalten möchte. Dann entziehen sie sich augenblicklich. Die unbewusste Tendenz zum Festhalten bekommt Nahrung, und die übliche Verunsicherung, eigentlich nichts anderes als Überlebensangst, wird verstärkt. Doch nichts ist verloren. Der Dharma-Weg verlangt Geduld, das wird einem früh beigebracht. Und dass ich mich einfach immer wieder auf die Meditation einlassen soll, ohne nach netten Erfahrungen zu schielen. Dies ist das natürliche Mittel, mit dem Leben eine unmittelbare, befriedigende Beziehung ohne Festhalten aufzunehmen.

Während ich das schreibe, fällt mir Tara hierzu ein. Wenn ich sie festzuhalten versuchte, weil ich doch so gut denken konnte und sie »durchdenken musste« und glaubte, aus ihr eine »sichere Sache« zu machen, verblasste die Wahrnehmung. Das war schmerzhaft, wurde aber mit der Zeit zu einem wichtigen Faktor des Lernens. Die einzige Möglichkeit sie zu behalten, bestand darin, sie loszulassen.

Die dritte Achtsamkeit, die »Achtsamkeit auf die Anstrengung«, bedeutete für mich von vorneherein: »Du musst!« Das kollidierte jedoch mit den Aussagen meines Lehrers, dass es sich dabei um ein Sich-Einlassen handle, das nicht mit Mühsal oder Pflicht verwechselt werden sollte.

In der Tradition wird diese Achtsamkeit mit dem Gang des Elefanten illustriert. Das Bild gefiel mir, aber mit mir selbst konnte ich es nicht in Verbindung bringen. Der Elefant ist stark, dachte ich, er kann es sich leisten, so unbekümmert und bedächtig dahinzuschreiten. Hätte ich diese Stärke, dann würde ich vermutlich auf der Achtsamkeitspraxis dahinsegeln wie ein Schiff der Konquistadoren. Der Lehrer erklärte, dass es hier darum gehe, ernsthaft, aber nicht zu ernsthaft zu sein. Weniger Anstrengung in die Anstrengung stecken, wenn die Gedanken wandern wollen und die Gefahr besteht, in Unterhaltung abzugleiten. Einfach zurückkommen, sagte der Lehrer, ohne Urteil, ohne Ungeduld. Das sei so, wie wenn man sich verliebt. Das Gefühl der Präsenz des anderen ist da, ohne dass man darüber nachdenkt, und dieses Gefühl ist mit Wertschätzung und Freude verbunden. Anstrengung ohne Anstrengung – das will erst gelernt sein.

Die vierte Achtsamkeit, die »Achtsamkeit auf das Bewusstsein«, ist das Ergebnis der drei anderen Achtsamkeiten. Disziplin, Geduld und Beharrlichkeit in der Praxis spielen zusammen. Alle Gedanken und Gefühle und Vorstellungen wie Schuld, Liebe, Trauer, Sex usw., nichts wird beurteilt, nur wahrgenommen, dann löst es sich auf. Man konnte all das wie das Wetter betrachten. Wenn die Sonne scheint, scheint einfach die Sonne, wenn es regnet, regnet es, wenn es hagelt, hagelt es. Der Lehrer nannte diese Praxis »Einfaches Shamatha ohne Soda und Eis«.

Es können aber auch richtig beseligende Erfahrungen kommen, sagte der Lehrer. Gefühl von strahlendem Licht oder so etwas wie ein Panorama-Bewusstsein oder gar Nicht-Denken. Wenn man daran hängen bleibt und solch eine Erfahrung zu kultivieren versucht, ist es aus mit dem wachen Gewahrsein.

Ich muss sagen, solche Probleme hatte ich nicht. Ich fand die Beschreibung der Achtsamkeiten sehr klärend und inspirierend, aber auch erschreckend. Doch all das stand zurück hinter dem, was ich das »Energiefeld« meines ersten Lehrers nennen möchte. Es war geladen mit einer funkensprühenden, anfeuernden Kraft, mit einer grundsätzlichen »Richtigkeit« und zugleich mit etwas Umfassendem, das ich mit Raum und Liebe beschreibe, weil es passendere Worte in meiner Kultur offenbar nicht gibt.

Theoretisch war mir damals die Richtung einigermaßen klar, die der Prozess der Begegnung mit dem eigenen Geist nehmen sollte. Neben der Sitzpraxis gab es viel zu studieren, wie der Geist funktioniert, wie man auf Emotionen hereinfällt, wie man das Angebot des Dharma richtig verstehen lernt. Das Lernen war nötig und hilfreich, um der Meditationspraxis den richtigen Rahmen zu geben. Nie zuvor in meinem Leben hatte ich Studieren als so lustvoll erlebt, etwa so, wie wenn man einen gewaltigen Anlauf für einen Weitsprung nimmt, immer wieder, um immer weiter springen zu können. Das mag übertrieben und idealistisch klingen, aber es gab mir die richtige Motivation, um mich auf die Anstrengung des Stillsitzens einzulassen.

Zunächst war die Sitzmeditation manchmal langweilig, manchmal entspannend, manchmal schmerzhaft, manchmal dramatisch, manchmal beglückend, und manchmal schlief ich ein. Der Lehrer sagte, es sei nicht schlimm einzuschlafen, denn man wache ja wieder auf. Langeweile sei eher ein wichtiges Thema, denn sie beruhe auf unterschwelliger Aggression. Deshalb sei es so wichtig, sich ihr auszusetzen. »Langeweile ist das Tor zur Meditation«, sagte er.

Diese erste Phase kam mir immer mehr vor wie eine natürliche Psychoanalyse. Still sitzen, einatmen, ausatmen, Rückenschmerzen, Gedanken, atmen, Gedanken, Gedanken. Viele schmerzhafte Erinnerungen, Szenen und Assoziationen kamen hoch, ungefragt, ungebeten. Niemand zog daran, sie kamen ganz von selbst. In längeren Gruppen-Retreats wurde es mir oft zu viel, und ich schlief ein oder döste zumindest im Halbschlaf. Wie ich später vermutete, aus Selbstschutz. Für manche Meditierende hatten tagelange Sitzungen (bis zu vier Wochen mindestens drei mal drei Stunden täglich) problematische psychologische Auswirkungen.

Es beruhigte und belustigte mich, als ich eines Tages Aussprüche eines Zen-Meisters in die Hände bekam, der sich gern unverblümt ausdrückte. Da hieß es: »Letztendlich geht es bei der Buddha-Lehre nur um die Frage, wie wir mit uns selbst aufräumen. Ich habe allerdings immer geglaubt, dass ich mich durch die Praxis so entwickeln würde, wie ich es mir selbst vorgestellt hatte, und so praktizierte ich möglichst formgerecht für viele Jahre, ohne dass sich mein eigenes Problem gelöst hätte. Das wirkliche Problem bist du selbst, aber dieses Problem bekommst du bis zum Schluss nicht in den Griff.«[26]

Aber es geht ja auch nicht um die Lösung von Problemen.

Die Meditation des Mitgefühls

Der Lehrer erklärte, die Shamatha-Sitzmeditation habe ihre Wichtigkeit, sei aber in Verbindung mit Vipassyana, Einsicht, viel wertvoller. Das bedeutete, die Vorgänge im Geist bewusst wahrzunehmen und dann loszulassen. Diese Praxis, Shamatha-Vipassyana, hatte das grundlegende Studium begleitet, doch dann wurde sie im Rahmen der Einführung in die Lehren des Bodhisattva-Weges mit der Meditation des mitfühlenden Austauschs, tibetisch *Tonglen*, ergänzt.

Ich empfand die Aufgabe, mich jetzt dem Thema »Andere« zuzuwenden, als eine Erlösung nach all den unausweichlichen Begegnungen mit mir selbst – mit meinen neurotischen Vorstellungen, mit meinen Ansprüchen an mich selbst, mit meinem Selbsthass und Selbstmitleid und mit dem Überdruss, immer und immer wieder in meinen eigenen Mustern gefangen zu sein. Denn die herrliche innere Ruhe und Ausgeglichenheit, die ich trotz aller Warnungen als Belohnung erwartet hatte, wollten sich nicht einstellen. Der Lehrer betonte immer wieder, dass wir uns keine utopische Form der Spiritualität vorstellen sollten, sondern vielmehr die Dramatik unserer Emotionen genau anschauen und lernen sollten, sie geschehen zu lassen, ohne etwas mit ihnen zu machen. »Buddha-Dharma ohne Bestätigung« nannte er es.

Doch nun ging es um Liebe und Mitgefühl, womit meine Tara wieder ins Spiel kam. Ich hatte mir Tara immer als Manifestation vollkommener Liebe und Mitgefühl vorgestellt – dessen, wovon ich selbst wenig hatte, das ich aber dringend wünschte. Nachgedacht hatte ich darüber nicht. Tara war vor allem ein Gefühl, sie war ein ganz besonderes Universum in mir. Liebe und Mitgefühl! Wie schön das klang in den Hippie-Ohren des größeren Teils der Seminarteilnehmer. Was ich nicht bedacht hatte, war die Tatsache, dass es auch weiterhin um meine eigenen Hindernisse ging, um das Ich-mein-mir-mich, das zu überwinden schließlich Sinn, Zweck und Ziel des buddhistischen Weges ist. Ich lernte: Steht Ich-mein-mir-mich nicht im Weg, gibt es keine Hindernisse; das natürliche, angeborene Mitgefühl, Ausdruck der ursprünglichen geistigen Gesundheit, der *basic goodness*, wie mein Lehrer es nannte, kann sich frei entfalten. Bis das jedoch gelebt werden kann, sind die Objekte meines Mitgefühls, um ehrlich zu sein, nicht viel mehr als meine persönlichen Vorstellungen, basierend auf der willkürlichen Trennung von Subjekt und Objekt, und mein Mitgefühl war lediglich mein Konzept von Mitgefühl. Da ein Konzept zwangsläufig trennt und somit zwischen mir und den anderen steht, gibt es keine tatsächliche Nähe.

Das zu überwinden war jedoch unumgänglich notwendig. Denn es war ja das ausgesprochene Ziel des gesamten buddhistischen Weges, von der Identifikation mit dem »Selbst« zum »Nicht-Selbst« zu kommen, von der Vielheit zur Einheit, vom Dualismus zum Non-Dualismus. Wie mein erster Lehrer es handgreiflich beschrieb, raus aus dem kleinen, muffigen Kino, in dem wir unsere eigenen Filme anschauen, die wir selbst gedreht haben, mit uns selbst als Hauptdarsteller und den anderen als Statisten, hinaus in die beißende frische Luft, die erschreckende Weite der Klarheit.

So logisch! So schwierig! Das riss mir wahrhaftig den Kopf weg.

Ich hätte ja gern auf all die Konzepte verzichtet, aber es war schwer, sie als das zu entlarven, was sie tatsächlich waren: der Alltagsgeist, der ständig in Bewegung ist, die Sinne taktet, sich auf Begriffe stürzt, sich in Emotionen aufbläst, der die einen Zustände haben will, die anderen nicht.

Es war eine gewaltige Zwickmühle. Aber irgendwo muss man ja anfangen.

Der Lehrer erklärte, nachdem wir uns mit der Aufgabe der Achtsamkeit befasst und dadurch eine zunehmende Intelligenz in uns entdeckt hatten, dass diese Intelligenz mit der Achtsamkeit verbunden ist, und auch damit, dass wir anfangen, Gewahrsein zu entwickeln. Gewahrsein hat etwas mit Offenheit zu tun.

Man kann es nicht machen, aber man kann ihm Raum geben, sich zu entwickeln. »Wenn wir Gewahrsein entwickelt haben, fangen wir an zu begreifen, wie grausig es ist, an uns selbst zu glauben. Wir beginnen unsere Gewohnheitsmuster zu sehen, die uns dicht und dumm machen.«

So war das mit der Ich-bin-Angelegenheit.

Deshalb hatte ich so viel Zeit auf meinem Sitzkissen verbringen müssen: Um »da zu sein«, nicht verstrickt in meine Angelegenheiten, um gegenwärtig zu sein, unkompliziert zu sein. Hatte ich das überhaupt verstanden? Geschweige denn umgesetzt? Also bitte!

Verstanden hatte ich es wohl nicht in der Tiefe, aber eine Wirkung konnte ich fühlen. Als Bodensatz nach all den großen und kleinen Wellengängen der Sitzmeditation erlebte ich eine gelegentliche Tendenz zu einer gewissen Sanftheit, Freundlichkeit. »Löcher im Kokon«, wie der Lehrer sagte. Das war die Voraussetzung, den nächsten Schritt zu tun – mich mit dem Bodhisattva-Gelübde zu verbinden. Das ist jenes Gelübde, das auch Tara abgelegt hatte, als sie sagte, von nun an wolle sie sich ununterbrochen darum bemühen, allen leidenden Wesen zum vollkommenen Glück der Befreiung zu verhelfen. So ein schönes, großes Ziel, wenngleich auch zum Fürchten. Und es sollte helfen, die frustrierenden Stolpersteine namens Ego abzubauen, dank der »Gene der Erleuchtung«, die ich wie jeder Mensch in mir trug. Der Lehrer sagte zur Entscheidung, sich auf den Weg des Bodhisattva zu begeben und den vielen leidenden Wesen auf nachhaltige Weise zu helfen: »Anstatt frustriert zu sein, willst du etwas tun, um das zu ändern.«

Wie sollte ich das ändern? Tara konnte das, viele andere konnten das – aber ich?

Ein Bodhisattva werden

Was ich beim anfänglichen Betrachten des Lebensrads nicht bewusst wahrgenommen hatte, war die Figur eines Bodhisattvas in jedem der sechs Bereiche. Das bedeutet, dass Bodhisattvas in der Lage sind, in jedem der Bereiche mit den Bewohnern in der richtigen Weise umzugehen, frei von Urteil, ihre Sprache zu sprechen und ihnen ihre Hilfe anzubieten. Bodhisattvas grenzen sich nicht ab. Für sie gibt es keine Spaltung.

Um ein Bodhisattva zu werden, braucht man das »Geistestraining«, *Lojong*, nachdem man das Zähmen des Geistes gelernt hat. Mein Lehrer verglich das damit, wie es in früheren Zeiten war, wenn man eine wilde Kuh fing. Man muss sie zuerst einfangen und dann domestizieren. Danach ist die Kuh bereit, mit denen, die sie gezähmt haben, zusammenzuarbeiten. Die Kuh lässt sich sogar ganz gern domestizieren und wird bereitwillig ein Mitglied des Haushalts.

Das Training beruht auf einem Text, »Die sieben Punkte des Geistestrainings«, die dazu dienen, das Herz zu wecken und Liebe und Mitgefühl für andere zu kultivieren. Sie sind die Grundlage für die Meditation des Mitgefühls.

Mein Lehrer erklärte den Inhalt des Bodhisattva-Gelübdes auf handfeste Weise: »Von jetzt an, bis ich die Erleuchtung erlangt habe, werde ich mit all den Leuten, die mich frustrieren, arbeiten. Ich werde mit ihnen arbeiten, ob ich will oder nicht.« Und: »Wir bekennen uns dazu, dass wir nicht die Anstifter zu weiterem Chaos und Elend in der Welt, sondern Befreier sein werden, Bodhisattvas mit der Inspiration, sowohl an uns selbst als auch mit anderen Menschen zu arbeiten.« Das nannte er *down to earth*. Traditionell heißt es eher idealistisch: Bodhisattva ist die Bezeichnung für jemanden, die oder der die anderen für wichtiger nimmt als sich selbst. Die metaphorischen Geschichten, mit denen diese Geisteshaltung illustriert wird, sind zum Teil reichlich drastisch. Etwa die Geschichte des wandernden Bodhisattvas, der sich einer Tigerin zum Fraß vorwarf, damit ihre Jungen nicht verhungern mussten. Nun ja, man muss es ja nicht übertreiben ...

Die Grundformel, mit der jede Meditation abgeschlossen wird, lautet:

> *»Mögen alle Wesen sich des Glücks erfreuen und der Wurzel des Glücks. Mögen sie frei sein vom Leiden und von der Wurzel des Leidens.«*

Diese Formel enthält, schlicht gesagt, Sinn und Zweck aller verschiedenen Praxisformen. Die Wurzel des Glücks ist Erkenntnis der grundlegenden Einheit, dementsprechend nicht festzuhalten am Ich. Die Wurzel des Leidens ist Unwissenheit, also der Mangel an Erkenntnis, dass alles vergänglich ist, auch das vermeintlich stabile Ich/Selbst.

Das Bodhisattva-Ideal ist ein edles Ziel, aber die Umsetzung ist eine große Herausforderung. Ebenso wie die Eigenschaften, die ein Bodhisattva hat oder als Bodhisattva in spe eifrig pflegen muss: »Großzügigkeit, Disziplin, Geduld, freudige Anstrengung, Meditation und transzendentes Wissen«. Damit sollte Freude verbunden sein.

Diese »sechs Paramitas«, »überschreitende Fähigkeiten«, wie sie übersetzt werden – wörtlich »das andere Ufer erreichen« – setzen die drei Wurzelverdunkelungen Begierde, Aggression und Ignoranz außer Kraft. Diese alle Konzepte überschreitenden Fähigkeiten gehören zur Buddha-Natur, zur grundlegenden geistigen Gesundheit, sie können nicht gemacht, aber durch Übung freigesetzt werden. Diese Forderungen – ich empfand sie eher als Forderungen, anstatt sie als Lernangebote zu verstehen – brachten mich in häufige Auseinandersetzungen mit mir selbst. Ich war nicht großzügig genug. Ich war nicht diszipliniert genug. Ich war nicht geduldig genug. Ich strengte mich zwar an, auf dem Weg des Bodhisattva voranzukommen, aber von Freude war dabei eher wenig zu spüren. Ich meditierte nicht gut genug. Von transzendentem Wissen konnte gar nicht die Rede sein. Es war eine durch und durch humorlose Angelegenheit.

Heute weiß ich, dass es vielen anderen Lernenden, sofern sie sich nicht mit Sentimentalität begnügten, auch so ging. Aber man sprach nicht darüber. Der Lehrer versuchte, Kommunikation miteinander anzuregen, doch damals war es keine Zeit des freundlichen Austauschs, es war die Zeit der Encounter-Gruppen mit einem ziemlich problematischen Freiheitsbegriff. Die Angst- und Schuldkultur, in der ich aufgewachsen war, hatte mich wieder eingeholt. In dieser Zeit schien meine Beziehung zu Tara einzuschlafen. Sie war unter der Last meiner Bemühung, alles richtig zu machen, fast verschwunden.

Irgendwann las ich in einem Buch meines Lehrers, dass Anfänger eine Art von Kampfgeist in den Prozess ihrer Weiterentwicklung zur Bodhisattvaschaft hineintragen, der zwar brauchbar gewesen war, um eine Grundlage von Praxisdisziplin zu bilden, der sich jedoch völlig ungeeignet erweist für den Bodhisattva-Weg. Er sagte sogar, dass man am Anfang vielleicht vortäuschen müsse, offen und voller Freude zu sein – so gut das eben ging. »Dies erfordert, dass du ständig in irgendeiner Weise einen Sprung machst. Du kannst wie ein Floh, wie eine Heuschrecke, wie ein Frosch und schließlich wie ein Vogel springen, doch irgendein Sprung findet beim Bodhisattva-Weg immer statt.« Heute will es mir scheinen, dass sehr viele Sprünge auf dem Weg des Dharma nötig sind. Jedenfalls bedurfte ich eines großen Anlaufs, bis es zu den ersten Hüpfern kam.

Mit diesen Unterweisungen verbunden war die Meditation des mitfühlenden Austauschs, die zur Sitzmeditation hinzukam. Hierbei ging es darum, die altruistische Geisteshaltung, den Ausdruck des grundlegenden »guten Herzens« freizusetzen. In dieser Meditation verbindet man den Urimpuls, anderen Gutes zu wünschen, mit der Achtsamkeit und Offenheit, mit der man andere wahrnehmen soll.

Um sich in diese Praxis einzufühlen, sollte man eine Erfahrung oder ein Bild zu Hilfe nehmen, wodurch die Herzenergie des Mitgefühls stark angeregt würde. Der Lehrer berichtete als Beispiel von einer eigenen Erfahrung, die er im Alter von zwölf Jahren verwendete, als er die Meditation des mitfühlenden Austauschs lernte. Er hatte einmal gesehen, wie ein paar Jungen Steine nach einem Hund warfen. Das getroffene Tier jaulte jämmerlich, aber die Jungen hörten nicht auf mit ihrem grausamen Spiel. Er berichtete von seiner Hilflosigkeit als kleiner Wicht, von dem mitfühlenden Schmerz und dem verzweifelten Wunsch, helfen zu können, als derjenigen Anregung, die ihn später bei der Meditation des mitfühlenden Austauschs dabei unterstützte, die altruistische Energie seines Herzens anzuregen.

Anregungen zu finden war für mich nicht schwer, brachte doch das Fernsehen mehr als genug Nachrichten vom Leiden in dieser Welt. Zu der Zeit, als ich bei meinem ersten Lehrer im dreimonatigen Seminar mit vielen anderen Teilnehmern die beschriebenen Grundlagen des Weges studierte und praktizierte, herrschte Krieg im Libanon, und die schrecklichen Kriegsbilder waren mir schnell gegenwärtig. Kinder, Erwachsene, Alte, die aus brennenden Häusern flohen. Eine Mutter mit einem kleinen

Kind im Arm, einem anderen an der Hand, die durch Sperrfeuer rannte. Menschen, die getroffen zusammenbrachen. Als Mutter eines Teenagers und eines kleinen Kindes konnte ich solche Bilder kaum aushalten. Aber ich verwendete sie. Sie wirkten schnell und immer besser; genau genommen zu gut.

Binnen kurzem lösten sie Weinkrämpfe aus, bevor ich überhaupt mit der Meditation beginnen konnte. Die Reaktion wurde so heftig, dass ich nicht mehr gemeinsam mit den anderen meditieren konnte. Also wandte ich mich an den mir zugeteilten Praxisbegleiter, einen fortgeschrittenen Schüler des Lehrers, und beschrieb ihm mein Dilemma. Er dachte ein wenig nach, dann sagte er: »Das ist Widerstand. Gib den Widerstand auf!« Diese Erklärung fand ich zunächst wenig zufriedenstellend. Widerstand? War ich doch so tief mitfühlend, dass es mich durch und durch ergriff! Aber es blieb mir nichts anderes übrig, als mich mit diesem Hinweis zu befassen.

Ich erinnerte mich, dass ich oft, wenn ich im Fernsehen Aufnahmen von gequälten Tieren im Massenbetrieb oder verhungernden Kindern in Afrika sah, dachte: Das halte ich nicht aus! Und dann schaltete ich aus oder auf ein anderes Programm um. Mir wurde klar, dass sich dabei der Widerstand deutlich zeigte. Ich wollte nicht, dass es so war, wie es gezeigt wurde. Es reichte, dass ich im Radio davon hören musste, das ließ sich leichter ausblenden als die Bilder. Aber im Zusammenhang mit der Meditation hatte ich nicht die Freiheit abzuschalten. Dann war der Widerstand offenbarer, und er tat weh. Es war der Schmerz über das Leiden anderer, den ich spürte, und das war gut. Doch dann hielt ich daran fest, das war nicht gut. Wenn an die Stelle des Festhaltens das reine Mitgefühl treten würde, könnte sich der Schmerz verwandeln. »Lass es zu«, sagte der Praxisbegleiter, »dann hört es von selbst auf. Danach ist dein Herz geöffnet.«

In der Meditation des Austauschs, die dieser Öffnungsphase folgte, sollte ich mir jemanden vorstellen, der mir nahestand und krank war oder Sorgen hatte, und ich sollte mich in diese Person hineinfühlen, mir ihren Zustand gefühlsmäßig vergegenwärtigen. Dadurch wurde der Wunsch zu helfen sehr stark. Dann sollte ich das Leiden dieser Person einatmen, mit der Vorstellung von etwas wie einer dunklen, schweren, heißen Wolke oder einer Art Fluidum, etwas, das man normalerweise nie einatmen möchte. Mit dem Ausatmen sollte ich die Vorstellung von einer lichten, leichten, heilenden, kühlenden Energie verbinden, reiner Herzenergie, die Essenz liebevoller Wünsche. Damit nicht die Idee entstand, das eingeatmete Negative würde mich bis zum Überlaufen anfüllen, konnte die Vorstellung helfen, dass die dunkle Energie sich im unendlichen Raum des Herzzentrums auflöste; dann strömte aus dem Herzzentrum die reine Liebe, reines Mitgefühl hervor, ohne Anstrengung und unerschöpflich.

Ich gab mir viel Mühe mit dieser Meditation. Doch die Lehre vom umfassenden Mitgefühl kann missverstanden werden. Das zeigte sich daran, dass ich in den Jahren nach dem Bodhisattva-Gelübde Anfälle von Helferwahn hatte, mit denen ich nicht nur mir selbst, sondern auch meinen Kindern einiges zumutete. Am liebsten hätte ich jeden Obdachlosen ins Haus geschleppt und gefüttert, und dass ich es bei kleinen Geldbeträgen beließ, fachte mein stets lauerndes schlechtes Gewissen an. Wann immer jemand Hilfe brauchte, glaubte ich, es sei meine Pflicht, helfend einzugreifen, auch wenn die Umstände das gar nicht erlaubten – ein Problem der Schuldkultur, mit der ich unbewusst identifiziert war, wie ich später erkannte. Nach und nach begriff ich zwar, dass solches »idiotisches Mitgefühl« durch ein eifrig gepflegtes Konzept von Gutsein ausgelöst wurde, doch wie ich stattdessen authentisch sein sollte, ganz ohne Konzept, war mir nicht klar.

Doch zurück zum Einüben dieser Meditation. Nach einigem Nachdenken und Erfühlen des inneren Dramas der Kriegsszenen und des Drucks, es nicht auszuhalten, wurde mir klar: Ich bin der Widerstand! Also entschloss ich mich, nicht mehr Widerstand zu sein, sondern alle Gegenwehr aufzugeben. Ich würde ja gar nichts aushalten müssen. Ich konnte es zulassen. Es erschien mir plötzlich völlig logisch.

Das Einüben ging so vor sich: Ich setzte mich allein in die Meditationshaltung, schloss die Augen und wartete, bis die Szene kam. Es dauerte eine Weile. Die intensive Atmosphäre mit all den vielen anderen Praktizierenden fehlte. Ich dachte zu viel.

Aber schließlich begann der innere Film und zog mich in seine Dynamik hinein. Die Bomben, die Schüsse, das Feuer. Ich dachte an meine Kinder, war mit ihnen in einem brennenden, zusammenstürzenden Haus, zog sie auf die Straße hinaus. Ich spürte die Mütter, ihre Not, die Verzweiflung der Fliehenden. Wohin? Überall Zerstörung. Ausweglos. Mein Herz war roh, ungeschützt, wollte brechen. All dies war echt, ich erlebte es, litt, ließ es zu – und es ging durch mich hindurch. Kein Widerstand. Dann ebbte es ab. Manchmal gelang es gut, manchmal weniger gut.

Ich arbeitete mich voran. Es war möglich, einverstanden zu sein mit der Aufforderung, das Leiden eines anderen Menschen zuzulassen, im Gegensatz zur Gewohnheit, die sagen wollte: Ich habe selbst schon genug Sorgen! Oder: Nicht meine Angelegenheit, sollen sich andere darum kümmern! Mich hineinzufühlen in die Not des anderen, ohne Urteil, wirklich mitfühlend. All den Schmerz, die Not, die Angst, die Selbstanklagen, all dieses Negative einatmen, hinein in den offenen, unendlichen Raum

Mönche gestalten mit sehr feinem, gefärbtem Sand ein Sandmandala für eine bestimmte Weisheitsgottheit, das nur für ein bestimmtes Ritual verwendet wird. Nach dem Ritual wird der Sand zusammengekehrt und als heilende Substanz der Erde oder einem Gewässer übergeben.

Das Lebensrad, von Yama, dem Herrn des Todes, gehalten.
Es zeigt in bildhafter Form die primären emotionalen Zustände, die, angetrieben von den Grundimpulsen Begierde, Aggression und Ignoranz, wiederholt von der Geburt bis zum Tod führen.

Vater-Mutter-Buddha, zentrale tantrische Darstellung der »Vereinigung von Weisheit und Methode«, von Intellekt und Intuition, von maskuliner und femininer Energie im Individuum.

Die Wandmalerei in einem tibetischen Tempel zeigt Buddha Shayamuni in seiner typischen Haltung der meditativen Sammlung im Lotossitz auf dem Lotosthron. Die rechte Hand berührt die Erde, die linke hält die Bettelschale der Mönche.

Die Instrumente eines tibetischen Mönchsorchesters werden immer doppelt eingesetzt – hier zwei Langhörner und zwei Trompeten. Das symbolisiert die Zusammengehörigkeit der maskulinen und femininen Energie in den Elementen und allen Phänomenen.

Kurukulle, eine tantrische Weisheitserscheinungsform der Tara. Im Feuerkranz der transzendierten Leidenschaft tanzt sie auf dem Ego und erreicht mit dem Pfeil der Liebe und des Mitgefühls alle fühlenden Wesen.

des Herzens, wo es sich auflöst, weil es dort keine Negativität geben kann. Und das Ausatmen trägt die liebevolle, beruhigende, alle Emotionen kühlende Wunschenergie zu der anderen Person, erfüllt sie, hüllt sie darin ein.

Ja, es war möglich.

Mein Lehrer sagte: »Diese Praxis hilft! Glaubt nicht, das sei ein Mythos!« Er erklärte, manchmal könne das Ergebnis lange dauern, aber vergebens sei sie nie.

Jedenfalls fand ich später diese Austauschmeditation in vielerlei Situationen geeignet. Sie war mir eine große Hilfe, wenn die Kommunikation mit einem meiner Kinder gegen die Wand gefahren war, was in der Pubertät gelegentlich schwer zu vermeiden ist. Schwieriger war es, wenn ich mit jemandem Streit hatte oder mich tief verletzt und als Opfer fühlte. Doch die Logik dieser Meditation setzte sich durch. Wenn zwei Haken verhakt sind, gibt es nur eine sichere Lösung: Einer der beiden Haken muss sich öffnen. Ich konnte nicht von der anderen Person verlangen, dass sie ihren Haken löste, aber ich selbst konnte meinen Haken lösen. Zumindest versuchte ich es.

So schön und hilfreich ich die Meditation des mitfühlenden Austauschs auch fand – sie fiel mir manchmal doch recht schwer. Dann fühlte ich mich klein und leer und überfordert. Selbstmitleid verbot ich mir als unproduktiv. In dieser Zeit wurde die Methode der psychologischen Arbeit mit dem inneren Kind publik. Das brachte mich auf den Gedanken, mein eigenes inneres Kind zu imaginieren und als Objekt des Austauschs zu nehmen. Meine Versuche mit dieser Methode öffneten bald den Zugang zu einer Erinnerung, die, längst vergessen, aus großer Tiefe aufstieg. Sie war sehr heftig. Ich schrieb sie auf, musste sie in eine Form bringen, um sie erträglicher zu machen:

Das Kind schaute. Der Hund lag am Boden, die Ohren flach angelegt. Die große Schwester schrie auf ihn ein, schlug ihn mit ihrem Gürtel, schrie. Dann holte sie aus mit dem Fuß und trat zu.

Das Kind schaute verzweifelt. Der Hund war der vertraute Freund, sie teilten seine Hundehütte, wenn es regnete. Darin roch es nach nassem Fell und Wärme und Geborgenheit. Das Kind konnte nichts tun. Der Hund hätte doch weglaufen sollen. Aber er lief nicht weg. Er drückte sich winselnd noch stärker an den Boden. Weitere Tritte. Die Augen des Hundes flatterten. Weitere Tritte. Er wand sich, winselte. Ein kurzes, grelles Aufheulen. Das Kind konnte nicht sprechen, nicht fühlen. Nur vergessen.

Später wurde gesagt, der letzte Tritt habe dem Hund eine Rippe gebrochen. Es war nicht der Rede wert, nicht einmal des Verschweigens. Die banale Gewalt in der Familie war etwas Beiläufiges, nicht Erwähnenswertes. Der Krieg lag erst ein paar Jahre zurück. Da ging es ja ganz anders zu, so wurde gedacht und manchmal gesagt.

Nach diesem Erlebnis fiel es mir leichter, mich mit der Kraft des Mitgefühls zu identifizieren, denn nun konnte ich die Negativität meines anderen, beschädigten, geplagten Ichs einatmen und ihm die liebevolle Herzenergie schicken, die es brauchte. Nach und nach verlor das innere Kind an Macht. Das Ziel war vielversprechend, meine beiden Ichs sollten schließlich wieder eins werden, in der Gewissheit der grundlegenden geistigen Gesundheit vereint. Es war kein kontinuierlicher Verlauf. Es gab Unterbrechungen, Rückfälle und neue Anläufe, aber ich entdeckte Fortschritte, die mich ermutigten.

Mein dritter Lehrer sagte einmal, man könne frühe Traumata zwar nicht heilen, aber man könne sie überwachsen, indem eine andere geistige Energieebene erreicht würde. Dann blieben sie zwar bestehen, würden jedoch zurückgelassen und störten nicht mehr.

Die Meditation des mitfühlenden Austauschs erwies sich als voller Kreativität. Sie verringerte die Kluft zwischen »Ich« und »Andere«, minderte das Gefühl des Getrenntseins, machte mir deutlich, dass ich – größtenteils potenziell, aber manchmal auch spürbar – durch diese Meditation nicht nur mich, sondern sogar die Welt um mich verändern konnte. Weil sich meine Wahrnehmung veränderte.

Diese »pädagogische« Ebene der Lehre wurde später durch die Differenzierung dessen, was unter Liebe und Mitgefühl zu verstehen ist, überschritten. Das machte es mir auch möglich, Tara in einer viel größeren Dimension zu begreifen, weit über die mütterliche Beschützerin und Helferin hinaus, die ich mir zuerst vorgestellt hatte.

Dass richtige Meditation viel mehr bewirkt als nur Entspannung, sondern tatsächlich eine tiefgreifende geistige Veränderung, kann die neurowissenschaftliche Forschung beweisen. Dazu schickte der Dalai Lama auf die Bitte des Neurowissenschaftlers Richard Davidson acht erfahrene Mönche in ein Hirnforschungslabor. Dort wurde ihre Gehirnaktivität bei intensiver Meditation per Elektroenzephalograf und Magnetresonanztomografie gemessen. Die Mönche praktizierten in der Röhre unbeirrt die Meditation des umfassenden Mitgefühls. Dabei veränderte sich die Frequenz der Hirnströme ganz außerordentlich.

Die Frequenz der Hirnströme lässt auf bestimmte geistige Zustände schließen. Wenn wir tief schlafen, zeigt das Gehirn Delta-Wellen. Sind wir wach, aber entspannt, zeigt es höhere Frequenzen, die Alpha-Wellen. Doch bei den meditierenden Mönchen waren die Frequenzen viel höher. Es entstanden Gamma-Wellen, die es üblicherweise nur in kurzen Momenten sehr hoher Konzentration gibt, und auch dann nur in einem bestimmten Bereich des Gehirns. Diese schnellen, hohen Frequenzen waren jedoch bei den Mönchen großflächig und anhaltend, ein sonst unbekanntes Phänomen. Laut neurowissenschaftlicher Erkenntnis musste das bedeuten, dass die Meditation der Mönche einen Zustand ganz besonderer Wachheit auslöste. Das ist es auch, was im Dharma als Sinn und Zweck der Meditation genannt wird, ein zunehmendes Erwachen aus dem ständigen Strom der Gedanken, um den Geist in seiner ungetrübten Klarheit wahrnehmen zu können.

Gamma-Wellen haben offenbar eine ordnende Funktion im Gehirn, und die stehenden Gamma-Wellen in solcher Breitbandform zeigen nach Ansicht der Forscher eine extreme Ausgeglichenheit im Bewusstsein an. Und wenn in dieser Weise lange Zeit meditiert wird, hinterlässt das neuronale Spuren. Deshalb wird im Dharma ausdrücklich die Notwendigkeit längerer Retreats betont, Phasen des Rückzugs, während derer man in einer Gruppe oder allein nach einem festgelegten Plan die Praxis übt. Das entspricht dem Prozess von Hören, Verstehen, Erkennen – dann das Erkennen durch die Meditation wiederholen und festigen, bis die offene Klarheit des Geistes auch ohne Meditation dauerhaft bestehen bleibt. Man kann also sagen, dass durch konsequente Meditationspraxis das Bewusstsein schließlich eine ganz andere Ebene erreichen kann. Das nennt man im Buddhismus traditionell »Verwirklichung«.

Lehrer

Der ständige Prozess des Lernens und Entwickelns hatte unmittelbar mit meinen Lehrern zu tun. Auch meine Wahrnehmung der Lehrer war ein andauernder Prozess. Ich habe viele Menschen von ihren Kindheits- und Jugenderfahrungen in der Schule sagen hören, dass damals ihr Lebensgefühl und damit ihre Leistungen in großem Maß mit der menschlichen Qualität ihrer Lehrer, Ausbilder und Professoren zu tun hatte, und diese Erfahrung habe ich ebenfalls gemacht. Das Maß an »Herzgeist«-Qualität jeglicher Art von Lehrer ist auch auf der Alltagsebene von großer Bedeutung.

Buddhistische Lehrer sind traditionell außergewöhnliche Praktizierende des Dharma, die von ihrem eigenen Lehrer die Lehrerlaubnis erhalten haben, dieser wiederum von seinem Lehrer und so weiter. Damit steht ein Lehrer immer innerhalb einer Traditionslinie. Das wird vor allem im tibetischen Buddhismus streng beachtet. Nachdem ich darüber gelesen hatte, wollte ich natürlich solch einen authentischen Lehrer finden.

In den buddhistischen Traditionen kann man drei Ebenen von Lehrern unterscheiden, und diese drei Ebenen lassen sich auch zu den Entwicklungsstadien der Schüler in Beziehung setzen. Im Kreis der Ganzheit ist der Außenbereich, die erste Ebene, ungefähr vergleichbar den Schullehrern, die Kinder unterrichten oder Auszubildende unterweisen. Sie erfüllen die Funktion, Grundlagen zu vermitteln, zu beschreiben, worum es geht und was man zu tun hat. Auch Aufmerksamkeit und Disziplin sollen gelernt werden, aus denen sich dann durch die Praxis vertiefte Achtsamkeit und natürliche innere Disziplin entwickeln können. Das entspricht etwa unserem allgemein üblichen Verständnis von Lehrer, wobei es im spirituellen Bereich natürlich nicht darum geht, sozusagen gesellschaftsfähig gemacht zu werden, sondern darum, sich selbst retten, befreien zu können. Die Idee vom spirituellen Lehrer als Retter rührt daher, dass man unter dem Gefühl leidet, etwas fehle im Leben, dass man eine Hilfe brauche gegen die Beunruhigung und Irritation, die irgendwie unterschwellig ständig da zu sein scheinen. Es ist ein Gefühl von Überdruss an allem, worauf man vergeblich seine Hoffnung setzte. Also sucht ein Schüler jemanden, der den Weg und die Mittel erklärt und Hilfen an die Hand gibt, um den eigenen Geist und seine Art zu funktionieren kennenzulernen. Für die erste Phase, die Introspektion, passt zwar der Begriff Lehrer, wie er üblicherweise verstanden wird, aber auf dieser Ebene könnte der Lehrer auch als eine Art Psychotherapeut missverstanden werden, der er jedoch nicht ist und nicht sein will.

Ich erinnere mich an eine Episode, die gern erzählt wurde: Einmal kam ein Schüler zu meinem ersten Lehrer und klagte, der Lehrer habe vor zwei Jahren, als er und seine Freundin ihn fragten, ob sie heiraten sollten, geantwortet: Ja, warum nicht? Aber jetzt seien sie geschieden. Warum er damals Ja gesagt hätte. Der Lehrer antwortete: Ich habe doch nicht gesagt, ihr sollt streiten.

Im inneren Bereich des Kreises, der zweiten Ebene, wird der Lehrer »Kalyanamitra«, spiritueller Freund, genannt. Das ist jemand, der den Schüler auf dem Weg, den er eingeschlagen hat, sachkundig und mitfühlend begleitet und ermutigt. Der spirituelle Freund vermittelt ein Gefühl dafür, dass sich Praxis nicht nur auf Studium und Kontemplation des buddhistischen Lehrgebäudes und die meditative Praxis vor dem Schrein und auf dem Sitzkissen, Meditationsschemel oder Stuhl bezieht, sondern auch auf das Verhalten anderen gegenüber. Das ist die Phase, in der Liebe und Mitgefühl durch das »Geistestraining« oder Training des Herzens entwickelt werden.

Auf der dritten Ebene, im innersten Bereich, wird der Lehrer mit dem Sanskritwort *Guru*, oft übersetzt als »authentischer Meister«, bezeichnet. Das entspricht dem Entwicklungsstand, in dem gut trainierte Schüler in der Lage sind, echte Hingabe zu empfinden. Echte Hingabe ist ohne Erwartungen an den Lehrer, ohne Projektion der eigenen Neurosen. Das kann man natürlich nicht einfach machen. Es muss sich durch die Praxis entwickeln.

Für diese drei Ebenen, die sowohl die Haltung der Vermittler des Dharma als auch Entwicklungsstadien der Schüler bezeichnen, haben wir in unseren westlichen Sprachen keine Begriffe, denn in Sprachen entstehen Begriffe ja entsprechend den Erfahrungen, die in der jeweiligen Kultur gemacht werden. Für authentische Lehrer, die alle drei Ebenen umfassen, haben wir keinen Begriff.

Spiritual war ein Begriff, mit dem früher geistliche Begleiter in christlichen Ordensgemeinschaften bezeichnet wurden. Der Begriff Guru ist zwar der zutreffende Ausdruck, wurde aber leider im Westen durch Missbrauch und Satire so abgewertet, dass er öffentlich nicht mehr verwendet werden kann.

Ich hatte einiges aus Büchern erfahren, aber als ich meinen ersten Lehrer kennenlernte, wurde mir klar, wie sehr sich das Vermitteln der Lehren durch einen authentischen Meister in der Form von Hören davon unterscheidet, die Lehren in Büchern in mehr oder minder guten Übersetzungen zu lesen. Ein »beglaubigter« Nachfolger Buddhas vermittelt nicht nur Inhalte, sondern auch eine subtile Energie. Für mich war das, was der erste Lehrer mir gab, weit mehr als eine Lehre, die logisch, vernünftig, nachvollziehbar klang; was er an Theorie und Praxis lehrte, ging mir vielmehr tief in Herz und Geist. Es wurde immer deutlicher, dass mich früher das Lesen auf manche falsche Spur gebracht und ein Durcheinander von buddhistischen und christlich-abendländischen Ideen erzeugt hatte. Von meinem authentischen Lehrer hörte ich die Philosophie, Psychologie, Metaphysik und die meditative und aktive Anwendung der Lehren nicht nur als Worte (und dies in sehr eloquenter englischer Sprache, denn er hatte nach der Flucht aus Tibet in Oxford studiert), sondern als eigene Erfahrung eines lebendigen Menschen, der in einer buddhistischen Kultur aufgewachsen und trainiert worden war, aber zugleich ein tiefes Verständnis für die westliche alte Kultur und moderne Gesellschaft entwickelt hatte. Dazu kam, wie gesagt, die mit den Worten transportierte subtile Energie, von der ich damals noch nichts wusste, die aber dennoch wirkte. Diese Erfahrung einer Wirkung der vermittelten subtilen Energie machte ich mit jedem meiner vier Lehrer.

Die Art und Weise, wie ein Schüler einem Lehrer zuhört, hängt von seiner Geisteshaltung ab. Das wird sehr anschaulich so beschrieben:

Wer den Lehrer als Hund sieht, bekommt Hunde-Lehren.
Wer den Lehrer als Mensch sieht, bekommt Menschen-Lehren.
Wer den Lehrer als Buddha sieht, bekommt Buddha-Lehren.

Meine Lehrer waren überaus verschiedene Persönlichkeiten mit sehr unterschiedlichen individuellen Eigenarten und speziellen Vorgehensweisen im Lehren. Tibeter konnten in ihrer Kultur mit einem überlegenen Sowohl-als-auch die individuelle Person eines Lehrers vom Dharma-Lehrenden trennen. Die Traditionslinie galt und gilt in buddhistischen Traditionen weitgehend als Gütesiegel. Im Übrigen ist die lehrende Person ein lebendiger Mensch mit einem ganz eigenen Charakter, mit Vorlieben und Gewohnheiten, mit kulturellen und individuellen Persönlichkeitsmustern, jedoch ohne damit identifiziert zu sein.

Ich weiß, dass für manche dieses Trennen besonders schwierig erscheint, wenn es sich um »Mahasiddhas«, »Meister der verrückten Weisheit«, handelt, die oft allgemeine, festgefahrene Meinungen und Glaubenssätze auf den Kopf stellen, um Raum im Geist zu schaffen. Mein erster Lehrer war von dieser Art. Es konnte geschehen, dass sich während eines großen Retreats alle Schüler wie immer um acht Uhr abends im Schreinraum versammelten und auf den Vortrag des Lehrers warteten, und der Lehrer um zwei Uhr nachts erschien. Dann sagte der Lehrer heiter »Good morning!« und »Wake up, ladies and gentlemen!« Das brachte den Arbeitsrotor und die Mahlzeitenplanung für die sehr große Gemeinschaft völlig durcheinander – eine kleine Lektion für das Spiel mit Chaos und Ordnung.

Ein westlicher Schüler eines großen tibetischen Lehrers schrieb: »Mein Lehrer verhielt sich oft auf eine Weise, die ich absolut schockierend fand. Ich konnte sein Verhalten einfach nicht verstehen. Er sah mit Sicherheit viel mehr Möglichkeiten in Situationen als ich.«[27]

Im tantrischen Buddhismus gehören die persönliche Meditationsgottheit und der authentische Lehrer untrennbar zusammen – auf der Ebene der »anderen Wirklichkeit« der Einheit von Intellekt und Intuition. Bis diese Ebene erreicht ist, ist es ein Wissen, das nach und nach zu Erfahrung wird. Der authentische Lehrer, der den Schüler in diese Ebene einführt, ist der »Wurzel-Lehrer«. Er ist sozusagen Mutter und Vater auf dem Entwicklungsweg, er setzt den Samen ein und zeigt, wie das Wachstum verstanden und betreut werden muss. Er gibt dem Schüler die Mittel an die Hand, das eigene geistige Universum in der richtigen Weise zu gestalten. Wenn dieser Lehrer stirbt, wird meistens das, was er vermittelte, das Fundament, die Tonart bieten, auf der alles weitere Lernen und Reifen aufbaut.

Die Begegnung mit einem authentischen Lehrer ist unvorhersehbar. Das geeignete Karma und geeignete Bedingungen sind dafür nötig. Und es können alle möglichen Hindernisse auftreten. Wie ich mir erzählen ließ, kann eine plötzliche Krankheit die Begegnung verzögern, Autounfälle oder Unfälle anderer Art können vorausgehen. Manchmal braucht man geistige Beschützer, die den nötigen Anstoß geben. So erging es mir.

Meinen ersten Lehrer lernte ich zunächst nur aus zweiter Hand kennen, durch einen seiner erfahrensten Schüler, den er nach Europa geschickt hatte und unter dessen Anleitung ich auf dem Dharma-Weg Fuß fasste. Er war zweifellos ein guter Dharma-Unterweiser, aber ich wusste, dass er nicht mein »richtiger« Lehrer war. Ich wollte zu »meinem Lehrer«, doch nichts sprach dafür, dass sich dieser Wunsch erfüllen ließe. Ich hatte zwei Kinder, eine Katze und ein unregelmäßiges, gelinde gesagt recht mäßiges freiberufliches Einkommen als Journalistin. Ich rechnete und rechnete. Es war unmöglich, die Reise nach USA und ein drei Monate langes Seminar zu finanzieren.

Es vergingen Jahre des vergeblichen Wünschens. Dann stürzte ich an meinem Geburtstag in den Keller, von der obersten Treppe, kopfüber bis ganz unten. Es war ein sehr langer Flug. Ich dachte über mein Leben nach (unbefriedigend), wie meine Kinder versorgt sein würden (gar nicht), was ich versäumt hatte (das Wichtigste). Ich war mir irgendwie bewusst, dass ich möglicherweise auf den Tod zuraste.

Mit einem gewaltigen Donnern in meinem Kopf ging der Flug zu Ende. Ich stellte fest, dass ich noch lebte. Während ich versuchte, mich aufzurichten, fasste ich den Entschluss, mich sofort für das dreimonatige Seminar bei meinem ersehnten Lehrer anzumelden. Ich würde es irgendwie schaffen, weil es das Richtige war!

Mein ganzer Körper war ein Farbenspiel von Prellungen, ein Auge schwoll zu, aber der Kopf war unbeschädigt. Ich meldete mich an und wurde akzeptiert. In den Monaten des Wartens geschahen die Wunder, die für die Finanzierung nötig waren, und das wertvollste Wunder: Eine Freundin beschloss, drei Monate lang meinen Haushalt, meinen kleinen Sohn, meine Teenager-Tochter und die Katze zu betreuen.

Es mussten sich noch viele weitere Wunder ereignen, um meine Begegnungen mit den folgenden Lehrern zu ermöglichen, allerdings ohne Unfälle oder andere Hindernisse. Im Gegenteil, sie fielen regelrecht vom Himmel.

Ein Traum, in dem ich meinen ersten und meinen zweiten Lehrer als einen einzigen Lehrer sah, brachte mir bei zu erkennen, dass keiner meiner Lehrer wirklich starb. Sie waren alle eins.

Warum Tara?

Ein großer Lehrer sagte: »Alle Buddhas und Bodhisattvas sind essenziell dasselbe. Buddhas transzendieren alle Arten von Erscheinung, Farbe, Form und Bezeichnung wie etwa Geschlecht. So erscheint auch Tara in vielen Manifestationen. Tara ist grundlegend nichts anderes als die Natur unseres Geistes.«[28]

Im tibetischen Buddhismus gibt es jede Menge »Gottheiten«. Mangels anderer Bezeichnungen nennt man sie in der Dharma-Sprache des Westens, als die sich Englisch herausgebildet hat, *deity*, und zwangsläufig hat sich in der deutschen Übersetzung der theistisch geprägte Begriff Gottheit eingebürgert. Ich würde ja »Lichtheit« oder »Vollkommenheit« angemessener finden, aber der Begrenzung der Sprache, die nichts Passendes anzubieten hat, muss man sich eben fügen.

Zumindest ein bisschen mehr der tatsächlichen Bedeutung entspricht die subtilere Formulierung »Meditationsgottheit«.

Tara ist eine von vielen weiblichen und männlichen Meditationsgottheiten. Diese Vielheit verhindert, dass man diejenige Meditationsgottheit, an die man sich persönlich wendet, für eine Entität, ein gesondertes Wesen hält. Die heitere Antwort eines tibetischen Lehrers auf meine Frage: »Warum so viele Gottheiten?« lautete: »Weil es so viele verschiedene Menschen mit so vielen verschiedenen Präferenzen gibt.« Nun, meine Präferenz war eindeutig Tara, wenn auch im Lauf der Zeit noch einige sehr tiefgreifende Beziehungen zu anderen Gottheiten, sowohl in weiblicher als auch in männlicher Erscheinungsform, dazukamen.

Als vor langer Zeit meine damals so unvermutete Beziehung zu Tara begann – in Büchern wurde sie als »Personifizierung vollkommener Liebe, alles umfassenden Mitgefühls und vollkommener Weisheit«, »Mutter aller Buddhas« bezeichnet – und ich sie mir als mein inneres Du vorstellte, hatte ich mir einiges, wenn auch oberflächliches Wissen über die Dharma-Lehren und speziell den tibetischen Buddhismus angelesen. Aber damals war mir nicht bewusst, wie riesengroß mein Nachholbedarf an Schutz und Hilfe war. Es war einfach ein machtvoller Impuls, der mich zu ihr zog. Ihr Name, ihr Mantra machten mich irgendwie glücklich. Ich fragte mich zunächst nicht, ob diese Neigung zu Tara über den hilfesuchenden Impuls, der mich in meiner Kindheit Jesus als innere Bezugsperson wählen ließ, hinausgingen. Doch nachdem das ernsthafte Lernen begonnen hatte – damals bei dem erfahrenen Schüler meines ersten Lehrers, der in Europa Zentren aufbaute –, stellte sich gelegentlich eine Beunruhigung ein, ob ich in meinem Verständnis von Tara vielleicht einem großen Irrtum erlegen und in Wirklichkeit lediglich durch einen unbewussten psychologischen Trick in das theistische Muster zurückgefallen war. Also begann ich nach Erklärungen zu suchen. Mit der vorläufigen Einordnung Taras als Archetypus hatte ich zumindest meinen Schritt in die exotische Welt einer einstigen indischen Sternengöttin (Taras Name bedeutet unter anderem »Stern«) legitimiert. Denn zu jener Zeit polterte in meinem Bewusstsein ein Gemisch von natürlicher Sehnsucht, gezüchteter rationaler Dominanz und der Experimentierlust der Hippie-Zeit herum, und es war nicht leicht, in diesem Wirrwarr eine einigermaßen brauchbare Orientierung zu finden. Noch hatte ich keine gefestigte Vorstellung von einer Verbindung mit der echten, lebendigen Tradition des Dharma, die durch einen authentischen Lehrer gewährleistet ist. Ich hatte nur eine rudimentäre Grundlage und das ikonografische Bild dieser schönen jungen Frau mit der Lotosblüte, so wunderbar sanft und frühlingsgrün, und ihr Mantra, dessen Klang mich bezauberte. Aber sie war da, sie war für mich da, und das war, dessen glaubte ich mir sicher zu sein, nicht einfach nur Fantasie und Wunschdenken. Es gab damals niemanden, mit dem ich darüber hätte sprechen können. In der Pionierphase des Buddhismus in Europa waren die wenigen Praktizierenden des tibetischen Buddhismus, die ich kennenlernte, Gläubige mit der ganzen Inbrunst der Hippie-Ideologie und keinesfalls dialogbereit.

Albert Einstein soll einmal gesagt haben: »Der intuitive Geist ist ein Geschenk, der rationale Geist ist sein Diener. Wir haben eine Gesellschaft geschaffen, in der wir den Diener verehren und das Geschenk verleugnen.«

Ich musste das Geschenk wiederfinden und den Diener auf seinen Platz schicken. Die Intuition siegte.

Meine Beziehung zu Tara, das schrittweise Kennenlernen meiner ersten und bahnbrechenden Meditationsgottheit, war ein komplexer Prozess. Eine lange Zeit des intensiven Studiums der buddhistischen Lehren und meditativer Praxis waren nötig, um mich Tara besser verstehen zu lassen. Mein zweiter Lehrer sagte einmal: »Es ist gut, dass ihr Menschen im Westen so viele Jahre Schulunterricht habt.« Ich wandte ein, dass vieles nicht gar so sinnvoll sei, was man lernen müsse. Er winkte ab. »Macht nichts. Ihr lernt denken. Man muss denken können, um den Dharma zu verstehen.«

Als ich den gesamten Text der ursprünglichen traditionellen Tara-Praxis kennenlernte, wurde mir der Wert der Studien bei meinen Lehrern besonders klar, denn er enthält viele Anspielungen auf die Lehren. Solche Rezitationstexte bewegen sich auf mehreren Ebenen zugleich, ausgerichtet auf das Verständnis der Dharma-Inhalte, auf das Erkennen der Natur der Meditationsgottheit und auf die Essenz des Dharma.

In allen Traditionen des tibetischen Buddhismus ist dieser Text gültig und kann ohne Einweihung praktiziert werden. Im Unterschied dazu gibt es je nach Traditionslinie weitere Texte der Tara-Praxis, die mit Einweihungen und besonderen Belehrungen und Ritualen verbunden sind.

Die Strophen dieses allgemeinen Rezitationstextes der grünen Tara und der 21 Taras, den ich als ersten kennenlernte, kamen mir vor wie die Fensterchen eines Adventskalenders, und jedes Fensterchen öffnet sich zu Aspekten des Verstehens der Lehren und zur Möglichkeit des Erkennens. Das mag der Sinn des wiederholten Rezitierens solcher Praxistexte sein, dachte ich. Zuerst versteht man die Anspielungen nur oberflächlich, aber mit zunehmender Verbindung des rationalen Wissens mit intuitivem Erfahren dringt man immer tiefer in ihre Bedeutung ein.

Es war eine andere Art von Denken gefragt, ein mit Intuition verbundenes Denken, das sich über Grenzen hinauswagt.

Ich lernte, diesen Text anders zu lesen als gewöhnliche Texte, denn so erschloss sich mir immer mehr die Bedeutung von Taras zweitem Titel, *Prajnaparamita*, »Vollkommenheit des Wissens«. Mit einiger Vorsicht kann ich sagen, dass damit ein Wissen gemeint ist, in dem rationales und intuitives Wissen die Einheit der Erkenntnis bilden.

Durch die tantrische Praxis mit der Visualisierung von Meditationsgottheiten, Mantras und Rezitationen bekam Tara einen völlig neuen Raum in mir. In der Zeit des Aufbaus meines Dharma-Wegs, des gründlichen Beackerns meines Bodens, war sie in meinem Lernprogramm nicht erwähnt worden. Es gab so viel zu studieren und praktizieren, dass ich längere Zeit nicht auf den Gedanken kam, sie damit zu verbinden. Währenddessen hatte ich mich immer wieder an sie gewandt, wenn ich sie brauchte – falls ich nicht über all den Schwierigkeiten des Überlebens vergaß, dass sie da war. Ich hatte mich immer wieder bei ihr entschuldigt, dass ich zu wenig an sie dachte, ihr Mantra nicht rezitierte, hatte ihr versprochen, mich zu bessern – kurz, ich projizierte meine gesamten Alltagsvorstellungen auf sie. Als ich das erkannte, war ich beschämt. Ich hatte Mutter, Schwester, Freundin, Heilerin in ihr gesehen, aber das kam mir nun so vor, als wollte ich mit einem Überschallflugzeug zum Supermarkt einkaufen gehen. Zweifellos war das übertrieben, aber dieses schmerzliche Aufwachen war nötig, damit sich mein beschränktes Verstehen ausweiten konnte.

Ich lernte, dass der Dharma-Entwicklungsweg in drei Stufen verlief: Zuerst Hören (und auch Lesen), dann Verstehen, dann Erkennen und dieses Erkennen immer wiederholen, so dass es sich vertiefen kann und schließlich das gesamte Bewusstsein durchdringt. Also ging es darum, die Wände meines Vorstellungsspielraums zu durchbrechen. Tara zu verstehen hieß, mich in die Dimension der Meditationsgottheiten einzufühlen. Aber das geschah nicht durch Nachdenken, sondern durch praktische Erfahrung, die Tara auf tiefere Weise erfahrbar werden lässt.

Eine alte Geschichte aus der Zeit des Buddhismus in Nordindien erzählt von einer kreativen Methode, Tara präsent zu machen:

An einem Waldrand kam täglich eine Gruppe von Nonnen und Mönchen zusammen, um gemeinsam zu meditieren. Sie waren diszipliniert und friedlich, es war ein schönes Miteinander. Im Wald lebte jedoch ein Dämon, dem diese Nachbarschaft gar nicht gefiel. Dämonen, das weiß man, reagieren auf Meditierende oft sehr gereizt. Je hingebungsvoller die Meditation, desto mehr regen sie sich auf. Da Dämonen die geheimsten Schwächen und Ängste der Meditierenden sehen können, flüsterte dieser Dämon den Mönchen und Nonnen so scheußliche Gedanken ein, dass viele verrückt wurden. Die wenigen, die nicht auf den Dämon hereinfielen, wurden krank vor lauter Traurigkeit angesichts des Zustands der anderen.

Da fiel einer alten Nonne ein, dass sie einmal von Tara gehört hatte, die allen zu Hilfe kam, die nach ihr riefen. Also bat sie Tara um Hilfe für die Meditationsgruppe, und Tara erklärte ihr, wie dem Dämon beizukommen sei. Die alte Nonne erzählte es den anderen, und alle fanden den Plan überzeugend. Sie sollten sich in allen Klöstern im Umkreis Rollbilder von Tara und ihren 21 Manifestationen ausleihen und sie überall im Wald an Bäume hängen. Als sie genügend Tara-Bilder aufgetrieben und im Wald aufgehängt hatten, setzten sie sich wieder zur Meditation nieder.

Der Dämon wollte sofort wieder an sein böses Werk gehen, aber wohin er auch ging, stieß er auf die Meditationsgottheit Tara. Es irritierte ihn fürchterlich, dass die Meditierenden überall von Tara abgeschirmt wurden, und verärgert zog er sich in den hintersten Winkel des Waldes zurück. Aber selbst dort verfolgte ihn das Bild der Tara, auch wenn gar kein Bild von ihr vorhanden war. Es heißt, dass sich bei diesem ständigen inneren Anblick sein Dämonenselbst auflöste und er erkannte, dass er im Innersten nichts anderes als Tara war, die reine Natur des Geistes.

ཏཱ་ར།

DIE TARA-MEDITATION

Dieser Praxistext von Jonang Taranatha wurde von meinem dritten Lehrer, Tarab Tulku, übersetzt und mit folgender Erklärung versehen:

»Es gibt viele Tara-Rituale, manche kurz, manche lang, die von Meistern der Vergangenheit geschaffen wurden. Zum Wohl aller Wesen, Tibeter und anderer, die in der heutigen Zeit ein geschäftiges Leben führen, habe ich eine zusammengefasste Version gestaltet.«

Die Verse sind traditionell aufgeteilt in bestimmte Themen mit entsprechenden Titeln. Der Vers, der die Praxis einleitet, beginnt mit der Orientierung auf das Ziel aller buddhistischen Praxis.

Streben nach Verwirklichung

Von jetzt an, bis die Buddhaschaft erlangt ist,
streben ich und unzählige Wesen der drei Bereiche
nach der Verwirklichung, wie sie den wunderbaren authentischen Lehrern zu eigen ist,
nach der Verwirklichung der Vollkommen Erwachten,
der Siegreichen, die über alles hinausgegangen sind,
nach der Verwirklichung des authentischen Dharma,
nach der Verwirklichung der Versammlung der erhabenen spirituellen Freunde.

Diese Einführung macht deutlich, worum es geht, wenn man sich an Tara wendet. Ich hatte ja zunächst vor allem die Erwartung an sie gehabt, mir Schutz und Hilfe im Alltagsleben zu geben. Damit lag ich nicht falsch, denn als die große Beschützerin und Helferin ist sie ja im buddhistischen Kulturraum weit und breit bekannt. Dann hatten sich meine Bitten erweitert, indem ich Tara um Unterstützung bat, die Bodhisattva-Eigenschaften oder Paramitas zu entwickeln, das heißt großzügiger, disziplinierter und geduldiger zu werden, mit Freude Anstrengung auf mich zu nehmen, Meditation immer mehr zu beherrschen und den Dharma immer besser zu verstehen. Das war ein großer Anspruch, und ich vergaß ihn wohl ebenso häufig, wie ich an ihn dachte. Doch in diesem Vers geht es noch um mehr – um »Verwirklichung«.

Was Verwirklichung, Erleuchtung, Erwachen oder Befreiung genannt wird, hatte ich zunächst mit sehr vagen Vorstellungen besetzt. Ich hatte gelernt, dass es sich um die Entwicklung oder Auswicklung von grundlegend bereits vorhandenem vollkommenem Mitgefühl und vollkommener Weisheit handelt, und ich hatte mir alle Mühe gegeben, mir etwas Vollkommenes darunter vorzustellen. Es gehe um die Befreiung des Geistes aus allen dualistischen Vorstellungen, hatte der Lehrer gesagt. Das hieß, keine kleinste Ausrede oder Rechtfertigung gelten zu lassen, jegliche Ichbezogenheit aufzugeben, grundsätzlich das Wohl anderer im Blick zu haben, ohne die geringste Selbstbestätigung daraus zu ziehen. Mein Lehrer erklärte, Verstöße gegen dieses hohe Ziel seien unvermeidlich und kein Anlass für Schuldgefühle. Er nannte diese Verstöße Ego oder Neurose, beides mehr oder minder gleichgesetzt, denn Ego ist sozusagen grundlegend neurotisch. Aber man könne sie als »kostbares Material« verwenden und mit ihnen arbeiten, indem man sie durchschaute und so als Hilfsmittel für die nötige Orientierung und damit die richtige Motivation verwendete.

Also enthält dieser einführende Vers eine Aufforderung, die Motivation zu überprüfen, mit der man an diese Praxis herangeht.

»Buddhismus ist ein zweischneidiges Schwert, Weisheit und Mitgefühl«, lautet der Ausspruch eines japanischen Zen-Meisters[29]. »Halte beide Seiten scharf. Nehme es mit, wohin du auch gehst, und es wird nichts geben, dem du nicht mit tiefer Freude begegnen kannst.« Dieses poetische Bild inspirierte mich, die derart bewaffneten Erwachten aller Zeiten als die wahren Sieger zu sehen. Unter Sieger verstand ich: Man hat sich allen Impulsen von Begierde, Aggression und Ignoranz gestellt, hat nie aufgegeben, hat sich nicht kleinkriegen lassen, man war mutig und voller Zuversicht und Vertrauen und ging schließlich in Glanz und Glorie aus allen Anfechtungen und Schwierigkeiten hervor. So dachte ich mir das. Rilkes Spruch »Wer spricht von Siegen? Überstehn ist alles!« zitierte ich danach nur noch mit heiterem Sarkasmus.

Was für ein beeindruckender Gedanke, aus dem Tagtraum dieses Lebens aufwachen zu können. Sieger zu sein über die Dunkelheit der Irrungen und Wirrungen. Welch wunderbare Aussicht! Der Buddha und viele in seiner Nachfolge hatten es geschafft. Ich konnte es auch schaffen, aber dazu brauchte ich Hilfe. Deshalb hatte ich Zuflucht genommen.

Bodhicitta wachrufen

Im nächsten Vers wird Bodhicitta angesprochen, meistens übersetzt als »Erleuchtungsgeist«. Gemeint ist das offene Herz, die altruistische Haltung eines tiefen Mitgefühls mit allen Wesen und der Wunsch, allen zu helfen. Ohne diese Geisteshaltung gibt es keinen Sieg über die Macht des Egos. »Spirituelle Einkaufsbummler«, wie der Lehrer es nannte, machen sich nicht die Mühe, die nötig ist, um diese altruistische Haltung, das offene Herz zu entwickeln.

Das offene Herz basiert auf Großzügigkeit. Unter Großzügigkeit hatte ich zunächst verstanden, anderen etwas zu schenken, zu spenden oder zur Verfügung zu stellen, Dinge oder Geld oder auch meine Zeit und meine Bereitschaft, nett zu sein, selbst wenn mir nicht danach zumute war. Doch das, so lernte ich, ist nur die ganz gewöhnliche Großzügigkeit. Als zweite Art der Großzügigkeit nannte mein Lehrer das »Geschenk der Furchtlosigkeit«. Das bedeutete, mich in die Not anderer tief einzufühlen, auch wenn dieses Mitempfinden mit einem großen Schmerz oder mit der Verzweiflung in einer völlig verfahrenen Lage sehr negative Gefühle in mir auslöste. Es bedeutete auch, andere in der richtigen Weise trösten zu können, ohne jedes Konzept, in ganz offener, unmittelbarer Berührung mit der Situation ...

Der Lehrer sprach von relativem und absolutem Bodhicitta und erklärte es so: Wenn wir uns zu einer Reise entschließen und das Ticket kaufen, entspricht das dem relativen Bodhicitta und dem Bodhisattva-Gelübde; die Reise selbst, das Annähern an das Ziel, entspricht dem absoluten Bodhicitta. Er nannte noch eine dritte Art der Großzügigkeit: Den Dharma, den wir selbst praktizieren, in aller Aufrichtigkeit mit anderen zu teilen. Diese dritte Art erschreckte mich ebenso sehr, wie sie mich anzog. So eine große Aufgabe! Und zwar nicht erst, wenn man sozusagen fertig ausgebildet ist und das Zertifikat in der Tasche hat, sondern dann, wenn der Lehrer es erlaubt oder gar herausfordert. Mein erster Lehrer ermutigte seine Schüler und ganz ausdrücklich auch die Frauen, den Mut aufzubringen, die empfangenen Lehren und die Inspiration, die ihnen die Lehren vermittelten, mit anderen zu teilen.

Ich bringe meine Huldigung dar
und strebe nach der Verwirklichung der Lamas (Lehrer) und der drei kostbarsten Juwelen.
Gewährt Eure Macht, so dass mein Sein verwandelt werden möge.
Um aller Wesen willen möchte ich die Buddhaschaft erlangen.
Deshalb will ich die Meditation praktizieren
und das Mantra der Arya Tara rezitieren.

Wie ich inzwischen wusste, gehört zur Grundausrüstung der buddhistischen Praxis, die Motivation immer wieder zu überprüfen. Und das zentrale Thema der Motivation, die Buddhaschaft zu erlangen, beinhaltet – einfach zusammengefasst –, sich aus dem Kokon des Egos zu befreien. Also sollte ich mir vor Augen halten: Jedes Wesen hat ebenso wie ich Sehnsucht nach Glück! Also werde ich, wenn ich mir die Tara-Praxis vornehme, immer wieder daran erinnert, dass es dabei nicht nur um mich und meine »Erleuchtung«, mein eigenes Glück geht, sondern darum, die Trennung zwischen meinem Ich und anderen aufzuheben. Wie könnte die Erfahrung von Einheit sonst möglich sein?

Dass sich mein Bewusstsein in ganz unerwarteten Situationen für eine Annäherung öffnen konnte, erlebte ich in einem Retreat in einem Nonnenkloster in den Vorbergen des Himalaya[30]. Mein kleines Retreatzimmer hatte einen Holzboden und ein großes Fenster, das Mobiliar bestand aus einer Matratze, einem kleinen Kasten für den Schrein und einer ziemlich abgetakelten kleinen Tischlampe. Außerdem gab es meinen Schlafsack, ein Kissen und meinen Koffer in einer Ecke.

Eines Nachts wachte ich auf und schaltete die Lampe an. Da sah ich, dass sich im Dunkel ein vielfältiges Leben an der weiß getünchten Wand entfaltet hatte: Kleine Tausendfüßler, Spinnen, Käfer und anderes subtropisches Getier gingen ihren lautlosen Angelegenheiten nach. Tagsüber lebten sie ungesehen zwischen und unter den Holzbohlen und in den Wandritzen, doch die Nacht war ihre Zeit. Anstatt Ekel zu empfinden, begrüßte ich sie unwillkürlich mit einem Gefühl großer Zuneigung. Sie waren meine Gefährten, ungeachtet ihres Aussehens, ein jedes vollkommen in seiner Art, und ebenso wie ich mit dem Bedürfnis nach Leben ausgestattet. Irgendwie nicht weniger »richtig« als ich. Es war eine seltsame Freude, ein warmes, lebendiges und sehr einfaches Glücksgefühl. Ich schaltete das Licht wieder aus und sagte meinen blinden Passagieren gute Nacht. *Basic goodness*, dachte ich. So hatte mein erster Lehrer die Basis genannt, die allem, nicht nur meinem eigenen Geist, zugrunde liegt, »grundlegend gut«.

Dass mit der Überwindung der Trennung von Ich und Anderen außer Menschen auch Tiere gemeint sind, klingt für viele westliche Menschen heute nicht mehr völlig fremd. Schwieriger ist es, was unsichtbare Wesen, Geistwesen aller Art betrifft, Naturgeister, die herumwandernden Geister Verstorbener, die sich nicht von der vertrauten Welt der Materie lösen können, langlebige Geistwesen wie etwa Planetengötter und Bewohner höherer Welten und nicht zuletzt auch Wesen der Unterwelten. Um mir vorzustellen, dass sie allesamt als »die Anderen« zu verstehen sind, also als Teil der dualistischen Welt, hatte ich einen großen Kultursprung machen müssen.

Wenn in der ersten Strophe von den »unzähligen Wesen der drei Bereiche« die Rede ist, bezieht sich das nicht nur auf den materiellen Bereich, in dem wir jetzt leben – »Bereich der Begierde« –, sondern ebenso auf den »Bereich der Form«, in dem sich die nicht materiellen Wesen aufhalten, einschließlich der Götter, die Form besitzen, und auf den »formlosen Bereich« der Götter verschiedener Klassen ohne Form. Diese drei Bereiche sind Welten, in denen Dualität in verschiedenen Subtilitätsgraden herrscht, und deshalb streben alle Wesen der drei Welten letztlich nach dem nicht bedingten Glück der Einheit. Gerade so wie ich.

In allen alten Kulturen wird die Welt nicht sichtbarer Wesenheiten, der niedrigen und hohen, guten und gar nicht guten, als selbstverständlich miteinbezogen. Nur das materialistische Weltbild mit seiner rationalen Dominanz negiert sie. Eine kreative Wiederverzauberung der Welt, so dringend nötig sie wäre zur Heilung der geistigen Verarmung, kann sich gegen die Diktatur der Zahlen nicht durchsetzen. Ich halte den Verlust dieses intuitiven Wissens für zutiefst lebensfeindlich und zerstörerisch.

Das dreiteilige Kernstück des Buddhismus, »Die drei kostbaren Juwelen« (Buddha, der Lehrer, Dharma, die Lehre, und Sangha, die Gemeinschaft), beginnt mit Buddha, dem Lehrer – und von ihm ausgehend, setzte sich das fort. Wissen muss weitergegeben werden, und je mehr ein Lehrer sich bemüht, das Wissen, das er vermitteln soll, aus der Tiefe seines Verständnisses weiterzugeben, desto besser wird es den Schüler erreichen. In den traditionellen Texten heißt es so schön, man solle »um aller Wesen willen« den Dharma praktizieren. Was bedeutet das genau?

Es war sehr wichtig, dass ich lernte, die Anweisungen zur Motivation sehr persönlich zu nehmen. »Alle Wesen« begannen morgens mit dem ersten Menschen, dem ich begegnete. Eine Haltung der Freundlichkeit, ein offenes Herz dem anderen Wesen gegenüber war von größter Wichtigkeit – es war der große Unterschied zur gewöhnlichen, selbstbezogenen Einstellung. Das war die Richtung, in die das Streben gehen sollte – Bodhicitta wachzurufen. Anders lässt sich das Sein nicht verwandeln.

Es gibt eine Geschichte von Avalokiteshvara, dem männlichen Bodhisattva des Mitgefühls, die mich sehr beeindruckte, vielleicht weil sie meinem linearen, stur zielorientierten Denken einen ordentlichen Stoß versetzte:

Eines Tages eilte der Bodhisattva zu Amitabha, dem Buddha, dessen Emanation er war und in dessen Auftrag er handelte, und schon von Weitem rief er außer Atem: »Sie sind alle befreit! Es ist vollbracht! Alle Wesen sind befreit!«

Amitabha blickte ihn liebevoll an und sagte: »Dreh dich mal um!« Avalokiteshvara drehte sich um und sah hinter sich eine unüberschaubare Menge von leidenden Wesen. Das Mitgefühl überfiel ihn mit aller Macht, und es wuchsen ihm 1000 Arme, um jedem Wesen in der ihm entsprechenden Weise helfen zu können, und zwar wirklich selbstlos, also ohne nach einem Endergebnis zu schielen.

Dementsprechend fordert dieser Vers des Praxistextes dazu auf, die Sache wirklich ernst zu nehmen. Jeden einzelnen Menschen und jedes Tier soll ich vom Standpunkt des Bodhisattva ernst nehmen, und sei es eine Stechmücke. Das führt möglicherweise zum völligen Verzicht, einer attackierenden Stechmücke nach Schlaf raubender Quälerei den Garaus zu machen, stattdessen aufzustehen und zu versuchen, sie in einem Glas zu fangen – was nicht weniger schlafraubend sein muss.

Gaben verwandeln

Dieser Vers wendet sich an die Gabe der Fantasie und erinnert an den schönen indischen Brauch, verehrte Gäste in angemessener Weise zu empfangen, zu bewirten und ihnen alles so angenehm zu bereiten wie nur möglich. Im Hinduismus ist das Bewirten der Götter mit den besten und schmackhaftesten Nahrungsmitteln bis heute ein sehr wichtiger Bestandteil der Rituale und wurde in die buddhistische Praxis mit aufgenommen. Dieses Anbieten der Fülle vermittelt zugleich ein Gefühl für den Reichtum des Seins als Ausdruck des unendlichen Reichtums der Natur des Geistes, beschrieben als »durch nichts bedingtes Glück«.

OM – alle Phänomene sind in sich rein.
Jegliche Existenz ist von Natur aus rein – HAM.
Alles wird leer.
Aus der Leerheit erscheint OM und verwandelt sich in große, juwelengeschmückte Schalen voller göttlicher Substanzen:
Wasser für das Gesicht, Wasser für die Füße, Blumen, Weihrauch, Butterlampen, Wohlgerüche, Nahrung, Musik.
Und all dies erzeugt unerschöpfliche Glückseligkeit,
gleich dem grenzenlosen Himmel – unbefleckt, klar und hell.

Die mantrische Silbe OM ist ziemlich bekannt, sei es als Auftakt vieler Mantras – wie des berühmtesten tibetischen Mantras des Mitgefühls OM MANI PADME HUM – oder auch aus Varianten der Esoterikszene. Ein Mantra ist ein symbolisches Wortgebilde, es ist der Klang, die Schwingung, die ihm seine Bedeutung gibt. HAM ist ebenfalls ein mantrischer Laut, eine Urkeimsilbe oder Urschwingung, Ausdruck ursprünglicher Weisheit. Die Mantras sind Aspekte der Urschwingung und spielen vor allem in der Praxis des buddhistischen Tantra eine wichtige Rolle.

Tatsächlich steht OM für die universelle Weisheit des Geistes, jene Weisheit, die »erkennt, dass alle Phänomene nichts anderes sind als die Natur des Geistes«. Ich fand diese Formulierung sehr schön, aber es fiel mir schwer, sie zu verstehen. Wie sollte ich mir vorstellen, dass die Existenz von Natur aus rein ist, also gar keine Eigenschaften hat, nichts, das benannt werden könnte? Nicht denkbar, aber wahrnehmbar?

Mein erster Lehrer fand Begriffe, die mir das Verständnis erleichterten. Er sprach, wie gesagt, von *basic goodness,* grundlegender Gutheit, grundlegendem Gutsein. Das bedeutet, dass alles – alle Dinge, alle Wesen einschließlich meiner selbst, alle Phänomene – gut ist, in einer grundlegenden Weise vollkommen. Und er sprach von *basic sanity*, grundlegender geistiger Gesundheit, ein seiner Natur nach völlig klares, offenes Bewusstsein, die vollkommene Einheit von Intellekt und Intuition, Weisheit und Mitgefühl. Mit dieser grundlegenden geistigen Gesundheit wird jeder Mensch geboren, erklären die Lehren. Sie ist unzerstörbar, primär, alles Störende ist sekundär. Tara konnte ich als meine grundlegende geistige Gesundheit verstehen, und mit ihr alle 21 Taras; genau genommen sind alle Meditationsgottheiten in all ihren unterschiedlichen Erscheinungsformen Ausdruck der ursprünglichen geistigen Gesundheit.

Die Gaben, die in diesem Vers der Tara-Rezitation für den erwarteten hohen Gast aufgetischt werden, erscheinen aus dem Raum, dem Raum ohne Eigenschaften – so ist »leer« gemeint. Es sind »göttliche Substanzen«, also unberührt vom urteilenden Denken, aber sie haben zugleich allgemeine symbolische Bedeutungen. Wasser steht für Reinigung. Dass man Wasser auch für die Füße brauchte, ist verständlich in einem Land wie Indien, in dem man keine Socken trug und schnell staubige Füße bekam. Die Tibeter, die sich selten dazu genötigt sahen, die Füße zu waschen, schien dieser Passus jedoch nicht gestört zu haben. Blumen bedeuten Schönheit, Weihrauch bedeutet Heilmittel, Butterlampen bedeuten Licht, Wohlgerüche weisen auf Sinnesfreude hin, Nahrung auf Lebenskraft und Musik auf heilende Schwingungen.

Dass von unerschöpflicher Glückseligkeit die Rede ist, die durch diese Gaben erzeugt wird, weist darauf hin, dass es sich hierbei um ein Glücklichsein ohne Anhaftung handelt, sozusagen wunschlos glücklich. Dieser Gedanke gefiel mir, und es machte mir Freude, meinen Schrein mit dieser Vorstellung herzurichten.

Tara kreieren

Der nächste Vers beschreibt, wie man aus dem vorstellungsfreien Raum heraus die bildliche Vorstellung der Tara gestaltet, etwa so, als würde man sie im Geist auf eine vollkommen unberührte Leinwand malen. Am besten nimmt man zunächst ein Bild der Tara und schaut es sich genau an. All die kleinen Details, die im Text genannt werden, enthalten wichtige Aussagen über Taras Eigenschaften und Fähigkeiten.

OM – alle Phänomene sind in sich rein.
Jegliche Existenz ist von Natur aus leer – HAM
Alles wird leer.
Aus der Leerheit entsteht die Silbe A auf dem Lotossitz.
Das A verwandelt sich in eine Mondscheibe mit der grünen Silbe TAM in ihrer Mitte.
Diese verwandelt sich in einen Utpala-Lotos mit der Silbe TAM darauf.
Aus dem TAM entsteht das Bild der Arya Tara.
Ihr Körper ist grün, und sie hat ein Gesicht und zwei Hände.
Ihre rechte Hand formt die Mudra des Gewährens von Siddhis.
Ihre linke Hand hält auf der Höhe des Herzens den Stiel des Utpala-Lotos.
Sie sitzt im Halblotos, das linke Bein herangezogen, das rechte halb gestreckt.
Ihr Gesicht strahlt Frieden und Schönheit aus.
Sie ist mit Seide und Juwelen geschmückt.
In ihrem Scheitel-Chakra ist das weiße OM.
In ihrem Kehl-Chakra ist das rote AH.
In ihrem Herz-Chakra ist das blaue HUM.
Vom HUM in ihrem Herzen strömt Licht zum Potala und lädt die Edle Arya Tara mit ihrem Gefolge ein, am Himmel vor uns zu erscheinen.

Die Silbe A, der Urlaut des Universums, des Raums, in dem sich Existenz entfaltet, erscheint auf dem Lotussitz, dem Thron aller Buddhas. Ich empfinde dieses A als eine großartige Bejahung der Existenz, meines Lebens und der Welt, und es verweist damit auf all die geeigneten Mittel zur spirituellen Entwicklung, die dieses Leben mir bietet.

Tarab Tulku, mein dritter Lehrer, regte uns Schüler an, das A zu singen und sich auf die Energiequalität des A einzulassen. Nachdem die Hürde genommen war, unbedingt ein schön klingendes A singen zu wollen, und das Atmen sich auf natürliche Weise mit der Stimme verband – das brauchte ein wenig Zeit und Übung –, konnte sich in mir eine Art von A-Erfahrung entfalten. Es war eine Erfahrung von Weite, Raum, Sein, ganz ursprünglich und zutiefst »richtig«. Ein großes Öffnen. In diesem A-Raum verwehte alles Enge, Kleine, Traurige, und die Kette der diskursiven Gedanken verlor sich in einem geräumigen Zustand des Vertrauens. Diese Erfahrung war natürlich nicht auf Wunsch wiederholbar; sie hing davon ab, ob ich sie geschehen lassen konnte oder nicht. Manchmal konnte ich sie geschehen lassen. Das gemeinsame A-Singen unterstützte diesen Prozess, wenn sich alle auf einen harmonischen Zusammenklang einsingen konnten und ihren Stimmen einen natürlichen Klang erlaubten.

Dann beschreibt der Text, dass sich das A in eine Mondscheibe verwandelt. Das Mondlicht ist sanft, kühlend und klar und steht für ein grenzenloses, beseligendes Glücklichsein. In der vedischen Astrologie spielt der Mond eine besonders große Rolle, sogar noch vor der Sonne, denn er ist mit dem Gefühl und der Intuition, dem Bereich von Liebe und mitfühlender Zuwendung verbunden. Taras chinesisches Pendant, Kuan Yin, wird häufig innerhalb einer Mondscheibe dargestellt.

Die Silbe TAM ist der Urklang des inneren Einsseins aller Wesen. Dies ist das Universum in Taras leuchtender Wirklichkeit, alle Wesen grenzenlos glückselig in der Erkenntnis ihres Einsseins.

Das Grün der Tara ist die Farbe der erwachten oder erleuchteten Aktivität – aktives, intelligentes Mitgefühl, verbunden mit

Furchtlosigkeit und Mut. Dieses Grün ist keine Farbe im gewöhnlichen Sinn. Der wolkenlose Himmel ist blau, doch dieses Blau ist nicht einfach Farbe, sondern hat unendliche Tiefe. Es ist Licht. Tara besteht, wie es heißt, aus Regenbogenlicht. Ein Regenbogen kann trotz seiner Flüchtigkeit ganz deutlich am Himmel erscheinen, so greifbar deutlich, dass Märchen vom Ende des Regenbogens, wo er die Erde berührt, erzählen. In dieser Weise kann man Tara vor dem inneren Auge entstehen lassen, goldgrün, etwa so wie das Licht des jungen Grüns der Bäume und Büsche an einem Morgen im Mai. Für mich verbindet sich dieses goldene Grün der Natur mit der reinen Freude am Sein in den vielen Vogelstimmen, den jungen Blättern, dem duftenden Gras. Ein sinnlicher Hauch der Bedeutung des Begriffs »Offenes Herz«.

Die Erwähnung, dass Tara ein Gesicht und zwei Hände hat, könnte man als überflüssig betrachten; schließlich haben wir Menschen alle ein Gesicht und zwei Hände. Doch diese ausdrückliche Ähnlichkeit ihrer ikonografischen Gestalt mit unseren vertrauten Vorstellungen (es gibt auch vielgestaltige tantrische Meditationsgottheiten) macht es leicht, sie als nah und leicht zugänglich zu empfinden wie eine Mutter, Schwester, Freundin. Und zugleich ist sie dennoch auch die mächtige, beschützende Gottheit.

Die grüne Tara, obwohl zur obersten Liga, zu den Buddhas gehörend, nimmt in ihrer Erscheinung als sitzende Form nicht den erwarteten Lotossitz der Buddhas mit ordentlich gekreuzten Beinen ein, sondern ruht scheinbar leger auf ihrem Lotosthron. Das ist auffallend und hat bedeutungsvollen symbolischen Gehalt, ebenso wie die anmutige Gestik der Hände. Sie sitzt tatsächlich so, als würde sie im nächsten Augenblick aufspringen, allzeit bereit zu helfen und zu beschützen. Diese Körperhaltung hat mich, als ich Tara zum ersten Mal sah, in all meiner Unwissenheit augenblicklich für sie eingenommen. Es brachte sie mir unmittelbar nah, sprach ein tiefes Bedürfnis an, beschützt zu sein, nicht ausgeliefert, nicht isoliert, von einer Kraft begleitet, die immer und jederzeit bereit ist, zu mir zu stehen. Zugegeben, das war ein kindliches Bedürfnis, aber dies anzuerkennen öffnet das Bewusstsein für die natürliche Sehnsucht nach spiritueller Entwicklung, den »ersten Funken der Erleuchtung«.

Tara ist personifiziertes aktives Mitgefühl. Dabei kommen zwei Aspekte zusammen. Der Sanskritbegriff *Maitri* ist das ganz persönliche Mitgefühl, die liebevolle Zuwendung. *Karuna* hingegen wird definiert als höchste Form von intelligentem mitfühlendem Berührtsein, das zum mutig helfenden Handeln drängt, ohne dass Dank erwartet wird. Zugleich beinhaltet Karuna auch Mitfreude, das unwillkürlich beglückte Teilhaben an der glücklichen Erfahrung anderer Wesen.

Es geht hier um eine grundlegende innere Verfassung, um ein zutiefst natürliches Einfühlungsvermögen, verbunden mit aktiver Zuwendung. Um diese Art von authentischem aktivem Mitgefühl zu verdeutlichen, wird in der buddhistischen Tradition oft die Verbindung einer Mutter mit ihrem Baby genannt. Wenn das Baby schreit, denkt die Mutter nicht darüber nach, ob sie als gute Mutter jetzt der Aufgabe nachkommen müsse, sich um das Baby zu kümmern, vielmehr ist sie bereits aufgesprungen und beim Baby, bevor sie einen Gedanken fassen konnte. Das ist die Qualität dessen, was »nichtkonzeptionelles Mitgefühl« genannt wird.

Zugleich ist dieses authentische Mitgefühl voller Intelligenz, d.h. verbunden mit der Fähigkeit zu unterscheiden. Ich erinnere mich noch gut an meine Großmutter, die sich oft veranlasst sah, beleidigt zu sagen: »Aber ich habe es doch nur gut gemeint!«

Ich zweifle nicht daran, dass sie ein guter Mensch sein wollte. Sie hatte es tatsächlich gut gemeint, aber es war eben nur ihre persönliche Meinung, ihr Konzept davon, was gut für andere sei. Dieses Konzept passte oft nicht; es stellte sich zwischen sie und die tatsächliche Realität der Situation. Leider war sie angesichts ihrer sichtbaren Misserfolge lediglich verärgert, anstatt über dieses Phänomen nachzudenken. So verpuffte der Anteil ihrer natürlichen Gutherzigkeit ohne die steuernde Intelligenz. Mein erster Lehrer nannte das anschaulich »idiotisches Mitgefühl«.

Zudem ist Taras Mitgefühl mit Furchtlosigkeit verbunden. Auch hierin ist das Mutterprinzip zu sehen. Instinktiv verteidigt die Mutter ihr Kind gegen jede Gefahr. So tief in der Natur verwurzelt ist dieser Mutterinstinkt, dass sogar manchmal eine Tiermutter ein Tierkind einer anderen Spezies adoptiert.

Die Körperhaltung Taras hat noch weitere Bedeutungen. Ihr rechtes Bein ruht in der Lotoshaltung, ihr linkes Bein ist so gebeugt, als erhebe sie sich gerade aus dem traditionellen Lotossitz der Meditation. Mit dem ruhenden Bein wird die Qualität des meditativen Zustands ausgedrückt, frei von allen störenden Emotionen zu verweilen. Das vorgestreckte Bein hingegen weist auf ihre stets bereite Aktivität hin. Völlig frei von den Unvollkommenheiten, dem Gefangensein in den alltäglichen Illusionen von Haben-wollen und Vermeiden-wollen (der Zustand, der als *Samsara* bezeichnet wird), bleibt sie dennoch da, um denjenigen zu helfen, die leiden und sie rufen.

Auch die Handhaltung ist von Bedeutung, weshalb man spezielle Handhaltungen als *Mudra*, symbolische Gesten, bezeichnet. Tara streckt ihre rechte Hand mit geöffneter Handfläche aus, Daumen und Zeigefinger berühren sich fast. Das ist die Geste des Gebens, der immerwährenden Bereitschaft zu geben, ohne jemals etwas dafür zu verlangen. Mit dieser Mudra des Gebens wird auch angedeutet, dass Tara außergewöhnliche Fähigkeiten, *Siddhi*, gewährt. Als ich mehr über die Siddhis lernte, war ich überaus beeindruckt. Dass die subtilste dieser besonderen Fähigkeiten in der vollkommenen Verwirklichung der Natur des Geistes besteht, hätte ich mir denken können, da Tara ja die Natur des Geistes ist, wie immer ich mir das vorstellte. Aber dass sie auch weltliche Siddhis zu geben hat, wie Hellsehen, Hellhören, die Fähigkeit zu fliegen, sich unsichtbar zu machen, nicht zu altern, Transmutation und die Kontrolle über den Körper und die Außenwelt, sprengte mein Bild dessen, was Realität ist.

Ich hörte und las aktuelle Geschichten von Mönchen und Yogis, die levitierten und durch Wände gingen, und sah sogar selbst einmal einem tibetischen Healing Lama, einem buddhistischen Schamanen, bei der Entfernung eines Gallensteins zu, ohne dass die Patientin dabei im Geringsten verletzt wurde.[31] Es gab Geschichten von fliegenden Nonnen und Mönchen und von Praktizierenden, die nach ihrem Tod außer Haaren und Nägeln nur Regenbogenlicht hinterließen. Ein von materialistischem Denken geprägter Mensch betrachtet solche Berichte als Märchen und völlig unmöglich. Aber ich fragte mich zumindest, ob es nicht sinnvoller wäre, dem scheinbar Unmöglichen – unmöglich nach den Maßstäben einer kollektiv übereinstimmenden Realitätsvorstellung – mehr Raum im Bewusstsein zu geben.

»Je mehr eine Kultur begreift, dass ihr aktuelles Weltbild eine Fiktion ist, desto höher ist ihr wissenschaftliches Niveau«, sagte Albert Einstein. Dieses Thema sollte mich lange Zeit beschäftigen.

Taras linke Hand hält in der Höhe des Herzens den Stiel einer Lotosblüte. Die Lotosblüte ist ein sattsam bekanntes Symbol, schmückt Buchumschläge, Batiktücher oder Servietten. In dieser exotischen Vermarktung kann ihre Bedeutung allzu leicht untergehen. Schade darum, denn diese Bedeutung ist sehr tiefgründig. Die Lotospflanze wurzelt im Wasser, genauer gesagt am Boden im Schlamm. An langen Stängeln wächst sie zur Wasseroberfläche empor, und ganz unberührt vom Schlamm öffnet sich ihre wunderschöne Blüte im Freien unter der Sonne. Das ist ein anschauliches Symbol für die reine Essenz unseres Geistes, die sich im Prozess der spirituellen Entwicklung entfalten kann. Ihren Ursprung hat sie im alltäglichen Bewusstsein mit all seinen Meinungen, Behauptungen, Glaubenssätzen, aufgeregten Emotionen, Irrungen und Wirrungen, zu vergleichen mit dem schlammigen Grund eines Sees, wo man nicht gerade viel, genau genommen so gut wie gar nichts sieht. Mit zunehmender Schulung und Praxis klärt sich das Bewusstsein immer mehr, und schließlich taucht es auf aus dem Dies-und-Das und erreicht den freien Raum der vollkommenen Einheit jenseits aller Dualität.

Auch die Finger der Hand, die den Stiel des Lotos hält, bilden eine symbolische Geste: Ringfinger und Daumen berühren sich in der Mudra der Zuflucht. Damit drücken sie die beiden grundlegenden Aspekte des Dharma aus: Weisheit und Mitgefühl, in tantrischer Version »Wissen und Methode«. Als »Methode« sind all die verschiedenen geeigneten Mittel zusammengefasst, deren Kern allumfassendes aktives Mitgefühl ist.

Nun ist das Bild der Tara, der Gottheit mit ihrem Körper aus Licht, fast fertig. Um ihre vollkommenen Eigenschaften noch deutlicher zu machen, werden ihre drei wichtigsten Energiezentren mit Keimsilben versehen, dem weißem OM im Kopf, dem roten A im Bereich der Kehle und dem blauen HUM im Herzzentrum in der Brustmitte.

Das HUM ist der Klang, die Schwingung der Verwirklichung, und weist auf den Prozess hin, der zur Befreiung führt. Es ist diese Schwingung, die mit ihren Lichtstrahlen die lebendige Tara-Energie einlädt.

Anrufung

Ich bitte Tara und ihr Gefolge,
den wunderbaren Potala, der aus der Silbe TAM entstanden ist –
dem TAM, das die Wesen befreit –
zu verlassen und eins zu werden mit meinem Bild der Tara.

Als ich den Praxis-Text zum ersten Mal las, war ich beeindruckt, dass das kreierte symbolische Bild und sein subtiler Inhalt getrennt voneinander auftraten. Der Inhalt, die wirkliche Tara, ist dementsprechend auch viel komplexer als meine Vorstellung. Sie erscheint nicht vereinzelt, wie es dem zunächst geschaffenen Bild entspräche, sondern mit einem nicht näher beschriebenen Gefolge. Ihre Wirklichkeit ist nicht einzeln, denn sie ist alle ihre Aspekte, alle ihre Qualitäten, sie ist 21 und noch viel mehr Taras und Dakinis, alle möglichen Erscheinungsformen der Tara-Weisheitsqualität.

Die einzelne, einmalige Tara entspricht der vertrauten Betrachtungsweise von Tara als ein Du, die relative, pädagogische Wahrheit. Die Nicht-Etwas-Tara, wie alle Nicht-Etwas-Taras, ist die tatsächliche Wahrheit. In dieser Weise umkreiste ich das Phänomen. Aber das änderte nichts daran, dass ich die Nicht-Etwas-Tara dennoch als »meine« Tara empfand.

Ein weiser Lehrer[32] erklärte: »Diese geistige Kreation ist nicht nutzlos. Als eine Spiegelung des *Körpers der Freude* ist diese geistige Kreation mit Tara verbunden und ermöglicht uns die Annäherung.«

Tara muss explizit gerufen werden. Bittet man sie nicht herbei, kann sie nicht da sein – obwohl sie immer da ist. Doch nur auf diese Weise kann sich das Bewusstsein für sie öffnen und Beziehung aufnehmen. Aufrichtig Beziehung aufzunehmen ist eine Herzensangelegenheit, selbst wenn man zunächst nur zu einem Vertrauensvorschuss in der Lage ist. Vertrauen kann man nicht machen, doch man kann Voraussetzungen dafür schaffen.

Mein erster Lehrer sagte: »Das Gefühl des Vertrauens kommt von nirgendwo her. Es kommt einfach. Es ist ein plötzlicher Funke mit einer sehr gesunden Färbung ... Es sieht so aus, dass unser Lernprozess ganz und gar darauf basiert, dass wir uns auf diesen Funken des Vertrauens einlassen.« Wir sollten uns nicht darauf festlegen, dass das eine spirituelle Angelegenheit sei, sagte er, denn es würde alles umfassen, spirituell und weltlich.

Wir leben in einer gesellschaftlichen Situation, in der Vertrauen keinen hohen Stellenwert hat. Stattdessen regieren bewusste und unterbewusste Angst. Deshalb ist es nötig, alle geeigneten Mittel einzusetzen, um die Vertrauensbildung zu unterstützen. Der Wunsch, mit einer schützenden und helfenden Kraft Beziehung aufzunehmen, indem man bittet und dankt, aktiviert ein natürliches Mittel. Zu wissen, dass dies eine noch nicht besonders hohe spirituelle Ebene der Beziehung ist, bildet kein Hindernis. Im Gegenteil, es lässt der erwartungsvollen Möglichkeit Raum, nach und nach zu subtileren Ebenen zu reifen.

Die Erscheinungsform der wahren Tara wird »Körper der Freude« oder auch »Körper des Entzückens«, Sanskrit *Samboga-kaya*, genannt, denn es ist die Freude des erwachenden Geistes, die Tara erscheinen lässt. Als ich begann, dies immer mehr zu begreifen, stellte sich damit tatsächlich auch eine Freude besonderer Art ein. Es war einfach beglückend, an Tara zu denken.

Allerdings gilt dies auch für die anderen Meditationsgottheiten, mit denen ich Verbindung hatte, denn wie der zitierte weise Lehrer sagte: »Diese Vielzahl der Angebote ist ein Mittel gegen unsere starke Tendenz, an die Realität der Phänomene zu glauben, *wie wir sie wahrnehmen.*«

Natürlich erlebe ich mich und alle anderen tagtäglich als getrennte Individuen, ob ich will oder nicht. Dies als brauchbares Mittel der Annäherung anzubieten, gehört zur »pädagogischen Wahrheit« des Dharma. Aber ja, dachte ich, mittendrin in dieser Art von Wahrheit lebe ich, sehe mich als Ich und die anderen als Andere, und auch alles, was existiert, als das Andere; das ist nun mal so, jedenfalls jetzt, aber dennoch will ich dorthin in meinem Geist, wo die nicht pädagogische, nicht trennende, glückselige tatsächliche Wahrheit herrscht. Wie liebevoll von den Buddhas, bzw. dem in diesem Zeitalter residierenden Buddha Shakyamuni und damit meinen meisterlichen Lehrern, dass sie mir trotz dieser Enge meines Geistes den Zugang zur wahren Tara ermöglichten.

Nach all diesen Vorbereitungen kann Tara eingeladen werden, und sie verlässt ihr Zuhause, den Palast Potala. Das ist natürlich ein geistiger Palast, erinnert mich jedoch an den ersten Eindruck, den ich in Lhasa vom Potala, dem materiellen einstigen Wohnsitz der Dalai-Lamas, hatte. Von fern sieht man die träumenden goldenen Dächer des riesigen Palasts mit den 1000 Räumen, der auf einem Hügel das ganze Flusstal und die Stadt Lhasa überragt, als schwebe er über all der Emsigkeit und dem Gewühle.

Zu seinen Füßen lag früher einmal, bevor die Chinesen ihn zuschütteten und eine riesige Disco darauf erstellten, ein kleiner See, aus dem er sich zu erheben schien, in schöner Analogie zum Lotos.

Aus ihrem Lichtpalast, der sich aus der Silbe TAM entfaltet hat, kommt Tara, und um sie herum ist alles erfüllt von ihrem Gefolge, das man sich als einen Himmel voller Taras und Dakinis vorstellen kann. Die Silbe TAM hat die Bedeutung des Einsseins. Sie sagt aus, dass alles, was sichtbar wird, nichts Getrenntes ist, sondern Ausdruck der innewohnenden Einheit.

Hat sich die wahre Licht-Tara im kreierten Tara-Bild niedergelassen, kann ein Gefühl der Präsenz Taras entstehen. Ich lernte, dass es wichtiger ist, diese Präsenz entstehen zu lassen, als ein exaktes Bild der Tara im Innern zu sehen. Wenn wir an einen Menschen denken, der uns sehr nahesteht, entsteht ein Bild von diesem Menschen, und vielleicht treten bestimmte Merkmale hervor; aber hauptsächlich vergegenwärtigt man sich mit der Person auch die Beziehung. Deshalb mögen wir Fotos, weil sie dieses Vergegenwärtigen unterstützen.

Dieselbe Funktion ist aktiv, um die Wahrnehmung von Taras Präsenz möglich zu machen. Nur dass Tara eben aus Licht wie Regenbogenlicht besteht, eine leuchtende Präsenz voller Schönheit und Würde und zugleich liebevoller Zuwendung.

Ehrerbietung

Ich bringe der Mutter Tara meine Ehrerbietung dar,
ihr, die allen Wesen in Not Befreiung bringt,
zu deren Lotosfüßen die Götter und Halbgötter ihr Haupt neigen.
Edle Tara, voller Offenheit bringe ich Dir meine Ehrerbietung dar,
und ebenso allen Siegreichen und ihren Söhnen und Töchtern
in den zehn Richtungen und den drei Zeiten.

Nun ist sie wirklich anwesend, die wahre Tara, erfüllt das geschaffene Bild mit ihrer subtilen, strahlenden Energie, umringt von allen ebenfalls strahlenden Erscheinungsformen. Mit ihr ist auch die Tradition des Dharma herbeigekommen, ein großes, reiches Energiefeld des erwachten Geistes. Damit wuchs mein Verständnis für diese wunderbare Tradition, für Tradition überhaupt im Sinn des alten Spruchs: »Tradition ist nicht das Halten der Asche, sondern das Weitergeben der Flamme.«

Ich bin ohne jedes Gefühl für Tradition aufgewachsen. Die Tradition der Kirche war in meinen Augen eine Art Mumie, die durch Rituale aufrechterhalten wurde, und Augustinus, der mich wahrscheinlich interessiert hätte, war längst von der Scholastik verschluckt worden. Die Welt, die gerade zerstört worden war, musste neu aufgebaut werden, und »neu« war das Zauberwort, um das sich alles drehte. Deshalb hatte ich wenig über Tradition nachgedacht, höchstens gelegentlich mit einiger Wehmut eingedenk einer vergangenen Tradition des »Volkes der Dichter und Denker«. Doch was Tara mit sich brachte und verkörperte, war ein riesiger Schatz von Wissen und Inspiration, der, wie mir immer deutlicher wurde, das ganze Leben füllen kann.

Gaben darbringen

Ich bitte die erhabene Versammlung, nehmt Blumen, Weihrauch,
Butterlampen, Wohlgerüche, Nahrung und Musik an,
die ich euch im Geist und als Substanzen anbiete.
OM – ich bringe Arya Tara und ihrem Gefolge Vajra-Wasser für das Gesicht dar, SVAHA.
OM – ich bringe Arya Tara und ihrem Gefolge Vajra-Wasser für die Füße dar, SVAHA.

OM – ich bringe Arya Tara und ihrem Gefolge Vajra-Blumen dar, SVAHA.
OM – ich bringe Arya Tara und ihrem Gefolge Vajra-Weihrauch dar, SVAHA.
OM – ich bringe Arya Tara und ihrem Gefolge Vajra-Butterlampen dar, SVAHA.
OM – ich bringe Arya Tara und ihrem Gefolge Vajra-Wohlgerüche dar, SVAHA.
OM – ich bringe Arya Tara und ihrem Gefolge Vajra-Nahrung dar, SVAHA.
OM – ich bringe Arya Tara und ihrem Gefolge Vajra-Musik dar, SVAHA.

Das Darbringen der Gaben, die mit dem Gefühl ausgewählt wurden, das Allerbeste zu sein, das ich mir vorstellen konnte, hat zwei mögliche Ebenen. Die einfache Ebene ist die Einstellung, nicht an Gedanken und Gefühlen festzuhalten, die sich damit verbinden. Dieses Nichtfesthalten war ein kostbares Geschenk, das ich meiner inneren Tara machen konnte. Um das besser zu verstehen, braucht man nur an einen Gegenstand zu denken, an dem man besonders hängt, vielleicht ein Bild, eine Statue, ein Instrument, ein antikes Schmuckstück. Dann stellt man sich vor, diesen Gegenstand einer Person zu geben, von der man weiß, dass sie ihn haben möchte. Dabei kann man vielleicht den inneren Widerstand, das Festhalten, das dabei überwunden werden muss, geradezu körperlich spüren.

Es ist also das Auflösen von Abhängigkeit, tatsächlich das Überwinden allen Festhaltens an der Welt der Erscheinungen, das als angemessene Gabe für Tara dienen kann. Es ist ein Geben ohne die Erwartung einer Belohnung. Das ist Hingabe. Jeder Augenblick echter Hingabe ist ein Schritt näher zur Befreiung.

Die höhere Ebene, die dieser Text verschlüsselt mit dem Begriff *Vajra* anspricht, bedeutet, dass alles vollkommen ist. Die Dinge sind vollkommen. Die Handlung des Gebens ist vollkommen. Ich bin vollkommen. Diese Art von Hingabe überwindet den dualistischen Geist, trickst ihn aus, indem dualistische Abgrenzungen nicht mehr die Hauptrolle an sich reißen.

Hier stieß ich wieder deutlich an den entscheidenden Punkt, meine Identität, mein »Ich bin« – häufig gedacht als mein »Ich bin nicht gut genug« – nicht nur infrage zu stellen, sondern wenigstens für diesen Augenblick loszulassen. Das ist die Konsequenz aus den vorangegangenen Lehren und Praxismethoden, aus der Untersuchung des eigenen Geistes und dem Verständnis von Bodhicitta, dem Wissen um das nicht bedingte Glück des Nichtgetrenntseins und dem Entschluss, Einheit zu verwirklichen.

Diese Einsicht nährte immer wieder meinen Wunsch, mein Leben in einer Weise zu führen, die dem Dharma-Weg entsprach. Auf diese Weise wird Tara als ein Du nicht nur zur Helferin in allen Nöten, sondern zur Führerin auf dem gesamten Weg, denn das ist die Essenz all der Hilfe und Inspiration, die sie gibt.

Eingeständnis

Der entscheidende Punkt wird hier im Detail behandelt, um die Sache unmissverständlich deutlich zu machen.

> *Ich habe den aufrichtigen Wunsch, alles falsche Tun mit den Wurzeln auszurotten – die zehn unheilsamen und die fünf unsühnbaren Handlungen, die ich seit anfangsloser Zeit bis heute begangen habe, weil mein Geist von quälenden Emotionen beherrscht wurde.*

An den zehn »unheilsamen Handlungen«, die hier angesprochen werden, sind Körper, Rede und Geist beteiligt. Man spricht hier, wie gesagt, nicht von Geboten, sondern von Enthaltungen. Damit ist die eigene Entscheidung angesprochen. Enthalte ich mich, ist die kausale Wirkung letztlich die Befreiung des Geistes. Enthalte ich mich nicht, sabotiere ich diese Befreiung.

Auf der Körperebene sind zu vermeiden: Töten, Stehlen und sexueller Missbrauch. Auf der Ebene des Redens geht es um das Vermeiden von Lügen, Zwietracht säen, unnützem Geschwätz und verletzenden Worten. Auf der geistigen Ebene werden Probleme geschaffen in Form von Habsucht, Übelwollen, Boshaftigkeit und »falschen Sichtweisen«, unter denen Materialismus, Nihilismus und Ewigkeitsglaube verstanden werden, also an bestimmten fixierten Ansichten festzuhalten, die dazu dienen, eigene Vorgehensweisen und Zielsetzungen zu propagieren und zu rechtfertigen.

Mit dem Ansinnen, die diversen schädlichen Handlungen loszuwerden, ja gar mit der Wurzel auszurotten, konnte ich mich durchaus einverstanden erklären. Es ging ja darum, Gier, Aggression und Ignoranz, den Veranstaltern aller Probleme, grundsätzlich das Mandat zu entziehen. Es war eine klare Entscheidung: Enthalte ich mich nach Kräften, den negativen Impulsen zu folgen, reduziere ich meine Negativität und öffne mir damit den Weg aus der Gefangenschaft in mir selbst. Dieses Angebot konnte ich gut annehmen. Denn wenn eine Religion moralische Gebote mit Strafandrohungen verkündet, kann dies, wie ich selbst erlebte und auch gelegentlich beobachtete, allzu leicht zu einem militanten Verfechten aufgeblähter moralischer Ansprüche führen.

Was die Formulierung »unnützes Geschwätz« (manchmal auch mit »sinnlose Rede« übersetzt) betrifft, ist es im Detail wohl eine Frage der kulturellen Auslegung. Ich vermute, es ist vor allem das Vermeiden von gehässigem Klatsch und Tratsch gemeint, vielleicht auch das diskursive Geplapper, das aus dem Geist herausrinnt, als habe er ein Leck. Andererseits hat Smalltalk wohl eine gewisse Berechtigung als eine Art freundlichen »sozialen Lausens« der menschlichen Spezies, vor allem in unserer vorherrschenden Isolationsgesellschaft, und kann ein bewusster Akt der Zuwendung sein.

Dann wird auf fünf »unsühnbare« Handlungen hingewiesen, eine Übersetzung, die an das schaurige Konzept von ewiger Verdammnis denken lässt. Doch es wird so erklärt, dass das schlechte Karma, das man sich mit solchen Taten einbrockt, nicht in dieser jetzigen Lebenszeit durch Reue, Gutes tun, verschiedene Arten, Verdienste zu sammeln, und meditative Praxis getilgt werden kann, während das bei allen anderen Missetaten möglich ist. Diese unsühnbaren Taten sind Muttermord, Vatermord, Mord an einem buddhistischen Weisen, Spaltung eines Sangha und alle Aktionen, die zum Tod eines Buddha führen.

Den Hinweis, ich hätte alle diese Übeltaten seit anfangsloser Zeit begangen, fand ich zunächst schockierend. Als Bild fand ich ja die Idee, dass alle Wesen in meinen unzähligen früheren Leben irgendwann einmal meine Mütter waren (was ich mit der Vorstellung ergänzte, alle seien einmal meine Kinder gewesen, denn damit konnte ich emotional mehr anfangen), durchaus ansprechend. Auch dass man nicht nur ein einziges Leben hat, sondern schon sehr viele Leben hatte und aller Voraussicht nach auch noch haben wird, erschien mir schon bei geringer Kenntnis des Dharma weitaus glaubhafter als alle anderen Theorien. Aber ich wollte all dies Schlechte nicht begangen haben, zumal ich mich ja nicht daran erinnerte. Andererseits war ich mir sehr wohl bewusst, dass mein Geist nicht selten von quälenden Emotionen beherrscht wurde und dass diese schließlich der Nährboden für alle Dummheiten, negativen Verhaltensweisen und Verwirrungen in meinem jetzigen Leben waren. Die klärende Einsicht kam nach und nach mit dem tieferen Verständnis der buddhistischen Lehre: *Ich* und *Andere* ist ein Konzept, nicht Wirklichkeit. Der dualistische Geist trennt, was in Wirklichkeit Einheit ist.

Wenn sich diese Einsicht entfaltet, erwacht mit ihr eine Erfahrung von natürlicher Freundlichkeit, ein Öffnen des Herzens. Das ist kein Konzept, sondern ein ganz unmittelbares Gefühl von Berührbarkeit. Mein erster Lehrer beschrieb es so: »Wer sein Herz erweckt, der stellt staunend fest, dass dieses Herz leer ist ... Wenn du dieses Herz suchst, wenn du in der eigenen Brust danach tastest, findest du nichts als Zartheit.«

Als ich das las, dachte ich: Das ist meine Tara! Dieser Blick in den Weltraum ließ mich ahnen, dass man ohne Ego so unendlich viel besser leben könnte. Das Haben-wollen das Nicht-habenwollen, alles Festkleben an individuellen und kulturellen Mustern, an »So ist es!« und »So ist es nicht!« – wem hatte es genützt? Mir nicht, und die anderen hatte ich damit auch nie beglückt. Damit erschien es nur konsequent, mich ernsthaft auf Taras Weg einzulassen, den Bodhisattva-Weg, den Weg des »guten Herzens«, das von Natur aus fähig ist zu vorbehaltlosem Mitgefühl.

Freude

Ich bin voller Freude über die Verdienste aus edlem Handeln, das die Sravakas, Pratyekabuddhas, Bodhisattvas und Individuen in den drei Zeiten angesammelt haben.

Man könnte mutlos werden, wenn man konfrontiert wird mit der ganzen Ladung an Psychomüll, den man allein im Lauf dieses Lebens schon angesammelt hat, geschweige denn in all den früheren Leben. Doch der Gedanke an die vielen Praktizierenden der verschiedenen Richtungen des Dharma, die sich in der Vergangenheit und bis heute für das Erhalten und Gedeihen des Dharma in vielen Ländern Asiens eingesetzt haben, kann Freude anregen und zur Nachahmung ermutigen.

Das große Vorbild des »guten Handelns« ist der Bodhisattva. Traditionell heißt es, Bodhisattva ist ein Wesen, das bereits befreit sein könnte, aber aus vollkommenem, unbegrenztem Mitgefühl freiwillig in der Welt des Samsara bleibt, um allen anderen zu dieser Entfaltung ihrer ursprünglichen Natur zu verhelfen. Deshalb wird die Meditationsgottheit Buddha Tara in diesem Text als Bodhisattva bezeichnet, denn dieses Ideal verwirklichte sie in ihrer Entscheidung, zum Wohl aller Wesen in weiblicher Gestalt immer wieder in der Welt der Erscheinungen aktiv zu sein. Mitgefühl ist die Art und Weise, wie sich die ursprüngliche Natur des Geistes manifestiert. Zugleich ist dieses Mitgefühl intelligent, deshalb wird seine völlig entfaltete Buddha-Qualität »unterscheidende Weisheit« genannt. Das ist Taras Mitgefühl: Bereit sein zu helfen und genau zu wissen, was wirklich hilft.

Bitte um die Lehren

Ich bitte Dich, das Rad des Dharma der großen und kleinen Fahrzeuge und der für beide zutreffenden zu drehen, je nach den verschiedenen Mentalitäten und Sichtweisen der Wirklichkeit.

Als ich Tara kennenlernte, hatte ich keine Vorstellung von den verschiedenen Ebenen, auf denen sie wirkt. Sie war eine buddhistische Gottheit, bekannt vor allem in Tibet, aber auch in anderen buddhistischen Ländern. Anfangs dachte ich, Buddhismus ist Buddhismus, basta. Manche assoziieren Buddhismus vielleicht mit dem Dalai Lama, andere mit elegant schwarz gekleideten Zen-Mönchen oder langgliedrigen Buddha-Statuen aus Thailand. Dann lernte ich, dass sich die Lehre des Buddha, von Indien ausgehend, in Asien in drei hauptsächlichen Ausprägungen entwickelt hat, wobei je einer der drei Grundimpulse in der menschlichen Psychologie – Haben-wollen, Nicht-haben-wollen und Nicht-wissen, Nicht-wissen-wollen (Gier, Aggression und Ignoranz) – besondere Beachtung fand. Einfach zusammengefasst: Im ursprünglichen *Hinayana* geht es vor allem um die Überwindung der Begierde mit dem Mittel der Achtsamkeit, im später entwickelten *Mahayana* um die Überwindung der Aggression mit dem Mittel des Mitgefühls, und im tibetischen *Vajrayana* um die Überwindung der grundlegenden Unwissenheit. Aber allen zu eigen ist die grundlegende Lehre des Buddha von der Befreiung des Geistes aus dem Haften an jeglichen Fixierungen. Wie unterschiedlich die Methoden auch sein mögen, es geht letztlich immer darum, dieses Ziel zu erreichen. Von welcher Form man sich dabei angezogen fühlt, hat mit dem Karma zu tun.

Man findet Tara in vielen Ländern Asiens, in denen sich der Mahayana-Buddhismus entfaltete. Dort gilt sie als weibliche Bodhisattva. Im tibetischen *Tantrayana* hingegen gilt Gleichstellung; dort ist sie ein Buddha in weiblicher Erscheinungsform. Die Unterschiede in den verschiedenen kulturellen Ausprägungen der buddhistischen Lehren sind relativ und beziehen sich vor allem auf die Praxismethoden. Bei der Beziehung zu Tara spielt das insofern eine Rolle, als sie in ihrer Erscheinungsform als Bodhisattva mehr als Helferin und Retterin in weltlichen Angelegenheiten betrachtet wird, als weiblicher Buddha jedoch zugleich den Platz einer tantrischen Meditationsgottheit einnimmt und damit als machtvolle Inspiration für die spontane Befreiung des Geistes.

Aber es ist letztlich die eigene Motivation, die Taras Wirkung auf der entsprechenden Ebene aktiviert. Wenn man in einer äußeren Notsituation ist, kann man sie um Hilfe bitten. Warum nicht sie bitten, ein neuer Job möge sich finden? Ist es doch wichtig für den spirituellen Entwicklungsweg, dass die grundlegenden Bedürfnisse des Lebens erfüllt werden. Mein erster Lehrer beschrieb diese Grundbedürfnisse als einen Platz zum Wohnen, eine Beschäftigung, um sich zu ernähren, und vertraute Menschen oder wenigstens einen Menschen, der einem nahesteht. Es ist natürlich, dass wir uns das für uns selbst und alle anderen Menschen wünschen.

Die Bitte, Tara möge das Rad des Dharma drehen, bedeutet, dass mit Hilfe ihrer Inspiration die Lehre durch authentische Lehrer und ernsthafte Schüler Verbreitung findet. Denn meinen Lehrern verdanke ich, Taras Vielfalt und Einheit zu verstehen, dass sie für alle und jeden da ist, wer immer sich an sie wendet und auf welcher Stufe des Verstehens das geschieht. Als ich sie als Helferin in meinen Nöten sah, half sie mir auf dieser Ebene. Als ich erkannte, dass alle Probleme im Geist entstehen, bat ich sie, mir zu helfen, diese Erkenntnis zu vertiefen. Sie beurteilte mich nicht. Das Gefühl, dass ich in dieser Beziehung so ganz und gar sein durfte, wie ich war, d.h., wie ich mich erlebte, erlaubte mir, mich zu sehen und zu ertragen, zumal in den unvermeidlichen Tiefphasen.

Bitte an Tara, bis zum Ende von Samsara zu bleiben

Ich bitte darum, dass Du, Edle Tara, solange sich der Kreislauf der Existenz nicht erschöpft hat, nicht in Nirwana eingehen mögest, sondern Dich voller Mitgefühl der Wesen annimmst, die im Ozean der samsarischen Konditionierung zu ertrinken drohen.

Als ich die Verse der Tara-Praxis zum ersten Mal aufmerksam las, kam mir dieser Vers so selbstverständlich vor, dass ich nicht weiter über ihn nachdachte. Dann fiel mir ein, dass es ja nicht nur um mich ging, nicht einmal nur um die Zeit, in der ich lebte. Es würden in Zukunft meine Wiedergeburt und unendlich viele andere Wesen ihre Hilfe brauchen, tatsächlich bis zum Ende des Kreislaufs der Existenz.

War mir Tara in den Jahren, seit ich ihr begegnet war, so selbstverständlich geworden?

Ich hatte gelernt, dass Taras Hilfe nicht unbedingt genauso aussah, wie ich es mir vorgestellt hatte, oder so schnell stattfand, wie es meiner Erwartung entsprach. Aber allein die Tatsache, dass ich mich jederzeit an Tara wenden konnte und darauf vertraute, dass sie mir irgendwie helfen würde, veränderte meine Wahrnehmung der Situation. Je mehr ich vertraute, desto mehr veränderte sich meine Wahrnehmung.

Die beiden Ebenen von Taras Wirken, äußere und innere Ebene, finden Ausdruck in einer traditionellen Liste der acht großen Gefahren bzw. Ängste, vor denen sie schützt. Auf der äußeren Ebene werden Elefanten, Löwen, Schlangen, Feuer, Wasser, Räuber, Gefangenschaft und Dämonen genannt. Heutzutage würde diese Liste wohl durch andere äußere Gefahren ersetzt oder ergänzt wie Autos, Gerichtsverfahren, Internethacker usw. Aber die acht Probleme auf der inneren Ebene, vor denen wir Schutz brauchen, sind immer noch dieselben: Ignoranz, Stolz, Wut, Eifersucht, irrige Philosophien, Gier, Abhängigkeit und quälende Zweifel.

Der Buddhismus lehrt, dass es unsere emotionale Reaktion auf äußere Umstände ist, durch die Irritation, Beunruhigung, Aufregung, also Leiden aller Art verursacht werden. Insofern ist der Wunsch, äußere Umstände mögen positiv sein, naheliegend. Aber die Lehre sagt auch, dass die äußeren Umstände mit unserem Karma zusammenhängen. Schwierige kollektive Umstände wie etwa Krieg oder schwere Finanzkrisen kann man nicht ändern, aber man kann Tara um größtmögliche Besonnenheit bitten und um die Fähigkeit, anderen zu helfen. Ich musste mir in meinem Leben oft von Neuem erklären, dass das, was gerade in der Welt geschah, etwas mit mir zu tun hatte, dass sich darin mein Karma manifestierte. Und warum manifestierte es sich so?

Rückführung in frühere Leben ist eine moderne esoterische Methode, die verständlich machen soll, warum das Leben jetzt so ist, wie man es erlebt. Aber ob wir uns rückgeführt von einem Pharaonengeschlecht herleiten, einst mit Karl dem Großen in die Schlacht gezogen sind oder als Kurtisane in Paris gelebt haben, letztlich landen wir immer da, wo wir gerade sind. Der Begründer des tibetischen Buddhismus, Padmasambhava, brachte das unmissverständlich zum Ausdruck: »Wenn du wissen willst, wer du warst, dann schau, wer du bist. Wenn du wissen willst, wer du sein wirst, dann schau, was du tust.«

Das sagte mir deutlich, dass es darum ging, mit dem Lebensmaterial, über das ich jetzt verfügte, sinnvoll umgehen zu lernen. Mein erster Lehrer sprach wenig von Karma, dafür umso mehr von den Erfahrungen in unserem Leben als »kostbarem

Material«, mit dem wir auf die Befreiung hinarbeiten könnten, im Sinne des Bauern, der seinen Mist ja nicht wegwirft, sondern »den Dünger der Erfahrung auf das Feld der Erleuchtung bringt«.

Im Lauf der Zeit stellte ich fest, dass ich Tara immer häufiger darum bat, mich vor meinen eigenen fehlgeleiteten Gefühls- und Denkmustern zu beschützen. So entstand ein gewisser Ausgleich zwischen Bitten um Schutz vor widrigen Umständen und um Schutz vor meinen emotionalen Reaktionen auf widrige Umstände. Ich dankte Tara für gute Umstände, ungeachtet, ob ich darum gebeten hatte oder nicht. Das Danken für emotionale Stabilität hinkte allerdings ein wenig nach. Die Tendenz zu glauben, emotionale Stabilität müsse ich ganz allein schaffen und könne dann stolz auf diese Leistung sein, saß tief. Doch irgendwann dämmerte die Erkenntnis, dass echte Dankbarkeit, ebenso wie Vertrauen, viel eher eine Geisteshaltung war als etwas, das ich tun konnte.

Welcher Dank konnte größer sein als der, Tara begegnet zu sein, und welcher Wunsch naheliegender als der, alle Wesen mögen die Möglichkeit haben, ihr, also dem, was sie personifizierte, zu begegnen und eine Beziehung dazu zu finden.

Widmung

Möge alles Gute, das ich angesammelt habe, die Ursache der Erleuchtung sein, sodass ich schnell den herrlichen Zustand erreiche, der es mir möglich macht, allen Wesen Führung zu geben.

In diesem Vers kommen Motivation und Ergebnis zusammen. Zu wissen, dass Taras vollkommene Qualitäten meine eigene

Potentialität bedeuteten, war etwas, das immer wieder umkreist, bedacht, erfühlt und mit Vertrauen genährt werden musste. Zweifel waren nicht das Problem, eher musste ich achtgeben, nicht immer wieder in mein negatives Selbstbild zurückzufallen. Und immer wieder trichterte ich mir selbst die Aufmunterung ein: Auch wenn die Wahrnehmung des nicht bedingten Glücks dem Bewusstsein noch nicht möglich ist, wird die Praxis der Tara jedes Mal ein bisschen mehr die Öffnung des Geistes unterstützen. Das ist das Beste von allem Guten, was angesammelt werden kann.

Ich hatte gelernt, dass Tara immer da war und da sein würde, nie von mir getrennt, die Natur meines Geistes, des Geistes ohne »ich-mein-mir-mich«, ohne »außen« und »innen«, Manifestation der ursprünglichen Einheit, des echten, vollkommenen, allumfassenden Mitgefühls. Ich hatte es auf rationaler Ebene verstanden und kontempliert. Aber so viel war klar – es ging um weit mehr als das nette, einigermaßen beruhigende Gefühl, das irgendwie verstanden zu haben. Es gab noch viel mehr zu lernen, als Erstes, dass ein konventionelles Verständnis das Ziel des Weges nicht fassen kann. Mein dritter Lehrer sagte einmal: »Wenn wir nicht wirklich wissen wollen, was der Geist ist, dann haben wir nur den alltäglichen Geist. Der alltägliche Geist kann nur Alltägliches erleben – das, was wir kennen. Erst wenn wir den Geist erforschen, können wir auf eine andere Ebene wechseln.«

Bevor ich auf einen authentischen Lehrer traf, war ich ja auf Bücher angewiesen, aber so viel hatte ich damals schon verstanden: Es ging darum, aus vielen Leben mitgebrachtes Karma positiv zu verändern. Das war eine ganz sachliche Einstellung. Gut, Karma war nicht als »blindes Schicksal« zu verstehen, aber es auf weiß der Himmel wie viele frühere Leben ausweiten? Diese Vorstellung war gewöhnungsbedürftig. Dennoch erschien sie mir weitaus akzeptabler als die Idee von einem einzigen, einmaligen Leben, eingekeilt zwischen Geburt und Tod.

Ich war bereit, dem Sowohl-als-auch Raum zu geben. Einerseits konnte ich nur von diesem einen Leben, das ich gerade lebte, behaupten, dass es existierte, andererseits hielt ich es nicht für intelligent, eine Vorstellung, die mir als die sinnvollste erschien, einfach auszuschließen. Denn es sprach viel für diese Vorstellung, vor allem, dass die Neigung, andere – meine Eltern und die Familie, die sozialen Lebensumstände, die Politik oder Gott – schuldig zu sprechen für meine negativen Zustände, weniger Nahrung bekam. Damit wurde die Notwendigkeit ganz unmissverständlich, dass ich die Verantwortung für mich selbst zu übernehmen hatte, und zwar konsequent. Diese sich vertiefende Einsicht veränderte auch meine Beziehung zu Tara; es entwickelte sich eine erwachsenere Beziehung. Ich konnte Tara nun bitten, mir bei meinem sinnvollen Arbeiten mit meinen eigenen schwierigen Umständen zu helfen, anstatt einfach um bessere Umstände zu bitten. Und dazu kam die Einsicht, dass Verantwortung für mich selbst zu übernehmen nicht ausreichte. Ich konnte zwar anderen nicht ihr Leben und ihre Art, ihr Leben zu sehen, abnehmen, aber ich konnte ihnen zumindest wünschen, bessere Umstände zu finden, unter denen sich Herz und Geist öffnen können.

Mantra-Rezitation

Während ich unabgelenkt mit Hingabe zur erhabenen Tara bete, die sich vor mir befindet, strahlt Licht von der grünen Silbe TAM aus, die auf einer Mondscheibe in ihrem Herzen ruht, von ihrem Mantra umkreist.

Aller Segen, alle Fähigkeiten und Kräfte der Buddhas und Bodhisattvas werden von Taras Licht angezogen und lösen sich im TAM und dem umgebenden Mantra auf.
Wieder strömt Licht aus der grünen Silbe TAM und wird von meinen drei Chakren aufgenommen. Nach und nach reinigt es Körper, Rede und Geist von allen Verunreinigungen und Verdunkelungen.
Ich erhalte den Segen, die Fähigkeiten und Kräfte der Buddhas und Bodhisattvas, und der besondere, nicht bedingte Zustand der Glückseligkeit und Klarheit entfaltet sich in mir.

In diesem Vers ist die »andere Ebene« angesprochen, von der die Rede war. Die Beschreibung ist knapp: »unabgelenkt«, »Hingabe« und »beten«. Aber wie schwierig ist es, in der Praxis unabgelenkt zu bleiben! Bei einem spannenden Film ist es einfach. Da besteht ganz viel Bereitschaft, daran hängenzubleiben, und die Unterbrechung durch Werbung ist ein Ärgernis. Doch das ist die alltägliche Ebene des wachen Träumens, bei der man nicht einmal selbst etwas produziert, sondern *instant* verabreicht bekommt.

Anders ist es mit dem Unabgelenktsein im Bereich subtiler Energien. Es ist nicht Spannung, die den Geist ausrichtet, sondern Hingabe. Und weil es unvertraut ist, braucht man Zeit zum Vertrautwerden.

Der tibetische Begriff für Meditation bedeutet »sich vertraut machen« mit etwas. Sich vertraut machen mit Tara als innerem Bild, als Präsenz ihrer subtilen Energie mitsamt ihren Eigenschaften, dem vollkommenen Mitgefühl, vollkommener Klarheit und vollkommener geistiger Kraft, und diese Eigenschaft nicht nur zu denken, sondern auch zu fühlen. Der Begriff »beten« ist eine übliche übersetzerische Notlösung, was die originale Bedeutung betrifft. In der englischen Sprache ist das Wort *pray* viel näher zu bitten, um etwas bitten, auch im Sinn einer Aufforderung gebraucht. Gemeint ist eine tiefe Verbindung, die sich über die Trennungsgewohnheit des dualistischen Bewusstseins hinwegsetzt.

Die äußere Haltung während der Praxis entspricht der inneren Haltung. Die Hände sind zur »Lotos-Mudra« gefaltet: Beide Hände bilden vor der Brust leicht gerundet mit einander berührenden Fingerspitzen die Form einer Knospe, die Daumen, aneinandergelegt, schließen die Öffnung. Diese Lotosknospe symbolisiert die Drei Kostbaren Juwelen, Buddha, Dharma und Sangha und damit die innere Voraussetzung, das Zufluchtnehmen.

Das grüne TAM auf der Mondscheibe, die Schwingung des inneren Einsseins aller Wesen, strahlt die Qualitäten, die untrennbar von Tara sind, man kann auch sagen, die Tara selbst sind, als Licht aus, ein brillantes, den Raum in sein Leuchten tauchendes Licht. Das Kreisen des Mantras auf der Mondscheibe hatte mich zuerst irritiert, bis mir klar wurde, dass dies etwas mit Energie zu tun hat. Energie kann nicht erstarren, sie fließt und kreist. Es gibt die schöne Formulierung »etwas im Geist bewegen«. Man lässt es nicht liegen, verstaut es nicht in einer Schublade, sondern lässt es lebendig sein, nimmt es mit hinein in den ununterbrochenen Fluss der Lebensenergie. Wenn sich das Mantra derart im Geist bewegt, entfaltet es eine besondere Kraft.

Solch eine in sich bewegte Qualität hat auch der »Segen«, ebenfalls ein Wort, das als Übersetzung des tibetischen Begriffs nur begrenzt geeignet ist. Es ist damit das inspirierende subtile Energiefeld gemeint, das von Buddhas und Bodhisattvas ausstrahlt und die meditative Situation einhüllt und auflädt. Das musste ich erst verstehen lernen, denn unter Segen verstand ich zunächst etwas, das ich doch spüren müsse, eine Art Zauber, der sich irgendwie greifbar manifestierte. Erst im Nachhinein erkannte ich, wie sich dadurch meine Geisteshaltung verändert hatte.

Taras Erscheinungsform ist ein Zugeständnis, um unserem dualistisch funktionierenden Bewusstsein entgegenzukommen. Man könnte also sagen, diese Form ist ein Hilfsmittel auf höchster Ebene. Sie repräsentiert eine Wirklichkeit, für die wir nur mit einem Hilfsmittel Zugang haben. Die für unseren Verstand unzugänglichen, nur durch Intuition erfassbaren Bereiche der Wirklichkeit haben so manchen Denker über alle Grenzen hinausdenken lassen, wie den Physiker Werner Heisenberg, den Entdecker der Quantenmechanik, der sagte: »Warum soll sich die Wirklichkeit darum kümmern, ob sie durch unser Gehirn verstanden werden kann?«[33]

Es geht also nicht darum, sich an Tara zu fixieren, sondern ihr Wesen, ihre Natur zu erfühlen, intuitiv wahrzunehmen, die identisch ist mit allen Buddhas und Meditationsgottheiten und letztlich mit der Natur unseres Geistes. Allein dies nur zu wissen ist schon eine große Hilfe, denn wenn wir an solch eine geballte Inspiration denken, ist das bereits ein Schritt in die Richtung intuitiven Öffnens.

Um das Öffnen zu unterstützen, erfolgt ein weiteres Angebot: die Vorstellung, das Licht aus Taras Herz in unsere Energiezentren in Stirn, Kehle und Herz aufzunehmen, diese so zu reinigen und zu kostbaren Mitteln auf dem spirituellen Entwicklungsweg zu machen. Die genannten Chakras oder Energiezentren sind von besonderer Bedeutung. Hier geht es um die Dreiform von Körper-Rede-Geist.

Das Stirn-Chakra bezieht sich auf den Körper, denn die wahre Bedeutung des Körpers kulminiert in den Sinnen und dem Gehirn. Ohne die Sinne und das Gehirn wäre kein menschliches

Bewusstsein möglich. Wenn in den buddhistischen Schriften vom »kostbaren menschlichen Körper« die Rede ist, sind die Sinne gemeint. In der ersten Begegnungsphase mit buddhistischen Schriften war mein Verständnis von »Reinigung« der Sinne stark von meiner christlich-abendländischen Erziehung beeinflusst, also damit, dass viel Scham und Schuld damit verbunden war. »Sinnlich« gehörte zu den höchst bedenklichen Wörtern im Vokabular meiner Umwelt. Doch dann stieß ich irgendwann auf den Vergleich mit einem Spiegel, der erst dann seine Fähigkeit entfalten kann, wenn man ihn säuberlich geputzt hat. So also konnte man die Sinne auch betrachten: die pure Freude an der mit klaren Sinnen erlebten sichtbaren, hörbaren, riechbaren, schmeckbaren, spürbaren Welt, ein wertvolles Mittel für die psychophysische Gesundheit. Diese Reinigung der Sinne mit dem urschöpferischen Klang OM zielt darauf hin, die unmittelbare Erfahrung der Sinne zu öffnen, in völliger Klarheit, ohne Beurteilung, ohne Festhalten.

Das Kehl-Chakra bezieht sich auf Kommunikation, auf Stimme – Klang – Worte, denn Sprache ist die primäre Kommunikationsform des homo sapiens. Der Vokal A oder AH als symbolischer, heiliger Laut ist der Klang des Universums und damit unserer Welt, wie immer wir sie begreifen – da gibt es ja diverse Möglichkeiten wie materialistisch, theistisch, animistisch, nicht theistisch usw. Wie groß die Wirkung der Art und Weise der verbalen Kommunikation ist, kommt schon darin zum Ausdruck, dass die Verstöße sehr präzise bezeichnet werden: Lügen, Zwietracht säen, unnützes Geschwätz und verletzende Worte. Ich finde ja die Idee der »gewaltfreien Kommunikation« ganz gut, aber es fiel mir auf, dass es in den Verfechtern eine Neigung hervorrief, andere mit Feuereifer der gewalttätigen Kommunikation zu bezichtigen, ohne zu bemerken, dass diese nachdrückliche Bezichtigung in sich ja nicht gerade Frieden stiftend wirkt.

Das HUM (tibetisch HUNG) ist unserem Herz-Chakra zugeordnet. Das Herzzentrum ist der Sitz des Bewusstseins, unser geistiges Zentrum; dort beginnen alle unsere Gedanken und Gefühle. Das HUM bringt die Energie der Vielfalt in der Einheit, des Bedingten im Nichtbedingten zum Ausdruck. Das Bild einer Flasche, die von Luft umgeben ist und selbst Luft enthält, kann das verdeutlichen. Alles ist Geist, sagen die Lehren, individueller Geist und All-Geist, Dualismus und Nichtdualismus. Der Behälter macht den Unterschied. Das HUM ist wie eine Lobpreisung des Individuellen, das die Befreiung in sich trägt. Also steht es auch für alle die kostbaren Mittel zur Befreiung, die im Buddhismus entwickelt wurden.

Nach der Reinigung der drei Chakren und der Aufnahme der segensvollen Energien, die den durch nichts bedingten, von Klarheit begleiteten Glückszustand hervorrufen oder zumindest dessen Entwicklung fördern sollen, folgt die Rezitation des Mantras mindestens 108 Mal. Das entspricht der Anzahl der Perlen einer *Mala*, der Gebetskette, und ist das Minimum. Eine längere Rezitation, mehrere oder viele Malas lang, ist wirkungsvoller. Ein Mantra hat unter anderem die Bedeutung, den Geist vor Ablenkungen zu schützen, damit der genannte nicht bedingte Glückszustand eingeleitet und nach Möglichkeit aufrechterhalten werden kann.

Das Mantra

OM TARE TUTTARE TURE SVAHA

Das Mantra kann gemurmelt, geflüstert, laut gesprochen oder gesungen werden, unterstützt von der Mala. Natürlich kann man auch im Stillen rezitieren, doch die Stimme, leise oder laut, ist viel geeigneter als Mittel gegen die Tendenz, in diskursive Gedanken abzuschweifen.

Von Anfang an liebte ich den Klang von Taras Mantra. Darin schien ich alle meine Vorstellungen, Überlegungen, Wünsche und Wunschgebete unterbringen zu können, sodass ich während des Rezitierens nicht mehr daran denken musste. Zudem schwang ein Gefühl von Vertrauen, Respekt und Geborgenheit im Mantra mit. Manchmal war dieser Zustand stärker, manchmal flacher. Manchmal erschöpfte mich das Rezitieren, manchmal fühlte ich mich eine längere Zeit wohl damit. Ich fand es gut, mir eine bestimmte Dauer vorzunehmen. Disziplin schafft Gewohnheit; in diesem Fall eine positive Gewohnheit.

Über das Phänomen Mantra habe ich schon viele verschiedene Meinungen gelesen. Da ein Mantra aus Silben besteht, die keinen erklärbaren Inhalt ergeben, wird gern Magisches hineingedeutet. Wie sehr jedoch die geistige Haltung des Praktizierenden die Wirkung bestimmt, illustriert eine gern erzählte tibetische Geschichte, die sich in einer Zeit abspielt, als der Buddhismus seine hohe Blüte mit den großen Klosteruniversitäten in Nordindien hatte:

Ein Tibeter, der die Lehren des Buddha von Indienreisenden gehört hatte, war sehr beeindruckt, und da er wusste, dass man in Indien große Meister treffen und von ihnen wunderbare Meditationspraktiken mit Mantras und Mudras erhalten könne, begab er sich auf den langen, beschwerlichen Weg über den Himalaya nach Indien. Dort fand er tatsächlich einen berühmten Meister des Dharma, und hoffnungsvoll gesellte er sich zur Schar der Schüler, die sich täglich um ihn versammelten. Allerdings hatte der einfache Mann keine Ahnung, wie man sich einem Meister zu nähern hatte, dass man die Form wahren und wertvolle Geschenke mitbringen musste, um als Schüler akzeptiert zu werden.

Eines Morgens drängelte er sich so weit vor, dass er den Meister am Gewand zupfen konnte. »Bitte, ich möchte eine Meditationspraxis bekommen«, sagte er. Der Meister, der den Tibeter natürlich nicht verstand und außerdem ärgerlich über die unbotmäßige Störung war, schüttelte den Mann mit einer ärgerlichen Handbewegung ab und sagte in seiner indischen Sprache: »Verschwinde endlich von hier!« Diese Silben klangen in des Tibeters Ohren wunderbar. Zusammen mit der Geste nahm er sie als Mantra und Mudra tief befriedigt mit nach Hause, denn nun konnte er die Lehre von der Befreiung des Geistes, die ihn so sehr beeindruckt hatte, mit der geeigneten Methode in die Tat umsetzen.

Tibeter sind zähe Menschen, und wenn sich ein Tibeter etwas in den Kopf gesetzt hat, bleibt er dabei. Also praktizierte der Mann mit dem heiligen Mantra und der heiligen Geste in einer Einsiedelei unentwegt Tag für Tag. Schnell sprach sich herum, dass auf dem Berg ein heiliger Mann lebe, und da es in Tibet als sehr verdienstvoll galt, einen Meditierenden zu unterstützen, brachten ihm die Leute vom Dorf mehr als genügend Nahrungsmittel. Damit war der heilige Mann gut versorgt, und die Helfer verbesserten auf diese Weise ihr eigenes Karma.

Viele, sehr viele Jahre später ergab es sich, dass der indische Meister in seiner Eigenschaft als Gelehrter nach Tibet eingeladen wurde. Unter anderem berichtete man ihm von einem besonders heiligen Mann, über dessen Hütte sich immer wieder Regenbogen spannten. Der indische Meister hatte großes Interesse daran, verehrte tibetische Meister kennenzulernen, und ließ sich zur Einsiedelei auf den Berg bringen. Als der Einsiedler den indischen Meister erblickte, rief er außer sich: »Mein Guru! Mein Guru!«, und warf sich vor ihm nieder. Der indische Gelehrte war sehr verwundert, denn an diesen Schüler konnte er sich nicht erinnern. Der heilige Yogi klärte ihn mit Hilfe eines Übersetzers auf, Tränen der Dankbarkeit in den Augen. Er sei doch jener Tibeter, der das Mantra »Verschwinde endlich von hier« und die Mudra – er vollführte die Bewegung mit Grazie – von dem hohen Meister erhalten habe, und er sei unsäglich dankbar dafür.

Nun war es der indische Gelehrte, der sich vor dem Tibeter niederwarf. »Verzeiht mir meinen Hochmut«, sagte er mit tiefer Beschämung. »Der Guru seid vielmehr Ihr.« Die Begegnung mit dem Einsiedler war so tiefgreifend für den indischen Besucher, dass er von da an seine Lehrtätigkeit an der Klosteruniversität aufgab und sich zu einem Leben der Meditation zurückzog.

Innerhalb des buddhistischen Rahmens kann man Mantras im Kreis der Ganzheit auf einer äußeren, inneren und innersten Ebene verstehen, je nach Einweihung und Tiefe der Praxis. Lange Zeit dachte ich nicht über Ebenen nach, denn darüber hatte ich noch gar nichts gelernt. Taras Mantra erzeugte eine besondere Resonanz und füllte sich mit der Zeit ganz von selbst mit den Inhalten der Tara-Qualitäten. Später, als sich meine Praxis auch auf andere Meditationsgottheiten und deren Mantras ausdehnte, veränderte und erweiterte sich meine Wahrnehmung. Aber Tara und Taras Mantra behielten ihren ganz besonderen Platz.

Letztlich vereint jede der Meditationsgottheiten alle anderen mit all ihren Qualitäten in sich. Von Ebenen zu sprechen hat einerseits etwas mit den tibetischen Traditionslinien zu tun, andererseits aber auch mit einem natürlichen Entwicklungsprozess der Praxis, der sowohl vom individuellen Karma als auch von der Häufigkeit und Hingabe des Praktizierens abhängig ist. Zuerst bezog ich mich sehr stark auf das Mantra, so wie wenn man nach jemandem ruft, dann wurde das Mantra eine Art von Bestätigung, dass Tara immer präsent war. Aber das sind einfach nur Vorstellungen, denn Tara und ihr Mantra sind eins.

Am besten ist es, das Mantra nicht mit irgendwelchen Gedanken zu verbinden. Wenn man sich damit vertraut gemacht hat und es länger rezitiert, bleiben die Gedanken irgendwann von selbst weg, und der Geist wird klarer.

Zusätzliche Verse

An dieser Stelle hat mein Lehrer Tarab Tulku dem originalen Text vier eigene Gedichte aus der Zeit von 1984 bis 1986 hinzugefügt, um seine Schüler zu inspirieren.

Das liebevolle Auge

Durch Lichtstrahlen aus ihrem liebevollen Auge
Entfaltet sich mein liebevoller Geist,
so prachtvoll und strahlend,
und liebevolle Sanftheit sammelt sich an.
Ich bringe der erhabenen Tara meine Huldigung dar,
die mich und andere nährt –
wahre Glückseligkeit des Mitgefühls.

Für Tara

Ein blendender Himmel, gesättigt von Liebe,
dehnt sich aus und berührt die Küsten der Meere.
Augenblicklich wird die klare Natur des ursprünglichen
Geistes enthüllt.
Umarme mich mit deiner gütigen Liebe!
Eine magische Stimme, Nada Brahma,
ertönt aus der innersten Mitte des Ohrs,
und erweckt den Geist aus der Dunkelheit des Schlafs.
Tröste und beruhige mich mit Deinen sechzig Gesängen!
Tausend Sonnen, Zeichen eines makellosen Körpers,
senden lächelnde Strahlen über die ganze Erde
und verjüngen den kalten, leidenden Geist.
Schicke mir Deine goldenen Geschenke, von der Hitze
der Glückseligkeit geformt!
Himmlische Göttin, beschütze mich!

Ein Gedicht der Sehnsucht

Du Schöne, Verkörperung des Mitgefühls und Wohlklangs,
ich sehne mich nach Vereinigung mit Deinem vollkommenen (Licht-)
Körper,
doch ich habe lediglich diesen Leib und sonst nichts –
nur ein Haufen Knochen und Fleisch.
Was soll ich tun? Beschütze mich
Du Klangvolle, Verkörperung des Mitgefühls und der Schönheit,
ich möchte allezeit mit Dir sprechen,
doch meine Rede ist unangemessen –
lediglich eine Reihe von Worten und oberflächlichen Phrasen.
Was soll ich tun? Unterstütze mich!
Du Mitfühlende, Verkörperung der Schönheit und des Wohlklangs,

ich sehne mich danach, dass mein Geist in Deinem Herzen schmelzen möge,
doch ich bin ganz und gar von Täuschung beherrscht,
der Täuschung der dualistischen Wahrnehmung.
Was soll ich tun? Denk an mich!

Gesang des Himmels

Meine einzige Liebe und Freude!
Meine einzige Freundin und Beschützerin!
Ich habe niemand anderen als Dich,
und auf niemand anderen setze ich meine Hoffnung und mein Vertrauen.
Sei meine Führerin in allem, was ich tue,
in diesem Leben und den weiteren.
Zeig mir den Weg und sei meine Freundin
in diesem Leben und allen weiteren.

Nach der Phase der Mantra-Rezitation folgt die Rezitation der 21 Taras. Diese Verse sind voll vielfältiger Anspielungen, deren wichtigste ich zu erklären versuche.

Ich habe schon erwähnt, dass die vielen einzelnen Taras Aspekte der Tara-Energie ausdrücken, nicht Taras im Sinn von Entitäten. Es ist sehr wichtig zu begreifen, dass man die Gottheiten nicht auf die weltliche Ebene projizieren soll. Die Vielfalt der Taras unterstützt die Erkenntnis, dass zwar unser Denken limitiert ist, der Geist der Klarheit hingegen nicht. Deshalb ist Tara zugleich Bodhisattva und Buddha, sie ist grün, sie ist aber auch eine weiße Tara oder eine rote Tara oder eine schwarze Tara, sie sitzt in der lockeren Haltung, bereit zum Aufspringen, aber auch im Lotossitz, oder sie tanzt und stampft mit den Füßen.

Und natürlich ist sie Licht. Sie ist wie ein Regenbogen, wie viele Regenbögen. Sie ist wie die Spiegelung des Mondes im Wasser. Die Vielfalt ihrer Erscheinung und der Fähigkeiten, die sie verkörpert – all dies berücksichtigt die Art und Weise, wie das menschliche Bewusstsein normalerweise wahrnimmt. Tara macht den Reichtum an unterstützenden Methoden im Tantrayana deutlich.

ཏཱ་ར།

DIE 21 TARAS

Für die Huldigung der 21 Taras, die man innerhalb der gesamten Tara-Meditation oder auch als alleinstehende Meditation rezitieren kann, gilt dasselbe wie für den ersten Teil. Es sind Tantras, also nicht Konstrukte des menschlichen Bewusstseins, sondern aus dem Buddha-Geist geborene Inhalte und Formulierungen mit einem in der ursprünglichen Natur des Geistes begründeten Bedeutungsgehalt. Das klingt kompliziert, ist es auch, aber andererseits versteht man genau so viel davon, wie der eigene Horizont reicht, beziehungsweise wie weit sich dieser Horizont mit Hilfe eines authentischen Lehrers erweitert. Das heißt, die Inhalte enthüllen sich auf einer intuitiven Ebene nach und nach mittels der Praxis und der Unterstützung durch den Lehrer immer mehr.

Deshalb kann auch das Öffnen der Kalendertürchen nur einen sehr begrenzten Blick ins Innere vermitteln, wie das mit Türen so ist. Man sieht nur einen winzigen Ausschnitt dessen, was das ganze Haus beinhaltet, und der Ausschnitt zeigt möglicherweise mehr eigene Projektion als das, was tatsächlich da ist. Hinzu kommt, dass eine Übersetzung nicht nur in eine andere Sprache, sondern auch in eine ganz andere Kultur den Inhalt reduziert oder gar verfälscht. Zudem heißt es vom Originaltext, dass er sich in seiner ganzen Größe und Fülle nur höchsten Verwirklichten des Dharmas erschließt.

Die Zuordnungen des speziellen Schutzes, den die einzelnen Taras vor allen möglichen Gefahren gewähren, stammen von einem großen tibetischen Meister des 19. Jahrhunderts, Jamyang Khyentse Wangpo[34]. Ich habe diese Erklärungen hinzugefügt, weil sie nach meiner Ansicht ein wertvolles Hilfsmittel zum besseren Verstehen der Verse darstellen.

Die Rezitationen

OM! Ich preise Dich,
erhabene und edle Befreierin,
Mutter TARA, flink und mutig,
die alle Ängste mit TU TA RE zerstreut
und alle Wünsche mit TU RE erfüllt.
Ich verneige mich vor Dir mit der Silbe SVAHA

Dieser einführende Vers, der von Atisha als Hommage an das Tara-Mantra hinzugefügt wurde, macht deutlich, dass das Mantra identisch mit Tara ist. Das Mantra ist Tara. Es gibt keine Trennung. Es wird bestätigt, dass Tara die Macht besitzt, uns von allen Ängsten zu befreien, und alle Wünsche erfüllt. Denn Freude und Wohlergehen, das wurde mir immer klarer, geben dem Geist den Raum, den er zum Öffnen braucht.

Ich bin mit der religiösen Einstellung aufgewachsen, dass Wünsche ein Verstoß gegen die Demut sind, man vielmehr sein Los bescheiden hinnehmen soll, und dass etwas, das man für andere tut, wertlos ist, wenn man es sowieso gern tut. Wünschen war etwas, das sich für das Kind mit schlechtem Gewissen verband. Das hat sich mir tief ins Bewusstsein eingenistet. Doch Tara durfte ich meine Wünsche freimütig vortragen, und ich lernte, kein schlechtes Gewissen mehr dabei zu haben. Auf diese Weise wuchs das Vertrauen.

Ich habe Situationen erlebt, in denen ihre Hilfe wirklich dringend nötig war und ich sozusagen mein Schicksal ganz in ihre Hände legte. Die »Zufälle«, die sich zu meiner Erleichterung dann ergaben, kann ich nur Wunder nennen.

Vers 1

Ich preise Dich,
rasch handelnde, mutige Tara,
deren Blick wie Blitze funkelt,
geboren aus einer Lotosblüte,
die aus einer Träne im Gesicht des Herrn der drei Welten entstand.

Die Weiße befriedende Tara

Sie schützt vor dem allgemeinen Niedergang der Welt und der Wesen, dem Missgeschick, vor Angriffen sichtbarer und unsichtbarer Wesen, vor Krankheiten, negativen Einflüssen, Flüchen, schwarzer Magie und Streit sowie vor konzeptuellem Denken.

Zum Text des Verses

Wir leben in der Welt der Erscheinungen, das heißt, alles wird als eine Geschichte erlebt. Die jeweilige Geschichte kann man interpretieren, aber zunächst ist es eine Geschichte. Der Herr der drei Welten ist Avalokiteshvara, höchster Bodhisattva des Mitgefühls. Die drei Welten sind drei Bereiche der Existenz – die Welt des Verlangens, die Welt der Form und die Welt ohne Form. Die Welt des Verlangens umfasst die Existenzbereiche des Lebensrads, das sind die Höllenwesen, Hungergeister, Tiere, Menschen, Halbgötter und mindere Götter. In der Welt der Form existieren Götter subtilerer Art, die sehr langlebig sind wie etwa die Planetengötter. Die Welt ohne Form ist der Bereich noch subtilerer Götter. Unsterblich ist keiner von ihnen, denn Existenz ist unvermeidlich mit Vergänglichkeit verbunden.

Avalokiteshvara ist in der langen Geschichte der Tara in zweifacher Form präsent. Zu einer Zeit war er ihr Schüler, der dann zum berühmtesten Bodhisattva wurde. In einer anderen Zeit wuchs aus der Träne, die der Bodhisattva über das endlose Leiden der Wesen vergoss, eine Lotosblüte, aus welcher Tara, die Mutter aller Buddhas, geboren wurde. Denn die Geburt aus der Lotosblüte ist das Zeichen der Vollendung. Das darf sich dann so in vielen Zeitaltern abwechselnd wiederholt haben, denn diese Art von Geschichten will in einer viel größeren Zeitdimension verstanden werden.

Tara wird stets mit dem »raschen Handeln« verbunden, mit der Bereitschaft, in jedem Augenblick gegenwärtig und zur Hilfe bereit zu sein. Das wird häufig betont. Diese unmittelbare Erreichbarkeit deutet eine ganz besondere Nähe an, wie die Verbundenheit von Mutter und Kind. Dasselbe gilt auch für die »mutige Haltung«. Mut ist die große Souveränität, die sich durch nichts einschüchtern und zurückhalten lässt, weil das Spiel der Illusion durchschaut wird.

Die Weiße Tara wird im Allgemeinen vor allem mit der Bitte um Gesundheit und ein langes Leben verbunden. In dieser Eigenschaft wird sie ikonografisch in der Haltung der Meditation mit gekreuzten Beinen dargestellt. Ein langes Leben wünschen sich zwar alle Menschen, aber oft eher aus dem Grund, das gefürchtete Ende so lange wie möglich hinauszuziehen. Doch aus buddhistischer Sicht ist das Leben in einem »kostbaren menschlichen Körper« nur dann sinnvoll, wenn es möglichst intensiv zum Erwachen des Geistes verwendet wird. Dann allerdings bietet es, je länger es währt, umso mehr Möglichkeiten zu Studium, Praxis und Vertiefung.

Der Schutz vor schwarzer Magie mag in unserer aufgeklärten Welt seltsam anmuten, aber wenn man davon ausgeht, dass gute Wünsche Gutes bewirken können, kann man auch annehmen, dass böse Wünsche Schlechtes bewirken. Schwarze Magie bedeutet ausgesendete negative emotionale Energien. Dass intensive individuelle Energien und auch Kulmination von kollektiven Energien messbar sind, haben Physiker bereits beweisen können[35]. Der Schutz vor schwarzer Magie mag sich auch darauf beziehen, dass man nicht auf die eigenen negativen Wunschgedanken hereinfällt, die man im Zorn auf jemand anderen abfeuern möchte.

Vers 2

Ich preise Dich,
deren Gesicht hundert vollen Herbstmonden gleicht,
deren Lichtstrahlen funkeln wie eine Versammlung von
tausend Sternen.

Baghavati Vajra Tara

Sie schützt vor Schädigung durch Erde: Erdbeben und Übel in der äußeren Welt, vor inneren Krankheiten und vor Einflüssen durch die negative Emotion Ärger beziehungsweise Wut.

Zum Text des Verses

Baghavati ist »die Göttliche« und wird auch mit den indischen Gottheiten Durga und Saraswati assoziiert. Diese Tara ist auf eine besondere Weise schön, unabhängig von Schönheitskonzepten, etwa so, wie die Natur auf eine selbstverständliche Weise schön ist. Es ist die Schönheit des unzerstörbaren grundlegenden Gutseins. Aber nicht nur eine nette, milde Stimmung wird hier ausgedrückt, nicht nur ein einziger Mond strahlt mit seinem kühlen Licht, sondern es sind 100 Monde am klaren Herbsthimmel, begleitet vom funkelnden Licht von 1000 Sternen. In diesem nächtlichen Bild erscheint Tara als eine große, leuchtende Präsenz, die den negativen Aufruhr des Ärgers kühlt. Es bedarf der poetischen Sprache des Verses, um dieser Qualität mit Worten nahezukommen.

Vers 3

Ich preise Dich,
die geschmückt ist
mit gelben und blauen Lotosblüten,
deren Bereiche des Handelns Großzügigkeit sind, Anstrengung,
Ernsthaftigkeit,
Nachsicht, Geduld und Konzentration.

Die Rote Tara

Sie schützt vor Schädigung durch Wasser – wie Überschwemmung, Schiffsunglück, verunreinigtes Trinkwasser, Ertrinken –, vor inneren Krankheiten und vor schädlichen Einflüssen durch die negative Emotion Verlangen.

Zum Text des Verses

Diese Tara manifestiert die vollkommenen Bodhisattva-Qualitäten, die Paramitas, die sie in ihrer Hilfe einsetzt. Wir können heute die Verbindung der negativen Emotion Verlangen – Begierde – Haben-wollen mit den durch Wasser verursachten Problemen überdeutlich bei der Ausbeutung des Wassers sehen – durch Flussbegradigungen und Trockenlegungen wichtiger Sumpfbereiche, durch Tankerunfälle auf den Meeren, Industriegifte im Trinkwasser usw. Verlangen, die glühende Begierde des Haben-wollens, ist die erste der drei Ursachen des Leidens im Rad des Lebens, und es sind die vollkommenen Bodhisattva-Fähigkeiten, welche die Rote Tara helfend einsetzt.

Der Hinweis auf diese Fähigkeiten erinnert mich an die Aussage meines ersten Lehrers zur Verantwortung, die mit dem Bodhisattva-Gelübde verbunden ist: »Wir können nicht darauf zählen, dass andere für uns die Arbeit tun. Es liegt in unserer Verantwortung, und wir haben die grenzenlose Kraft, den Lauf des Karmas der Welt zu verändern. Mit dem Bodhisattva-Gelübde bekennen wir uns dazu, dass wir nicht die Anstifter zu weiterem Chaos und Elend in der Welt, sondern Befreier sein werden, Bodhisattvas mit der Inspiration, sowohl an uns selbst als auch mit anderen Menschen zu arbeiten.«

Es wäre also ein Irrtum, Tara zu bitten, die Welt zu verbessern. Doch ich kann sie um die Inspiration bitten, meine Fähigkeiten zu schulen und einzusetzen, also großzügig, geduldig und nachsichtig zu sein, mir ernsthaft Mühe zu geben und nicht auf alle möglichen Ablenkungen oder Ideologien hereinzufallen. Der alte Konfuzius wird ja gern zitiert: »Willst du die Welt verändern? Dann verändere dein Land. Willst du dein Land verändern, dann verändere deine Familie. Willst du deine Familie verändern, dann verändere dich selbst.« Schlauer Spruch, sehr berühmt, selten umgesetzt. Aber zu schaffen – mit Taras Hilfe!

Vers 4

Ich preise Dich,
die den Scheitel der Buddhas krönt,
die sich des vollkommenen Sieges ohne Grenzen erfreut,
auf die sich die Bodhisattvas, vervollkommnet in allen transzendenten Eigenschaften,
ganz und gar verlassen.

Tara, die vor Schäden durch Feuer schützt

In der äußeren Welt, einschließlich Wald- und Steppenbrand und Brandstiftung; wie auch vor Krankheiten und schädlichen Einflüssen durch die negative Emotion Ärger.

Zum Text der Verses

Dass Tara den Scheitel der Buddhas krönt, erinnert an ihre Bezeichnung »Mutter aller Buddhas«. Der Scheitel des Buddhas weist auf die Erhebung auf dem Kopf hin (Ushnisha), die alle Buddha-Darstellungen tragen. Das ist ein Symbol der Weisheit und der Offenheit des Geistes, Ursprung und Ziel des Dharma.

In diesem Text ist die außerordentlichste Ehrerbietung für Tara ausgedrückt, zudem im Hinweis auf die höchsten Bodhisattvas, in anderen Übersetzungen auch »Kinder der Buddhas« genannt. Die höchsten Bodhisattvas sind ja jene, die sich in allen transzendenten Eigenschaften vervollkommnet haben – in den sechs Paramitas, mit denen die Befreiung erlangt wird, und den zehn *Bhumis*, den Bodhisattva-Stufen: 1. voller Freude, 2. das Makellose, 3. das Leuchtende, 4. das Ausstrahlende, 5. das schwer zu Erlangende, 6. das Verwirklichte, 7. das Weitreichende, 8. das Unerschütterliche, 9. von höchster Intelligenz, 10. Wolke des Dharma.

Wenn sich so hohe Wesen wie die vervollkommneten Bodhisattvas auf Tara verlassen, um wie viel mehr dann können sich gewöhnliche Menschen wie wir, die wir in Angst und Gefährdung verstrickt sind, ihrer Hilfe sicher sein.

Als ich über den Kommentar »schädliche Einflüsse durch die Emotion Ärger« nachdachte, dachte ich an die verbreitete schwelende, knurrige, misslaunige Befindlichkeit, die sich wie Gift in Geist und Körper und darüber hinaus ausbreitet. Gute Gründe, Tara um Schutz gegen derartige schädliche Einflüsse zu bitten.

Vers 5

Ich preise Dich,
die den Raum, die Welten des Verlangens, der Form und Nichtform
mit Macht und Licht von TU TA RE HUM erfüllt,
die auf die sieben Welten stampft,
die über die Macht verfügt, alle zu versammeln.

Tara, die vor Schaden durch Wind schützt

In der äußeren Welt vor Tornados und Stürmen, die von bösen Geistern verursacht werden, vor Krankheit und der negativen Emotion Eifersucht.

Zum Text des Verses

Diese Tara zeigt ihre Macht auf deutliche Weise. Sie springt auf von ihrem Lotosthron und stampft nieder, was bedroht, und zwar gar alles, was aus den sieben Welten kommt. Damit tritt sie in ihrer tantrischen, »zornvollen« Erscheinungsform auf, Ausdruck dynamischer femininer Weisheitsenergie.

Die sieben Welten differenzieren sieben Kategorien von Wesen in den drei Welten: Nagas, Wasser- und Erdgeister, Hungergeister, Halbgötter, mächtige, stolze und streitsüchtige Wesen, Menschen und mächtige Wesen in drei nicht-menschlichen Bereichen. Ein gewaltig großes Weltbild, verglichen mit dem, was ich mir unter Weltbild vorgestellt hatte. Aber man muss das so sehen: Im Raum, der unendlich ist, gibt es unendlich viele Universen, und Taras Macht erstreckt sich auf alle ohne Ausnahme.

Ich hatte diese Rezitationen schon oft wiederholt, als mir auffiel, dass Mitgefühl ein sehr schwaches Wort ist für Taras Fähigkeit, jegliche Negativität auszulöschen. Der Buddha-Geist manifestiert sich als Weisheit und Mitgefühl, das hatte ich als Grundlage gelernt. Aber dieses Mitgefühl ist nicht nur liebevolle Zuwendung und eine gütige Geisteshaltung, sondern vollkommenes, grenzenloses Mitgefühl, eine unbezwingbare Macht. Da musste ich mich erst einmal sehr klein fühlen, bis mir einfiel, dass mein eigener Geist hinter den dicken Wolken meiner Verdunkelungen so strahlend wie die Sonne ist, wie Tara, sogar untrennbar von Tara. Der Macht des allumfassenden Mitgefühls tatsächlich zu vertrauen, so sagte ich mir, bedeutet, auf keinerlei Negativität hereinzufallen, nicht mehr gegen irgendjemanden und irgendetwas zu sein. Wieder einmal musste ich mir klar darüber werden, dass Unterscheiden nicht bedeutet zu urteilen. Taras Weisheit im Rahmen der fünf Weisheitsaspekte wird »unterscheidende Weisheit« genannt, weil sie in jedem einzelnen Fall genau weiß, in welcher Art und Weise Hilfe nötig ist.

So zeigt mir das hier beschriebene Bild: Tara ist aufgesprungen, hat die wilde Haltung der – scheinbar – zornvollen Gottheiten eingenommen, strahlend vom Licht der heilenden Energie. Und sie stampft in großer Souveränität, um alle Wesen zu versammeln und sie zu befreien von ihren Ängsten, ihrem Druck, ihren Schmerzen, ihrer Verwirrung, Täuschung und Negativität.

Vers 6

Ich preise Dich,
der Indra, Agni, Brahma, Vayu und die diversen Götter Geschenke darbringen,
zu deren Füßen sich die Bhutas, Gandharvas und Yakshas
in Anbetung scharen.

Gelbe Tara der Anreicherung

Sie lässt alle Arten von Wohlstand und Reichtum in der Welt wachsen, ebenso wie Intelligenz und Eloquenz.

Zum Text des Verses

Hier versammeln sich die höchsten und niedrigeren der vedischen Götter, um Tara Geschenke zu bringen – der Schöpfer des Universums, der König der Götter, der Feuergott, der Windgott und diverse weitere Götter, aber auch andere Wesen aus den unsichtbaren Bereichen. Das ist interessant, weil es zeigt, dass alte indische Mythen ihren Weg in das buddhistische Weltbild fanden. Buddha hat keine Mythen angeboten, sondern eine Philosophie, untrennbar verbunden mit Psychologie, explizit als Hilfe für jeden Einzelnen, einen Weg aus dem Leiden an der Existenz zu finden. Dennoch ergibt das Hinzuziehen von Mythen ein größeres Bild.

Meine Tara mit ihrem altindischen mythischen Hintergrund ist so wunderbar und verehrungswürdig, dachte ich, dass selbst die höchsten Götter sie mit Geschenken ehren, und meine Tara ist da, zugleich ist sie die Personifizierung der Potenzialität der ursprünglichen Natur meines Geistes. Meine grundlegende, unzerstörbare geistige Gesundheit macht es – ungeachtet aller Störungen – möglich, dass Tara in meinem Bewusstsein erscheint. Sie ermutigt mich, beruhigt mich, beschützt mich und gibt mir Inspiration, meiner Intuition mehr zu vertrauen. So beschenkt, wird es ganz selbstverständlich, dass ich allen Wesen ein äußeres gutes Leben und eine innere Tara wünsche, die sie beschützt und inspiriert.

Vers 7

Ich preise Dich,
die mit TRAD und PHAT
die Illusionen unwissender Menschen zerstört,
sie in ihrem blendenden Feuer verzehrt.

Tara, die vor Schaden durch Unwetter schützt,
die durch böse Geister oder Flüche verursacht werden, wie Blitzschlag, Starkregen, Hagelsturm, Schneesturm und Meteore sowie vor Krankheit und schädlichen Einflüssen durch die negativen Emotionen Verlangen, Hass und Neid.

Zum Text des Verses

Tara hat wahrscheinlich auch hier die Haltung des Tanzes der zornvollen Gottheiten, die in einer Feueraureole tanzen, eingenommen. Zornvoll bedeutet natürlich nicht, dass Zorn ihr aktives Eingreifen diktiert, denn Tara agiert auf allen Ebenen ausschließlich nur aus vollkommenem Mitgefühl, und zwar mit den für die Situation geeigneten Mitteln. Manchmal ist ein heftiges Auftreten nötig, um eine Situation zu bändigen. Die beiden Silben TRAD und PHAT, ausgesprochen als kurzes TÄ und PÄ, drücken unwiderstehliche Macht und Klarheit aus.

Als ich mehr über die Besonderheit der subtilen femininen Energie lernte, die sich in den Weisheits-Dakinis manifestiert, weiblichen Buddhas, die friedlich, drohend oder sehr wild in Erscheinung treten, konnte ich diese Tara besser verstehen. Die wilde, feminine Erscheinungsform der Tara-Energie ist Ausdruck des grundlegenden, umfassend mitfühlenden Geistes, machtvoll führend, korrigierend und beschützend.

Tara zu bitten, sie möge mich vor äußerem Unheil bewahren, empfand ich immer als wohltuend. Ich vertraute ihr, und das dämpfte meine Angstbereitschaft. Die Erfahrung, dass die Angst vor einem Unheil manchmal das größte der Übel war, habe ich bei manchen Gelegenheiten machen können. Ist man mitten im Unheil, geht man direkt damit um, und Angst kann sich in geschickte Aktivität verwandeln. Insofern bin ich mir sicher, dass

Tara meine Bitten erhört hat, wenn auch nicht unbedingt in der Weise, wie ich es vordergründig erwartet hatte.

Das Bitten für mich erweiterte sich beim Studium der Lehre sehr schnell zum Bitten für mich und andere, mit dem Wissen im Hintergrund, dass es letztlich die Bitte für uns, für alle Wesen, miteinbeziehen musste. Das Ich als isoliertes Konzept, mit dem menschliche Wesen zu leben gewohnt sind, ist natürlich sehr mächtig. Aber jedes Mal, wenn ich mich ernsthaft daran erinnerte, dass Ich und die Anderen zwar zwei sind, aber nicht getrennt, erlitt der Kokon dieser unbewussten Ichbezogenheit ein kleines Loch.

Dass im Kommentar von bösen Geistern und Flüchen die Rede ist, weist auf Aspekte der dualistischen Welt der Erscheinungen hin, die in der modernen materialistischen Welt geleugnet werden. Aber in meinem persönlichen, geräumigen Universum haben sie durchaus Platz. Ich akzeptiere und verstehe sie unter verschiedenen Namen auf Mythos- und Logos-Ebene, finde, dass Rituale eine gute Unterstützung sind, und halte mir die Gleichzeitigkeit von scheinbar real und tatsächlich geistgeschaffen vor Augen. Kurz, ich bemühe mich, mit den Phänomenen angemessen umzugehen, wie ich es von meinen Lehrern gelernt habe.

Vers 8

Ich preise Dich,
die alle dämonischen Klesas
mit dem großen, furchterzeugenden TU RE zerstört,
die mit einem finsteren Blick aus ihrem Blumengesicht
jeden Gegner in die Flucht schlägt.

Tara, die vor Schaden durch Waffen schützt

Sie schützt vor Krieg und Gefecht in der äußeren Welt, vor der Verfolgung durch Unterdrücker sowie vor Krankheit und schädlichen Einflüssen, die durch die negativen Emotionen Wut und Eifersucht erzeugt werden.

Zum Text des Verses

Taras Aktivität ist unmittelbar, ohne Zögern, das ist ihr großes, furchterregendes TU RE (Sanskrit: schnell). Diese Besonderheit zeichnet sie als die mächtige mütterliche Beschützerin aus. Nicht nur Menschenmütter, auch Tiermütter verteidigen augenblicklich ihre Kinder gegen Gefährdung aller Art, wenn nötig, sehr vehement. Eine Untersuchung hat gezeigt, dass Säugetiermütter auf Schreie von Babys anderer Spezies reagieren und zu Hilfe eilen, wobei die Frequenzen der Schreie sich speziesübergreifend erstaunlich ähnlich sind.

Die schöne, sanfte, friedvolle Tara kann sich also gegen Feinde in ihrer zornvollen Haltung zur mächtigen Kriegerin erheben. Ich habe gelernt, die Gegner vor allem in mir selbst zu sehen, in meiner Angst, in meiner Wut, in allen negativen Emotionen. Äußere Umstände wie etwa Naturkatastrophen lassen sich oft nicht ändern. Wenn Krieg herrscht, dann herrscht Krieg, wenn Unterdrückung herrscht, dann ist man machtlos gegenüber Diktatoren, Tyrannei und Staatsgewalt. Solche Ereignisse lassen sich nicht verhindern, doch ich kann sagen, es ist zwar mein Karma, dass die äußeren Umstände so sind, aber es ist meine eigene Entscheidung, wie ich mit der Situation umgehe. Äußerlich kann ich Tara bitten zu helfen, dass ich nicht zwischen die Fronten gerate, sondern durch günstige Umstände unsichtbar am Rand des Geschehens bleibe und nach Möglichkeit auch anderen dazu verhelfe; innerlich unterstützt sie mich, besonnen zu bleiben und nicht, von negativen Emotionen überwältigt, mich zur Zielscheibe zu machen. So werde ich mit der Hilfe meines Vertrauens zu ihr die Kraft zum Durchhalten oder möglicherweise zur Flucht finden.

Taras finsterer Blick weist auf den Ernst der äußeren oder auch inneren Lage hin. Die inneren Gegner, gegen die ihr Schutz wirksam ist, sind die aufrührenden, Konflikte schürenden Emotionen, die das Bewusstsein überfluten und blenden und den Dharma vergessen lassen.

Vers 9

Ich preise Dich,
deren Brust mit den Fingern in der Mudra der drei Juwelen geschmückt ist,
deren rechte Hand in Vajra-Mudra das Rad hält,
welches sprüht vor Licht
und jegliches andere Licht übertrifft.

Tara, die vor Schaden durch Tyrannen schützt

Sie schützt vor Feindseligkeit, Gefängnis, Bestrafung durch Herrschende in der Außenwelt, vor Krankheit und schädlichen Einflüssen durch die negativen Emotionen Hass, Täuschung, Gier und Neid.

Zum Text des Verses

Mudra ist die symbolische Geste, die Drei Kostbaren Juwelen sind Buddha, Dharma und Sangha, mit dem Rad ist die Runde aller Richtungen gemeint. *Vajra* ist der unzerstörbare, kristallklare reine Geist. In allen Universen in der Weite des Weltalls verbreitet sich das wunderbare Licht der mitfühlenden Weisheit, das Tara entströmt, wenn sie von jemandem, der tiefes Vertrauen zu ihr hat, mit ihrem Mantra gerufen wird.

Als ich über den Kommentar nachdachte, kam mir der Gedanke, dass Tyrannei, der bedenkenlose Machtmissbrauch der Herrschenden, einen ganz besonderen Schrecken und damit auch sehr bittere negative Emotionen auslöst. Keine Unsicherheit ist so schmerzhaft wie die, barer Willkür ausgeliefert zu sein. Doch Tara bietet Schutz durch die Drei Juwelen. Frei von den giftigen Emotionen strahlt ihr Licht der Befreiung in alle Welten – und damit in jedes ganz persönliche Universum.

Vers 10

Ich preise Dich,
deren Freude es ist, die Wünsche der Wesen zu erfüllen,
deren funkelnde Tiara ein Rosenkranz aus Lichtstrahlen ist,
die mit einem Ausbruch mantrischen Gelächters TU TA RE
die Dämonen und alle Weltlichkeit bezwingt.

Tara, die vor Schaden durch Raub schützt

Sie schützt vor Überfall, Diebstahl und Mord durch Banden, Räuber oder Diebe in der Außenwelt, wie auch vor Krankheit und schädlichen Einflüssen durch die negativen Emotionen Eifersucht, Begierde, Wut oder Gier.

Zum Text des Verses

Die schöne Tara trägt eine funkelnde Tiara, die Taras Licht in alle Richtungen sendet wie ein bezauberndes Feuerwerk. Es ist das Licht ihrer Freude, den Wesen zu helfen, sie zu beschützen, ihre Wünsche zu erfüllen, das Licht des unbegrenzten, mächtigen, weisen Mitgefühls. Ihr Lachen ist voller Klarheit und Furchtlosigkeit, gegen die alle Dämonen machtlos sind. Dämonen gehören in der tibetischen Kultur zur Wahrnehmung der Realität. Sie besetzen Menschen und sind Ursache für deren dämonisches Verhalten.

Es ist die Frage, ob die westliche Psychologie, die extrem menschenfeindliches und zerstörerisches Verhalten als psychiatrische Krankheiten einordnet, die richtige Erklärung bietet oder ob die Vorstellung von einer Besessenheit durch dämonische Kräfte nicht ebenso richtig sein kann. Meine eigene Beobachtung der Zähmung eines von einem lokalen Dämon Besessenen durch einen buddhistischen Meister ganz ohne Pharmazeutika, allein mit geistiger Energie, gab mir die Antwort.

Das Lachen der Furchtlosigkeit enthält den Humor und den spielerischen Akzent, sich selbst nicht so ernst zu nehmen, und es enthält den Ernst, Situationen völlig klar zu durchschauen und zu wissen, was zu tun ist. Die lachende Tara hat mich immer wieder inspiriert, mich an meinen Zufluchtsnamen zu erinnern: Lotos-See voller Freude.

Dieser Vers wird mit dem Schutz vor Räubern assoziiert. Das war bei den Tibetern, dem ziemlich wilden Bergvolk, ein ernstes Problem. Sie waren zum großen Teil Nomaden, aber je nach Landschaft auch Bauern und Händler. Es war ein hartes Leben, und nicht alle legten Wert darauf, die buddhistischen Regeln des Soziallebens zu beachten. Es geschah nicht selten, dass ein Stamm in Notzeiten loszog, Nomaden und Bauern überfiel, sich nahm, was gebraucht wurde, dann die Vorräte nach Hause brachte und ganz friedlich weiterlebte, als wäre nichts geschehen. Ihrer Ansicht nach war das nicht so schlimm. Man war sich ja einig, dass niemand dabei getötet werden sollte, wenn es sich vermeiden ließ. Allerdings ließ es sich eben manchmal nicht vermeiden.

In der Innenwelt sind es die negativen Emotionen, die das Bewusstsein überfallen, die guten Intentionen rauben und das natürliche Gefühl für Unrecht abtöten.

Vers 11

Ich preise Dich,
die über die Macht verfügt,
alle Beschützer der Erde zusammenzurufen,
deren Silbe HUM, von ihrem wilden Ausdruck aufgerüttelt,
alle von Armut befreit.

Tara der Anziehung

Sie schützt vor Leiden, indem sie die äußeren Phänomene und die innere Geist-Energie meistert. Und sie verleiht die Fähigkeit, allen Bedürfnissen und Zielen gerecht zu werden.

Zum Text des Verses

Der Schlüssel zu diesem Vers ist die mantrische Silbe HUM. Mantras beginnen mit OM und enden oft mit HUM. OM ist der Laut der vollkommenen Einheit, des völlig offenen Geistes. HUM ist der Laut der Hingabe, der Verwirklichung im Leben, Einheit in der Dualität.

Tara aktiviert das HUM und damit alle Beschützer der Erde, alle Göttinnen der Erde, aber auch die Mächtigen, Herrscher über die Menschen. Denn alle machtvollen Wesen, Götter und Menschen, gehorchen ihrer unwiderstehlichen Anziehung.

Mir fiel ein, ich könnte Tara auch um Weisheit für die Regierenden meines Landes bitten, am besten für die Regierenden aller Länder, denn das Regieren scheint unausweichlich zu Realitätsverlust zu führen. Da müssen wirklich alle Beschützer der Erde aufgerüttelt werden, sich einzumischen und Ordnung zu schaffen.

Tara befreit von Armut aller Art, auch vom Leiden an innerer Armut, am Mangel an Freude. Das ist eine besonders schlimme Art von Armut.

Vers 12

Ich preise Dich,
Die mit einem Halbmond gekrönt ist
und deren Schmuck wie Brillanten funkelt.
In der Fülle ihres Haars scheint Amitabha mit ewigem Licht.

Tara, die vor Schaden durch Geister schützt

Sie schützt vor den drei Klassen böser Geister in der Außenwelt und vor schädlichen Einflüssen durch die acht Klassen der Dämonen.

Zum Text des Verses

Ein Teil von Taras schwarzen Haaren ist auf ihrem Kopf zu einem Knoten gebunden, darin erscheint Buddha Amitabha, der Buddha des Unendlichen Lichts und Buddha-Weisheitsaspekt »Unterscheidende Weisheit«. Daran lässt sich erkennen, dass Buddha Tara (im Tantrayana wird sie Padma Dakini genannt) mit diesem Aspekt identisch ist. Es ist der Aspekt des vollkommenen, intelligenten Mitgefühls, eine aktive, kreative Kraft, assoziiert mit der Farbe Rot. Das Licht Taras wird ergänzt vom Licht Amitabhas, aber hier gilt natürlich auch, dass zwei genannt werden, die nicht getrennt sind.

Das Erscheinen des Buddha Amitabha erinnerte mich daran, dass der hohe Meister Ling Rinpoche, einst der Lehrer des Dalai Lama, dem ich bei meiner ersten Reise in den Himalaya begegnen durfte, mir einen mantrischen Text der Anrufung Amitabhas mitgab. Damals verstand ich wenig von der Bedeutung, außer dass Amitabha einen der fünf Aspekte der Buddha-Weisheit darstellte. Sein Beiname »Unendliches Licht« bedeutet vollkommene Offenheit des Geistes, wie sie im Todesprozess, im Bardo des Sterbens, aufscheint. Auch wenn diese vollkommene Befreiung im letzten Augenblick des Übergangs nicht wahrgenommen oder gehalten werden kann, ist Amitabha bereit, den Geistesstrom, der den Körper verlassen hat, in sein vom Licht der Klarheit erfülltes »Reines Land« *Sukhavati* zu geleiten, sozusagen ganz nah an die Befreiung heran. Tara als die Mutter aller Buddhas ist, wie das Bild zeigt, unmittelbar mit Amitabha verbunden.

Die bösen äußeren und inneren Geister kann man auf verschiedenen Ebenen verstehen. Am besten ist es, Hamlets Hinweis zu akzeptieren, dass es Dinge gibt, die sich unserer Schulweisheit entziehen. Der Schutz durch die Tara-Praxis ist dennoch vorhanden.

Vers 13

Ich preise Dich,
die inmitten des Tosens von Flammen
wie Feuer am Ende des Zeitalters verweilt,
die, das rechte Bein gestreckt, das linke gebeugt,
von Feuer umgeben,
ohne Ausnahme die Horden der Gegner derer zerstört,
die sich am Drehen des Rades erfreuen.

Tara, die vor Schaden durch Elefanten schützt

Sie schützt vor Angriffen starker und wilder, auch domestizierter Tiere sowie vor schädlichen Einflüssen durch die negativen Emotionen Arroganz und Grausamkeit.

Zum Text des Verses

Tara tanzt wie alle dynamischen Weisheitsgottheiten im tantrischen Tanzschritt in einer Feueraureole. Doch hier wird ihre machtvolle Fähigkeit mit dem gewaltigsten Feuer verglichen, das vorstellbar ist. In der indischen Kosmologie, die der Buddhismus übernommen hat, ist ein *Kalpa* die Lebenszeit eines Universums im großen Zyklus der Wiederholung des Werdens und Vergehens, also vom Entstehen des Universums bis zu seinem Ende. Am Ende dieses unseres Universums wird im Mythos ein gewaltiges Feuer alles, was ist, verzehren.

Es ist das Bild der unbekümmerten, mutigen, zornigen, lachenden, liebenden und uneingeschränkt mächtigen Tara-Energie der völligen Offenheit, deren Feuer alle gegnerischen Kräfte, äußere und innere, in verzehrende Flammen aufgehen lässt. Allegorisch kann man das Bild als das Feuer der Leidenschaft des Geistes, des unbedingten Wunsches, der glühenden Hingabe verstehen. Es ist Bodhicitta, der Erleuchtungsgeist, der alle Impulse der Täuschung, des Festhaltens am Ego verzehrt. Starke Gegner, die das »Drehen des Rades« – die Verbreitung des Dharma – behindern wollen, gibt es außerhalb und im Inneren. Es gibt Diktaturen, in denen die Verbreitung des Dharma verboten ist, materialistisch orientierte Gesellschaften, in denen Spiritualität diffamiert oder politisch instrumentalisiert wird, und nicht-menschliche Wesenheiten, die in behindernder Weise agieren. Und vor allem gibt es die inneren Gegner in der Form starker negativer Impulse, die das Mitgefühl völlig ausschalten.

Den Schutz vor wilden Elefanten brauchte man im indischen Dschungel, heute ist es der Schutz vor der Arroganz von Wissenschaftlern und der Grausamkeit von Despoten.

Vers 14

Ich preise Dich,
die mit ihren Füßen aufstampft
und mit ihren Händen auf die Erde trommelt,
die mit einem Zornesblick und dem Klang des HUM
die sieben Welten besiegt.

Tara, die vor Schaden durch Löwen schützt

Sie schützt vor großen Raubtieren in der Außenwelt sowie vor schädlichen Einflüssen durch die negativen Emotionen Wut, Gier, Neid und Hochmut.

Zum Text des Verses

Taras tantrischer Tanz, die stampfenden Füße, die trommelnden Hände und der schreckenerregende Ausdruck ihrer Augen weisen nachdrücklich darauf hin, dass sie auf problematische Situationen in der angemessenen, dazu passenden Weise reagiert. Sie verfügt über alle geeigneten Mittel eines sowohl klarsichtigen als auch mitfühlenden Handelns jenseits aller Konzepte.

Die Vorstellung von Mitgefühl hatte ich, als ich den Buddhismus kennenlernte, zunächst mit Freundlichkeit und Zuwendung verbunden. Das lag nahe, denn der Begriff Mitgefühl enthält zwar die Aspekte Mitleid, Mitfreude, Barmherzigkeit und Güte, aber vom Unterschied zwischen authentischem Mitgefühl und Mitgefühl als Konzept oder gar als Strategie wusste ich nichts. Einen differenzierten Eindruck bekam ich, als ich einmal die Geschichte vom Zen-Meister und seinem reichen Besucher las:

Ein sehr wohlhabender Mann suchte einen Zen-Meister auf, um sich über Zen belehren zu lassen. Er überreichte dem Zen-Meister ein großes Gastgeschenk, das der Zen-Meister lächelnd entgegennahm, es zur Seite legte und dem Gast Tee einschenkte. Der wohlhabende Mann überreichte bei seinem nächsten Besuch ein noch beträchtlicheres Geschenk. Wieder legte der Zen-Meister lächelnd das Geschenk zur Seite und schenkte Tee ein. Nach diesem Besuch dachte der wohlhabende Mann: »Na warte, da wollen wir doch mal sehen!« Beim nächsten Besuch brachte er ein ganz außerordentlich stattliches Geschenk mit, und es geschah wie zuvor, der Zen-Meister nahm es lächelnd entgegen und legte es zur Seite. »Also«, sagte der reiche Mann mehr als irritiert, »bedankt man sich hier eigentlich nicht?« Der Zen-Meister zog überrascht die Augenbrauen hoch und sagte mit sanfter Selbstverständlichkeit: »Aber der Gebende soll doch dankbar sein!«

Geben aus dem natürlichen Drang des Herzens war die Botschaft. Das verbindet sich auf ganz natürliche Weise mit Freude. Keine Erwartungen, kein Handel. Doch dass das Herz sich auf diese Weise öffnet, ist nicht ein Blitzschlag der Erleuchtung – so hätte ich es mir gern vorgestellt –, sondern ein Weg, Schritt für Schritt.

Das deutsche Wort Mitgefühl lässt wenig von seinem tatsächlichen Inhalt im Dharma ahnen. Dafür gibt es differenzierte Begriffe, hier kurz mit allgemeinen Bedeutungen umrissen: Der Sanskrit-Begriff *Maitri*, in Pali *Metta*, bedeutet Herzenswärme, liebevolle Zuwendung zu anderen Individuen, Liebe im engeren Sinn. *Karuna* bedeutet aktives Mitgefühl, eine grundlegende Bereitschaft, allen Wesen zu helfen, völlig urteilsfrei, unter allen Umständen. *Mahakaruna*, das Große Mitgefühl, ist ein völlig offener Geist, die untrennbare Verbindung von Weisheit und Mitgefühl, Einheit.

Diese große, mitfühlende Offenheit ohne Konzepte kann sich in unterschiedlicher Weise äußern, auch in einem machtvollen, vielleicht sogar zornig wirkenden Auftreten, aber grundsätzlich ohne Aggression. Es heißt: »Der Bodhisattva fällt seinen Gegner mit einem Schlag.« Der oder die Bodhisattva tritt dem Gegner in der Weise gegenüber, die der Situation angemessen ist. Wenn kein Friedensvorschlag, keine Angebote und keine Beeindruckung irgendwelcher Art helfen, muss der Gegner, die Negativität außer Gefecht gesetzt werden.

Vers 15

Ich preise Dich,
die glücklich ist, edel und friedvoll,
die in der Sphäre des Nirwana verweilt,

die vollkommen über SVAHA und OM verfügt
und so die großen Klesas (Ignoranz und störende Emotionen)
zerstört.

Tara, die vor Schaden durch Schlangen schützt

Sie schützt vor Angriffen giftiger Kreaturen, auch tollwütiger Hunde, sowie vor Krankheit und schädlichen Einflüssen durch die negativen Emotionen Dumpfheit, Böswilligkeit, wilde Begierde und verblendete Anschauungen.

Zum Text des Verses

Dieser Tara-Aspekt zeigt wieder das Bild der friedlichen, glücklichen Tara, denn dies sind ihre immerwährenden Qualitäten: in Glück, Frieden und edler Geisteshaltung zu verweilen. Sie verhilft zum Glücklichsein, zu einer mitfühlenden Geisteshaltung und zum Zustand inneren Friedens, denn sie verkörpert *Nirwana*, das Aufhören allen Leidens. SVAHA und OM sind Silben ihres Mantras, mit dem sie identisch ist! Ihr Mantra ruft mich zur Wachheit auf, mich an Tara zu erinnern, die nie verschwunden war.

Wie oft musste ich mir sagen: Tara IST, sie ist immer! Doch in meinem beschränkten geistigen Universum verfiel ich so oft der Vergesslichkeit und musste mich ermahnen, sie wahrzunehmen. Aber selbst dann konnte es geschehen, dass das von Sorgen und anderen Wichtigkeiten überschwemmte Bewusstsein ihre Präsenz kaum wahrnehmen konnte, etwa so, wie man das Blau des Himmels bei Hochnebel nicht sehen kann.

Wenn das Bewusstsein geflutet ist durch heftige negative Emotionen, kann das Erinnern an Tara schwierig sein. Bei sehr giftigen Emotionen, die von außen kommen, ist es besonders schwer, das innere negative Echo als das zu sehen, was es tatsächlich ist – die eigene Vergiftung. Da ist Taras »Medizin« besonders wirkungsvoll. Sie kann diesen Echo-Mechanismus abstellen.

Vers 16

Ich preise Dich,
die mittels vollkommener Freude
die Körper der Feinde zerstört,
Retterin, die aus dem HUM erstand
innerhalb des Mantras aus den zehn Silben.

Schwarze unterwerfende Tara

Sie schützt vor allen Arten schwarzer Magie, Verfluchung, Bann, Epidemien und allen bösen Kräften, sowohl materiell als auch immateriell.

Zum Text des Verses

Diesen Text musste ich, als ich zum ersten Mal über ihn nachdachte, erst einmal hin und her wenden. Das gewalttätige Bild, das hier gezeichnet wird, hat eine besondere Direktheit. Feinde sind in diesem Kontext die Eigenschaften des Egos, die drei Verdunkelungen, Klesas, die man nur unter großen Mühen loswird, aber auch die Geisteshaltung von anderen Menschen, die Dharma-Praxis stören und verhindern wollen.

Diese Tara erscheint nicht aus der Keimsilbe der friedlichen Tara TAM, sondern aus der Keimsilbe HUM, die bedeutet, dass sich die Erleuchtung innerhalb der Weltlichkeit und mit den

Mitteln des Lebens in der Welt entfaltet, einschließlich aller Arten von Negativität. Anders gesagt: Es gibt nichts, das nicht als Arbeitsmaterial auf dem Weg der Befreiung dienen könnte. Deshalb sagte mein erster Lehrer: »Alles, was geschieht, ist dein kostbares Material.«

Der Schluss des Verses macht klar, dass die mächtige, alle Bedrohungen zerstörende Tara als ihr zehnsilbiges Mantra aus der Keimsilbe der Transformation entsteht. Ich erklärte mir das so: Ich bitte Tara herbei, weil ich ihre Hilfe brauche, weil ich Schmerzen oder Sorgen oder Angst habe oder einfach weil sie mir gegen das Durcheinander und die Klesas in meinem Bewusstsein helfen soll. All dies lässt sich unter Verwirrung zusammenfassen, und diese ist gleichzeitig mein Treibstoff, um aus der Verwirrung herauszukommen. Also rufe ich Tara mit dem Klang ihres Mantras, das mir hilft, sie mir gegenwärtig zu machen, nicht nur als bildhafte Form, sondern als fühlbare, erfahrbare Präsenz.

Die zusätzliche Erklärung weist auf schwarze Magie, Verfluchung und böse Kräfte hin, die man als Realität gelten lassen sollte. Mit Epidemien können materielle Epidemien gemeint sein, welche die körperliche Gesundheit bedrohen, aber auch geistige Ansteckungen, etwa mit Ideologien, mit Verhetzung oder mit Angst. Die Farbe Schwarz weist im Tantrayana auf die Transformation von der Macht sehr negativer Energien in die Macht der Großen Befreiung hin.

Die Schwarze Tara leitet sich von einer Geschichte ab, die Taranatha in den Annalen fand:

Es gab einmal einen Tempel irgendwo im Osten, in dem Mönche des »Kleinen Fahrzeugs«, Hinayana, lebten. Nach der Regel musste allabendlich einer der Mönche einen Rundgang machen, bevor das Kloster abgeschlossen wurde. Dabei waren schon viele Mönche ermordet worden, und ihre Zahl schrumpfte. Als die Reihe an einem Novizen war, machte sich der arme Junge zitternd auf den Weg. In seiner Not fiel ihm ein, dass er gehört hatte, die Anhänger des »Großen Fahrzeugs« hätten eine besondere, sehr mächtige Beschützerin namens Tara, die von den acht großen Ängsten befreite, und er beschloss, dass sie seine Beschützerin sein sollte.

Mit kleinen, vorsichtigen Schritten begann der Novize die befohlene Runde. Es war eine dunkle Nacht, der Sichelmond gab kaum Licht, und die Sterne schienen blasser als sonst. Plötzlich wurde der Junge von hinten erfasst, und schon hatte der Arm des Monsters seinen Kopf im Schraubstockgriff. Er konnte gerade noch Taras Namen rufen, bevor ihm die Luft wegblieb. Augenblicklich erschien eine schwarze Göttin mit einem vor Schärfe blitzenden Schwert, das sie drohend auf das Monster richtete. Erschreckt ließ das Monster sein Opfer los und fiel auf die Knie. »Ich tu ihm nichts!«, krächzte es, aber die Spitze des Schwerts blieb bedrohlich nah auf es gerichtet. »Ich verspreche es. Ich schenke dem Jungen Gold und Edelsteine«, jammerte das Monster, »jetzt gleich!« Es sprang auf, zog sich aber unter dem machtvollen Blick der schwarzen Göttin zusammen. »Ich komme gleich wieder.«

Die schwarze Göttin löste sich auf, aber dem Novizen schien es, als bliebe ihr Abdruck im Dunkel der Nacht zurück. »Danke, Edle Tara, danke, danke, danke!«, flüsterte er überwältigt. Da kam auch schon das Monster zurück, stellte einen Topf voller Gold und Edelsteine vor den Novizen und machte sich eiligst davon.

Es wird berichtet, dass der Tempel nie wieder von einem Monster heimgesucht wurde.

Vers 17

Ich preise Dich,
TU RE! Die mit dem Stampfen ihres Fußes,
mit der Keimsilbe in der Form des HUM,
den Meru, Mandara und Kailash erbeben lässt
und die drei Welten erschüttert.

Tara, die vor Schaden durch Krankheit schützt

Sie beruhigt Krankheiten, die von der Umgebung verursacht werden, wie etwa von Pflanzen, und vor allem von Ungleichgewichten in den Elementen des Körpers. Sie schützt generell vor Krankheit, vor Ansteckung und schädlichen Einflüssen durch die 21 000 inneren Störungen.

Zum Text des Verses

Das Stampfen mit dem Fuß und die Keimsilbe HUM weisen auf die »zornvolle« oder dynamische Erscheinungsform hin. Das erschüttert einfach alles, den mythischen Berg Meru, der das Zentrum unserer Welt darstellt, und ebenso die unteren und oberen Welten. Ich stelle mir diesen Auftritt als ein großes Aufwecken vor oder wie ein gewaltiges Aufschütteln, so dass alles wieder seinen richtigen Platz finden kann. Es geht um Erkennen des »Materials« und um Transformation, und das sind meiner Erfahrung nach immer sehr heftige Prozesse, denen standzuhalten Tara uns ihre beschützende und stabilisierende Unterstützung gibt. Vor allem schützt Tara vor Angst. Nichts schwächt das Körper-Geist-System so durchdringend wie Angst, und gerade epidemische Krankheiten aktivieren umso mehr Angst, je größer das unbewusste Angstpotenzial ist.

Dass ein so machtvoller Einsatz Taras auch bei Krankheiten, die von der Umwelt ausgelöst werden, nötig ist, gab mir zu denken. Ich dachte an Luftverschmutzung, Meere voller Nanoplastik, verunreinigtes Wasser, Ernten voller giftiger Chemie – allgegenwärtige Gefahren in unserer alltäglichen Situation, durch die Ungleichgewichte im Körper und dadurch Krankheitsanfälligkeit ausgelöst wird. Tara ist die innere Resource, die alle Angst in Vertrauen verwandeln kann.

Vers 18

Ich preise Dich,
in deren Händen der Mond in der Form des Deva-Sees ruht
und die mit zweifachem TA RA und PHAT jegliches Gift auflöst.

Tara, die vor der Angst vor dem Tod schützt

Sie schützt vor direkten und indirekten Angriffen durch Widersacher in der Außenwelt, durch die man an einem spirituellen Leben gehindert wird; wie auch vor dem inneren Fluss falsch geleiteten Denkens, das die Angst erzeugt, man könnte nicht auf dem Dharma-Weg bleiben.

Zum Text des Verses

Der Mond ist das Symbol der Weisheit. Er ist wie ein runder, stiller See mit frischem, klarem Wasser, ruhend in seiner ungetrübten Schönheit. Weisheit wird mit dem weiblichen Prinzip assoziiert, da aus ihr das mitfühlende Handeln, das männliche Prinzip geboren wird. Weisheit ist mit der Intuition verbunden.

Tara hält die ursprüngliche Weisheit in ihren Händen, unsere Weisheit, meine ursprüngliche Weisheit, die das Wissen von der Untrennbarkeit von Leben und Tod enthält. Mit ihrer Macht löst sie alle Gedankengifte auf. Die mantrischen Laute TA RA und PHAT schrecken den Geist aus seiner Dumpfheit auf, damit er erwacht und erkennt.

Alle Krankheiten haben ihre Wurzel, sagt die tibetische Medizin, in den Klesas Begierde, Aggression und Ignoranz, die aus dem Festhalten am Ego, am Ich-Selbst entstehen. Eine Krankheit kann verschwinden, wenn dieser Klammergriff an der Identifikation mit dem Selbst sich löst. Das bedeutet natürlich nicht, dass man unsterblich wird, vielmehr ist der materielle Tod dann nichts anderes als ein Verlöschen der Körperlichkeit.

Als ich darüber nachdachte, wer in der Außenwelt mich am spirituellen Leben hätte hindern können, fiel mir niemand ein. Aber ich musste an Tibet denken. Dort wird von den chinesischen Eroberern die Möglichkeit zu einem spirituellen Leben mit allen Mitteln bis zu Gefängnis, Folter und Totschlag verhindert. Das ist in mehrfacher Hinsicht ein schreckliches Gift. Ich machte mir bewusst, dass ich die Freiheit, selbst entscheiden zu dürfen, Dharma-Lehrer zu haben und praktizieren zu können, mehr wertschätzen sollte. Ohne die authentischen Lehrer, die Buddhas Lehre weitergeben, wäre meine Beziehung zu Tara und ihrer Familie nie möglich gewesen.

Vers 19

Ich preise Dich,
der Könige, Götter und Geistwesen dienen,
die allen Streit und Albträume mit ihren Mantra-Waffen
und ihrer herrlichen göttlichen Form beseitigt.

Tara, die vor der Angst vor Armut schützt

Sie schützt vor Verlust des Wohlstands, des Einkommens und der zehn guten Aktionen in der Außenwelt sowie vor Armutsmentalität, die durch Geiz, Neid und Habgier verursacht werden.

Zum Text des Verses

Taras Macht erstreckt sich über alle Welten, denn ihre Furchtlosigkeit und ihr Mut sind unbezwinglich. Darum dient ihr auch die gesamte Hierarchie der Mächtigen in den unsichtbaren Bereichen. Unter Göttern sind die Kräfte der Elemente, der Natur, auch der Planeten zu verstehen. Das uns gewohnte sachliche Verständnis ist sehr limitiert, doch die Personifizierung ermöglicht einen viel umfassenderen Zugang zu diesen Kräften und berücksichtigt die Interdependenz aller Erscheinungen.

Beim Nachsinnen über diesen Vers kam mir der Gedanke, wie sehr wir in den modernen, materialistisch gepolten Gesellschaften in einer Streitwelt und Albtraumwelt leben, in der Habgier regiert und die Menschen entzweit. Taras Mantra ist eine mächtige Waffe – wie alle mantrischen Silben, die mit ihr verbunden sind, und noch weitere Mantras, die in den diversen Tara-Praxisformen der verschiedenen Traditionslinien verwendet werden.

Die Beziehung der Praktizierenden zu Tara ist grundsätzlich mit Freude verbunden. Diese Freude drückt sich in ihrer Erscheinungsform aus, sei sie friedlich oder dynamisch. Es tut gut, an Tara zu denken, sie sich vorzustellen, das umfassende Mitgefühl und die Furchtlosigkeit zu empfinden, die sie personifiziert.

Angst vor Armut gehört in einer Gesellschaft, in der nur das Haben zählt, nicht das Sein, zu den am meisten verbreiteten Ängsten. Armut bedeutet nicht nur das Fehlen von Annehmlichkeiten oder gar von Lebenswichtigem, sondern es bedeutet auch, Objekt der Ächtung zu sein. Es ist also eine naheliegende Angst. Tara befreit von dieser Angst, indem sie das Vertrauen stärkt, intuitive Lösungen aufscheinen lässt und plötzliche positive Veränderungen ermöglicht.

Es geschah immer wieder, dass es mir unzulässig schien, diese hohe, mächtige Tara um Hilfe bei alltäglichen Angelegenheiten des Lebens zu bitten. Ich hielt es für kindisch, es war mir peinlich, schließlich ging es um Höheres. Das waren manchmal kuriose innere Dialoge. Dann musste ich mir in Erinnerung rufen, dass Tara zwei Ebenen in sich vereinigt, einerseits die Erscheinungsebene der Form und andererseits die Natur des Geistes, meines Geistes.

Vers 20

Ich preise Dich,
deren Augen strahlen,
die mit dem Licht der Sonne und des vollen Mondes,
mit zweifachem HA RA und TU TA RE
die schlimmsten Krankheiten bezwingt.

Tara, die vor der Angst des Versagens schützt

Sie schützt vor erfolglosem Vorgehen im Beruf und anderen Projekten in der Außenwelt, vor Sorgen, Trübsal und psychischem Schmerz durch Anhaftung und Ärger, Konkurrieren und Unentschlossenheit.

Zum Text des Verses

Tara strahlt wie Sonne und Mond. Das heißt, sie strahlt vollkommene Weisheit und vollkommenes Mitgefühl aus, weibliche und männliche Energie, die Qualitäten des reinen Geistes.

HA RA und TU TA RE, die Klänge ihres Mantras, haben die beruhigende, lösende, heilende Schwingung von Taras Qualitäten. Wenn von schlimmsten Krankheiten die Rede ist, dann bezieht sich das einerseits auf die Krankheiten, die am meisten Angst machen, gegen die es keine wirksamen Heilmittel gibt, von denen man annimmt, dass sie tödlich sind oder unheilbare Schäden hinterlassen, aber vor allem auf Krankheiten der Psyche, die alle Freude aus dem Leben nehmen.

Angst bildet einen geeigneten Nährboden für Befürchtungen aller Art, ständige Sorgen und negative Zukunftsprojektionen. Solche negativen Gedanken sind außerordentlich mächtig, umso mehr, wenn sie von vielen geteilt werden. Dann wird der Konjunktiv schnell als vermeintliche Wahrheit aufgefasst.

Auch hier findet sich wieder bei den tibetischen Meistern der Hinweis auf Taras Mantra, auf die Macht, die darin liegt. Wie der gelehrte Atisha sagte: »Das wahre Wissen wird nur aus der Praxis erworben.«

Vers 21

Ich preise Dich,
die OM AH HUM besitzt,
diese drei wohlgeordnet,
die vollkommen über die Macht verfügt,
die Klesas zu besänftigen,
die böse Geister, Vetala und Yaksha
mit dem vortrefflichen TU RE besiegt.

Zu diesem letzten Vers gibt es keine Erklärung von Jamyang Khyentse Wangpo. In diesem Fall gilt die Grüne Tara als die erste und zugleich letzte der 21 Taras.

Der Text des Verses

OM AH HUM ist ein Mantra der Reinigung, und seine Bedeutung ist sehr vielfältig. Insgesamt werden alle Qualitäten Taras, ihre schnelle Hilfe auf allen Ebenen und ihr Schutz vor allen äußeren und inneren Hindernissen angesprochen. Sie beschützt, befriedet die Emotionen, die aus den Klesas, den drei Verdunkelungen, stammen, und befreit nicht nur von Ängsten, sondern letztlich von allem, was den Geist daran hindert, sich in seiner ursprünglichen Klarheit zu öffnen.

Dass böse Geister genannt werden, lässt sich sowohl als von außen kommende als auch im Bewusstsein entstehende Kräfte verstehen, als das, was einen negativ beeinflusst. Es gibt Orte, wo, wie die Erfahrung zeigt, negative Energien wirken. Auf Grund dieser Erfahrung hat zum Beispiel Islands Bauamt das Amt eines »Elfenbeauftragten« eingerichtet, dessen Aufgabe es ist, solche Phänomene zu berücksichtigen. Wo sich aus ungeklärten Gründen häufig Unfälle ereignen, werden Straßen umgeleitet, und »Elfenpfade« werden bei Neubauten berücksichtigt. In der modernen Industriegesellschaft, die auf die gröbste aller Ebenen fixiert ist, wird vieles missachtet, das man zu »bösen Geistern«, also schädlichen Energien, zählen könnte. Dazu gehören auch einseitig negative Informationen, die, vor allem breit gestreut und in häufiger Wiederholung, das Bewusstsein vergiften können.

Taras TU RE stellt sich gegen solche mächtigen, zerstörerischen Kräfte und besiegt sie durch die Macht ihrer unerschütterlichen Liebesenergie.

Wunschgebet an Tara

Edle und Mitfühlende, die Du alle Feinde besiegst, ich flehe Dich an!
Mögen ich und all die zahllosen fühlenden Wesen
rasch die zwei Verdunkelungen reinigen, die zwei Ansammlungen vervollständigen
und den vollkommenen Zustand der Erleuchtung erlangen.

Bis dies erreicht ist, mögen wir während aller Leben
das höchste Glück der Menschen und Götter genießen.
Wir bitten dich, beseitige alle Hindernisse,
die sich unserer Entwicklung zum Zustand der Allwissenheit entgegenstellen,
wie schädliche Einflüsse, behindernde Kräfte,
Epidemien und Krankheiten aller Art,
die verschiedenen Ursachen vorzeitigen Todes, schlechte Träume, unerfreuliche Omen,
die acht Arten der Angst und alle unmittelbaren Gefahren.

Wir bitten dich, mögen die Segnungen aller Welten,
wie Glück, Wohlstand und alles Gute wachsen,
und mögen alle Wohltaten mühelos
und spontan gewährt werden.

Möge der Dharma durch unsere eifrige Praxis blühen.
Mögen wir durch regelmäßige Praxis Dein erhabenes Antlitz erblicken.
Möge durch die Verwirklichung der Wahrheit der Leerheit die kostbare erleuchtete Haltung
wachsen und ausstrahlen wie der zunehmende Mond.

Möge ich gleich Dir aus einem heiligen und wunderschönen Lotos
im vortrefflichen, freudvollen Mandala der Siegreichen geboren werden,
und möge ich dort vom Buddha Amitabha selbst
die Prophezeiung meiner Erleuchtung erhalten.

Gottheit, über die ich in vielen früheren Leben meditiert habe,
Herrin, die Du die Aktivität der Erwachten manifestierst,
Herrin in Türkis, mit einem Gesicht und zwei Armen, die geschwinde besänftigt,
Mutter, die den Utpala-Lotos hält,
mögen Deine Segnungen schnell Früchte tragen.

Weiblicher Aspekt der Buddhas, die Eine, die befreit,
mögen durch die Kraft unserer Lobpreisungen und Gebete zu Dir
alle Krankheiten, schädlichen Kräfte, Armut, Streit und Kämpfe, wo immer sie auftreten,
beseitigt werden und nur der Dharma und alles,
was Glück bringt, zunehmen.

Dieses Wunschgebet folgt den Versen der 21 Taras. Darin wird Tara zusammenfassend um jegliche Hilfe und Unterstützung für die Entfaltung auf dem Dharma-Weg gebeten. Sie wird Retterin, Helferin, Beschützerin und Befreierin genannt, bezogen sowohl auf das Alltagsleben als auch auf die geistige Gesundheit und auf die spirituelle Zielsetzung, die Befreiung des Geistes aus den dualistischen Fesseln – also auf die Gesamtheit unseres Lebens, in dem alle diese Bereiche eine Rolle spielen.[36] In dieser Breitbandfunktion ist sie außergewöhnlich und sollte auch so verstanden werden. All das ist angesprochen im anfänglichen Text der gesamten Tara-Praxis, »Streben nach Verwirklichung«, und es wird im abschließenden Wunschgebet in allen Details ausgeführt.

Tara in ihrer Vielfalt zu verstehen wird noch einmal betont. Sie kann nicht nur Frieden und Heilung bringen, ihre Buddha-Weisheit kann letztlich den Geist aus der Selbstumklammerung befreien. Dann wird mit ihrer Hilfe tatsächlich das Sein verwandelt, befreit zu seiner ursprünglichen reinen Natur. »Der Höhepunkt des Buddhismus ist die Befreiung vom verblendeten Geist, der Karma verursacht, und vom Kreislauf der Existenz. Befreiung vom Ego ist das Ziel.«[37] So hat ein großer Meister Sinn und Zweck jeglicher Dharma-Praxis zusammengefasst.

Falls nur der erste Teil ohne die 21 Taras praktiziert wird, bildet das Wunschgebet den Abschluss der Mantra-Rezitation.

Danach wird die Visualisierung der Tara aufgelöst. In den verschiedenen Versionen der Tara-Praxis – die einzelnen Traditionslinien haben jeweils eigene Texte und Praxisformen der Tara-Meditation – ist dieser Abschluss unterschiedlich.

Widmung

Möge alles Verdienstvolle, das ich angesammelt habe, zur Ursache der Erleuchtung werden, so dass ich schnell den Zustand erlange, in dem ich allen Wesen Führung geben kann.

Mit der Widmung wird die gesamte Tara-Praxis, aber auch die kurze Form abgeschlossen. Obwohl die Praxis der 21 Taras auch für sich allein stehen kann, ebenso wie die Meditation der Grünen Tara, ist es noch wirkungsvoller, beide in ihrer Gesamtheit zu praktizieren. Die Erklärungen dienen dazu, die Praxis zunächst verständlich zu machen und die Verweise auf die Lehre des Buddha aufzuzeigen. Meine Umkreisungen orientieren sich an allem, was ich gelernt habe, aber sie sind natürlich sehr persönlich und sollen auch nur eine Anregung zu weiteren Studien bieten. Ich hatte, als ich den Text in englischen Übersetzungen kennenlernte, das dringende Bedürfnis, genauer zu wissen, worauf sich die vielen Anspielungen bezogen. Denn auch wenn der originale Text so vielschichtig ist, dass keine Übersetzung ihm gerecht werden kann, wollte ich doch einen Eindruck von dem tieferen Inhalt des Textes gewinnen, den ich rezitierte. Dieser Inhalt, das sollte man wissen, wenn man sich auf die Praxis einlässt, schwingt auf einer anderen Ebene als der beschreibenden, kommentierenden Ebene mit.

Anfang – Mitte – Ende

Man sollte das Prinzip von Anfang, Mitte und Ende auch auf die meditative Praxis anwenden, sagte mein dritter Lehrer. So wird alles gut zusammengehalten.

Den Anfang bildet eine Phase der Einstimmung. Der Lehrer legte großen Nachdruck darauf, den vernachlässigten Körpersinn, das subtile fühlende Wahrnehmen des Körpers zu kultivieren. Die Körperfeindlichkeit, die unsere Kultur durchdringt, kann sich hemmend auf die Meditationspraxis auswirken, zumal wenn es um das Thema Angst geht. Angst kann umso mächtiger werden, je getrennter das Bewusstsein vom Körper ist. Die gesunde Verbindung von Körper und Geist bedeutet eine Art von grundlegender Balance, die es möglich macht, anstatt Angst Aufmerksamkeit einzusetzen und in Notfällen unmittelbar handeln zu können. Ist jedoch diese Verbindung gestört, hat das Bewusstsein keine Erdung mehr im Körper und projiziert angesichts eines tatsächlichen, möglichen oder nur vorgestellten Notfalls weitere und größere angsterregende Situationen. Diese

Projektion bringt die Kettenreaktion des dringenden Bedürfnisses nach Kontrolle und zugleich die wachsende Angst vor weiterem Kontrollverlust in Gang.[38]

Die Lösung aus diesem Dilemma wäre es, nicht mehr zu projizieren, beziehungsweise eine besser geeignete Ausgangsposition herzustellen. Das können wir »geerdet« nennen. Um das zu unterstützen, empfahl der Lehrer, eine Viertelstunde mit Fühlen des Körpers zu verbringen, um sich der Wahrnehmung der subtilen Energie des Körpers anzunähern. Den Auftakt machte das Ausrichten der Aufmerksamkeit auf den Körper. Das lässt sich gut dadurch unterstützen, dass man sich vorstellt, sich vom Untergrund tragen zu lassen. Dann verbindet sich die Aufmerksamkeit mit dem Atem, ein wirkungsvolles Mittel, um Körper und Geist zusammenzubringen. Dem folgte eine Art *body scan*, wobei wenig gedacht, sondern so genau wie möglich gefühlt werden sollte, am besten ohne Erklärung, ohne Kommentar und ohne Urteil[39]. Das ging dann über in ein Ruhen in der so entstandenen »weichen Realität« des Körpers, wie der Lehrer es nannte.

Diese Einführung gefiel mir sehr gut. Wie viele Jahre lang hatte ich mich mit meiner doppelt gekrümmten Wirbelsäule auf dem Sitzkissen gequält und mich mehr oder minder angestrengt um Haltung bemüht. Eine positive Beziehung zum Körper entstand dadurch nicht. Zudem stellte es mein dritter Lehrer frei, ob man auf einem Sitzkissen, Meditationsschemel oder Stuhl sitzen wollte. Nur aufgerichtet sollte man sein, um die Kraft in der Wirbelsäule wahrnehmen zu können. Das war für mich damals geradezu unerhört. Bis dahin hatte ich die nie hinterfragte Vorstellung gehegt, erleuchtet werden könne man nur im Lotossitz oder zumindest im Schneidersitz. Warum hatte ich nie über Buddha Maitreya nachgedacht, den Buddha der Zukunft, dritter Buddha unseres Äons, der zumeist auf einer Art Bank oder Stuhl sitzend dargestellt wird?

Den Abschluss des Sadhanas, der Praxissitzung, bildet stilles Sitzen. Es kann ein Nachklingen der Tara-Praxis sein, ein Ruhen mit offenen Augen, entspannt und zugleich ganz wach, präsent in der Situation, die Sinne offen, der aufsteigenden Gedanken bewusst, aber ohne sie weiter zu verfolgen.

Diese Berücksichtigung einer geschlossenen Form tut dem Geist gut und gibt der Praxissituation eine angemessene Würde. Mein erster Lehrer wies darauf hin, dass wir in der Welt der Form leben und deshalb Form richtig verstehen sollten. Das half mir zu begreifen, dass ich auf Form angewiesen bin, dass Form natürlich ist und in ihrer Natürlichkeit anerkannt werden soll, nicht als Konzept, sondern als Natur. Aber zugleich ist Form keinesfalls gleichbedeutend mit Härte, ein Missverständnis, mit dem ich aufgewachsen bin. Lange Zeit empfand ich die Meditationspraxis als Pflichtübung, da viel Betonung auf der Disziplin lag. Die extreme Strenge hatte ihren Grund vielleicht nicht zuletzt in der Hippiezeit in den USA und war, als ich die Grundlagen bei meinem ersten Lehrer lernte, damals gewiss auch nötig. *Love and peace* war zwar nett und gut gemeint, berührte aber nur die Oberfläche, unter der ein sehr ungezügelter Geist hauste.

Um aus all dem Gelernten herauszufiltern, dass es vor allem darum ging, Mitgefühl zu entwickeln, auch Mitgefühl mit mir selbst – oder genauer, sogar mit mir selbst –, brauchte ich Tara. Je mehr sich die Beziehung zu Tara vertiefte und damit die Kluft zwischen mir und ihr verringerte, desto mehr konnte ich mich selbst akzeptieren; mich zu mögen oder gar zu lieben wäre zu viel verlangt gewesen. Der Begriff »Selbstliebe« wurde als positiver Begriff im Buddhismus lange nicht explizit betont, das ist eher neu. In der Tradition schien das im Zusammenhang mit dem Bodhisattva-Weg nicht der Betonung wert zu sein, denn westliche Neurosen waren nicht vorgesehen.

Die Tara-Praxis machte mir alles leichter. Wenn ich mich nicht annehmen konnte, war Tara da, die nicht urteilte, Freundin, Schwester, Königin, Göttin, aber auch identisch mit dem Lehrer, dem verkörperten lehrenden Buddha-Geist. Wenn ich aus Ungeschick und Dummheit Fehler machte, die ich mir nicht verzeihen konnte, entschuldigte ich mich bei Tara. Durch die Tara-Meditation löste sich mein »Ich bin nicht gut genug!« nach und nach auf, und die Zuversicht erneuerte und stärkte die Kraft, mich selbst mit mehr Klarheit zu sehen.

དྲ་ར།

MANDALA

Meine Beziehung zu Tara veränderte sich im Lauf der Jahre des Lernens und Praktizierens. Sie war nicht mehr so sehr »meine« Tara. Sie war präsent, war sowohl das persönliche Du als auch das Symbol meines allgemeinen Vertrauens.

Tara – sie umfasst im Tantravana Buddha-Aktivitäten, das unterscheidet sie von den anderen Weisheits-Gottheiten. Sie hat die drei vollkommenen Qualitäten des erwachten Geistes: Liebe, Wissen und Macht. Sie ist so schnell, weil die vollkommene mitfühlende Liebe so bedingungslos ist. Sie ist so mutig, weil es kein Zögern angesichts irgendwelcher Hindernisse gibt. Und sie hat Macht, weil das Wissen umfassend ist. Als die Befreierin wirkt sie auf allen Ebenen, da sie vom Leiden an Samsara, der Verwirrung, befreit.

Das hatte ich gelernt und ein wenig auch erlebt, als sich mir ein neues Universum, das Mandala des buddhistischen Tantra, auftat. Da war er, mein Kreis der Ganzheit. Der indische Schöpfungsmythos gibt für die Entstehung des Mandalas ein schönes Bild. Er erzählt, dass im Gott Brahma der mächtige Wunsch aufstieg, zu erschaffen. Er erhob sich in der Mitte eines riesengroßen, strahlenden tausendblättrigen Lotos und ließ zum ersten Mal seinen Blick in die vier Richtungen schweifen, hinaus in den weiten, weiten Raum. Und wie er so im Kreis um sich schaute, erstand in ihm die ordnende Vision der Welt, die er augenblicklich erschuf. Das war der Beginn des Kreises, Sanskrit Mandala.

Die Kreisform ist so alt wie die Natur. Wir finden sie in Blumen, in Schneeflocken, im Auge, in der Chemie, überall. Wir sehen die Weltordnung in Kreisläufen aller Art. C. G. Jung stellte fest, dass seine Patienten auf dem Weg der Besserung ihres psychischen Zustands spontan Mandalas malten und zeichneten, ohne je zuvor eines gesehen zu haben. Das Malen von Mandala-Formen ist zu einem therapeutischen Mittel geworden.

Mein erster Lehrer bezeichnete das Mandala-Prinzip als »geordnetes Chaos«. Im Mandala ist Platz für alles, sowohl für Chaos als auch für Ordnung. Um das zu verstehen, musste ich mich tiefer auf ein Erleben einlassen, das sich mehr auf die Energien der Emotionen (starken Gefühlsbewegungen) als nur auf die Einsicht in die Identifikation mit den wie immer gearteten Emotionen bezieht. Denn diese Energie ist reine Existenz, sowohl in der sozusagen verunreinigten Form der Emotionen als auch als ungetrübte, befreite Weisheit. Das Bild des Mandalas kam mir vor, als sei es sozusagen die brillante Rückseite des betrüblichen Lebensrads. Oder anders gesehen, die ursprüngliche Seite, denn es zeigt das, was das unwissende Bewusstsein als Realität betrachtet, in seiner transformierten, wahren Wirklichkeit. Man kann es auch die Wahrnehmung von »Einheit in der Vielheit«[40] nennen.

Wir sollten uns zunächst das Mandala mit seinen fünf Himmelsrichtungen als ein Portrait unserer Welt vorstellen, wie es sich in unserem alltäglichen Leben präsentiere, sagte mein erster Lehrer. Einfach als die Erfahrungsebene der Welt, die zu unserem Material der Transformation werden konnte: In der Mitte die Unwissenheit bzw. Ignoranz, im Osten der Ärger, im Süden der Stolz, im Westen die Leidenschaft, im Norden die Eifersucht. Vom Standpunkt des kostbaren Materials sei dies das ideale Mandala. Denn in diesem Material sei aller Reichtum der Existenz enthalten, alle die bunten und intelligenten Aspekte.

Ich war begeistert.

Ein neuer Blickwinkel auf meine Arbeit mit mir selbst tat sich auf. Alles, was sich nicht mehr vor dem Zugriff meines Erkennens in Ecken der Selbstrechtfertigung verdrücken musste, sondern sich dem Licht der Klarheit aussetzte, verlor seine Macht. Ignoranz würde sich in die Buddha-Qualität »Allumfassende Weisheit« verwandeln, Ärger und Wut in die intelligente Buddha-Qualität »Spiegelgleiche Weisheit«, Stolz in die großzügige Buddha-Qualität »Weisheit der Gleichheit«, Leidenschaft in die liebende und mitfühlende Buddha-Qualität »Unterscheidende Weisheit« und die Eifersucht in die tatkräftige Buddha-Qualität »Alles vollendende Weisheit«. Das Mandala der fünf Buddhas. Es war ein Eintauchen in die eigene Psychologie von einem neuen, geradezu revolutionären Standpunkt aus.

So kurz gerafft klingt das zwar ein bisschen wie die Aussage, die Quantenphysik beweise, dass es Materie in Wirklichkeit nicht gibt[41], was jeder »normal« denkende Mensch in die absurde Zauberkiste einer haltlosen Wissenschaft verbannen würde – wenn es nicht tatsächlich zum Nobelpreis geführt hätte. Aber die Verwandlung, die Transformation von allen möglichen Vorstellungen in weise, klare Sicht ist die Methode des Tantra, und sie setzt ganz direkt im gewöhnlichen Leben an, weil sich hier das Material tagtäglich anbietet. Vorausgesetzt, der Geist hat das nötige methodische Training Geisteszähmung (Hinayana) und Geistestraining (Mahayana) hierfür.

Das Anerkennen der Welt als Mandala, als den Ort der Probleme und des Leidens ebenso wie der Verwandlung und Befreiung, und die Anerkennung meiner selbst als Mandala, ebenso vollständig, stellte sich mir als ein Bild dar, in dem alle Menschen unwissentlich ein Universum in sich tragen. Es ist das Universum des eigenen Geistes mit dem eigenen dualistischen Bewusstsein und der Illusion des Selbst, mit den ganz eigenen Vorstellungen und emotionalen Mustern – und in alledem zugleich die zu befreiende nicht dualistische, reine Natur des Geistes. In jeder Kultur ist dieses persönliche Universum auch mit Prägungen der Kultur und der jeweiligen Gesellschaft ausgestattet. So entsteht Konsensrealität. Ich hatte dieses persönliche Universum früher nur mit »der Welt« gleichgesetzt, konnte das jedoch nun als ein allgemeines Missverständnis verstehen.

Das traditionelle tibetische Mandala ist das Symbol für die Welt in ihrer Vollkommenheit. Dieses Bild ist unglaublich komplex, es enthält sozusagen die gesamte Welt – die Natur, die Elemente, die Himmelsrichtungen, die Grundfarben, die bestimmenden Bewusstseinsfaktoren und noch viel mehr, also alles physisch und psychisch Existierende aus spiritueller Sicht[42] als Ausdruck der reinen Geist-Natur. Das nennt man die »reine Sichtweise«.

Diese sei jederzeit möglich, sagen die Lehren, wie ein wolkenloser Himmel. Das klang sehr schön. Ich musste allerdings feststellen, dass der Himmel in meinem Universum reichlich bewölkt war.

Die Darstellungen als Meditationsvorlage sind zweidimensionale Rollbilder, aber vorzustellen hat man sich das Ganze als Palast, im Bild ein Quadrat mit einem Tor an jeder Seite, umgeben von drei schützenden Kreisen. Bei Filmarbeiten im Potala, dem Palast der Dalai-Lamas in Tibets Hauptstadt Lhasa, hatte ich einmal die Gelegenheit, ein sehr großes dreidimensionales Mandala zu sehen. Es befand sich in einem Raum, der gerade genug Platz ließ, um den vergoldeten Aufbau umrunden zu können. Eine faszinierende Skulptur mit einer unglaublichen Differenziertheit der Gestaltung des filigranen Bauwerks und der unzähligen männlichen und weiblichen Gottheiten. Der Eindruck war so tief, dass er sich mir einmal in einer Meditation präsentierte, golden strahlend, nicht nur ein Tempel, sondern eher eine ganze Stadt, außerordentlich »wirklich«, mit der herrlichen, lichten Wirklichkeit eines Regenbogens außerhalb der Zeit.

Das Mandala hat ganz viel mit Erfahrung zu tun, nicht mit Philosophie oder irgendeiner Wissenschaft. Ich musste begreifen, dass es um meine eigene Erfahrung ging und meine eigenen Etiketten, die ich auf meine Erfahrungen klebte, darum, wie ich tatsächlich tickte. Zuerst dachte ich, dass ich, um dem Mandala gerecht zu werden, alles gut und schön finden müsste und dass Erleuchtung bedeutete, mich plötzlich in einer golden strahlenden Welt zu befinden. Eines von vielen Missverständnissen meines konditionierten Denkens.

Es galt zu erkennen: Das Mandala, das ich selbst bin, bildet das große Mandala ab. Es ist eine holistische Angelegenheit, so wie ich selbst Natur in der Natur bin, die Elemente bin, »grundlegend richtig« bin, Teil bin und doch nicht getrennt. Erkennen, dass die hohen Energien auch auf der Ebene meines verwirrten Zustands enthalten sind. Dass ich sie sehen musste, wie sie sind: »Total verwirrt, total neurotisch und total schmerzhaft, oder unglaublich köstlich, unglaublich weiträumig, fröhlich und komisch, wie auch immer«, sagte mein erster Lehrer. Ich soll nicht versuchen, irgendetwas loszuwerden, gar die Welt so zurechtzubiegen, wie sie meiner Ansicht nach sein sollte, denn alles, was ich als »außen« oder »innen« erlebte, sei Teil des Mandalas.

Das Mandala als eine Art Lebensvorlage zu begreifen war weniger eine Entscheidung als ein weiteres Hineinwachsen in den Prozess, die gewaltige Komplexität des Dharma verstehen zu lernen. Das Ineinandergreifen verschiedener Denkebenen war mir nicht mehr ganz unvertraut, aber es ging ja zudem darum, einen großen, fühlenden Überblick zu gewinnen, einen Überblick mit möglichst großer Offenheit.

Tara als die »offene Mitte« ihres Mandalas!

Die Wahrnehmung des Mandalas ist, wie das Wahrnehmen der Gottheiten, eine sehr persönliche und zugleich eine überpersönliche Angelegenheit. Es gibt Rituale und Zeremonien, wobei ein Energiefeld entsteht, mit dem große Meister den Kokon des dualistischen Denkens der Schüler sprengen können, sodass die Sicht temporär nicht getrübt ist, oder zumindest wird der Samen für diesen Prozess ausgestreut. Wie und inwieweit sich die Erfahrung dann entfaltet, ist jedoch eine Sache des Reifens und nicht vorhersehbar.

In den frühen Jahren meines Lernens galt für mich bis zu einem gewissen Grad Wittgensteins Postulat »Die Grenzen meiner Sprache sind die Grenzen meiner Welt«. Doch mein Lernen musste später immer mehr ein Umkreisen, nicht nur der Gedanken, sondern vor allem des intuitiven Fühlens und Empfindens werden, das in Bereiche reichte, wo es zwar ein Verstehen gab, aber Sprache versagte. Die tiefere Bedeutung des Mandalas ist, wenn man es so ausdrücken will, als Erfahrung eine Sache auf der Ebene von Energien.

Der Physiker Dürr, der Quantenphysiker, der die Grenzen seiner Erforschung der Materie erreicht hatte, erkannte das Dilemma der Sprache in Verbindung mit einem subtilen Bewusstseinsinhalt: »Wir verwenden eine Sprache, die nichts mit Kreativität zu tun hat. Wir vergessen die Feinheiten, das, was sich im

Hintergrund abspielt ... Mir geht es aber gerade um die Mechanismen im Hintergrund, um den Schmetterling, der den Taifun auslöst.« Diesen Hintergrund möchte der Wissenschaftler erfassen und weiß, dass er mit dem dualistischen Denken nicht zu erreichen ist. Darum spricht er von Ahnung, »... etwas, das sich im Hintergrund bewegt und noch nicht wirklich in mein Bewusstsein eingetreten ist. Erst wenn es zu einer Idee wird, wird es für mich erlebbar und im wirklichen Sinn ›bewusst‹.«[43]

Das Mandala verlangt die ahnungsvolle Annäherung. Es ist ein Prinzip, das alle Existenz durchdringt, immer da, Ordnung und Chaos, beides zugleich – »ordentliches Chaos«. Mein erster Lehrer verwendete das Wort *orderly*, das auch mit geordnet übersetzt, aber laut Wörterbuch auch für Pfleger, Ordonnanz und Putzer verwendet wird Und ich dachte mit einigem Vergnügen an das geputzte oder gepflegte Chaos, um nicht zu vergessen, dass das Leben ja auch ein Sujet für den Komiker und Poeten im Menschen bietet.

Die holistische Vielfalt des Mandala-Prinzips zeigt sich vor allem darin, dass jede Meditationsgottheit ein eigenes Mandala hat. Ein Meister erklärte, dass man das so verstehen kann, wie wenn dieselbe Komposition in verschiedene Tonarten gesetzt wird. Denn die Erscheinungsformen der Gottheiten sind sehr unterschiedlich dargestellt, teils friedlich, teils halb friedlich, teils wild, zornvoll, und passen sich damit unseren vielfältigen dualistischen Vorstellungen und Befindlichkeiten an. Aber zugleich sind sie allesamt Ausdruck der einen Natur des Geistes.

Dakini

Dakini ist im tantrischen Buddhismus die weibliche Energie, symbolisch dargestellt in ihrer dynamischen Personifizierung. Eine Manifestation der weiblichen Energie einschließlich ihres dynamischen Aspekts, die in vielen Kulturen seit sehr langer Zeit von der Priorität der männlichen Energie verdrängt wurde. Polarisiert in der äußeren Form der beiden Geschlechter, sind die beiden Energien dennoch in jedem Menschen vorhanden. Je nach Geschlecht wird die geschlechtsspezifische Energie nach außen gelebt, die andere ruht im Inneren und wartet darauf, aktiviert zu werden. Während üblicherweise die weibliche Energie seit langer Zeit in den meisten Kulturen wenig Aktivierung erlebte, gleicht das Dakini-Prinzip im Vajrayana dieses Ungleichgewicht aus. Das bedeutet, dass die Frau, die in sich die Dakini-Energie lebendig werden lässt, damit die weibliche Kraft in allen Mitmenschen, den weiblichen wie den männlichen, anregen kann. Ich bin beglückt, wenn ich einem männlichen Menschen begegne, der in sich den femininen, inspirierten Energieanteil bereits integriert und in Harmonie mit seiner maskulinen Energieseite gebracht hat oder bereit ist, sich dabei unterstützen zu lassen. Beides ist leider selten.

Der Versuch, Dakinis in ordentliche Kategorien zu packen, wie das mit männlichen Erscheinungsformen der männlichen »heiligen« Energien üblich ist, führt – ganz in Entsprechung zur Unberechenbarkeit der Dakini-Energie – zu den unterschiedlichsten Einteilungen. Doch ich kann zumindest feststellen, dass die weibliche Energie in ihrer vollkommenen Buddha-Qualität in fünf Aspekten als Weisheits-Dakinis im Mandala der Fünf Dakinis personifiziert ist. Dieses Mandala entspricht der Ebene der Fünf Buddhas, und die fünf »Weisheits-Dakinis« haben dieselben Zuordnungen wie die fünf Weisheitsaspekte der männlichen Buddhas.

Außer von den Weisheits-Dakinis ist auch von »weltlichen Dakinis« die Rede, die sowohl Aspekte der Vollkommenheit als auch weltliche Aspekte haben können. Der Sanskritbegriff Dakini wird als »Himmelstänzerin« übersetzt, in Anlehnung an die tibetische Bezeichnung *Khandro*, »die im grenzenlosen Raum Tanzende«. Sie ist die dynamisch in Erscheinung tretende weibliche Energie, die ihre mitfühlende Qualität auch in sehr direkter, korrigierender Weise einsetzen kann, symbolisiert in wild tanzender Haltung.

Wie gesagt findet diese Energie des Weiblichen in vielen Kulturen keine Anerkennung, wurde herabgewürdigt und negativ belastet als Hexe, altes Weib, Hure und vieles mehr. Doch als Dakini »bietet sie ein weibliches Modell, das heftig, grimmig, wild, weise, spirituell und verkörpert ist ... die Energie des nicht domestizierten Weiblichen«[44]. Und sie ist Personifizierung der Inspiration, der reinen Leidenschaft – der Leidenschaft als der großen Naturgewalt in der menschlichen Existenz und der universalen Leidenschaft des reinen Mitgefühls. Hier findet sich auch Tara wieder, der dynamische oder »zornvolle« Tara-Aspekt, dem ich schon in einigen der 21 Taras begegnet war.

Im Tantra fand die dynamische Tara eine neue bildhafte Form. »Sie ist blutrot und hat wehende schwarze Haare; sie trägt Knochenschmuck und schwingt tanzend eine Schädelschale mit Ambrosia. Sie ist schön, leidenschaftlich und ungezähmt.«[45]

In dieser Form, als Weisheits-Dakini, ist Tara vor allem die Inspiratorin, die lehrt, alle Emotionen wertzuschätzen und die inhärente Weisheitsenergie darin freizusetzen.

Die symbolischen Gegenstände der Weisheits-Dakini sind sehr aussagekräftig. Ihr Hackmesser durchschneidet alle Selbstbezogenheit, die Schädelschale enthält den Nektar der vollkommenen Weisheit jenseits von Dualität, der Stab, den sie im Arm hält, symbolisiert den »geheimen Gefährten«, ihre voll entfaltete innere männliche Energie. Und die Dakini tanzt! Ihr Tanz ist Ausdruck des erleuchteten Geistes, der den ganzen Körper und jede Bewegung durchdringt, und seiner ekstatischen offenen Weite. In der völligen Nacktheit reinen Gewahrseins tanzt sie in einer Feueraureole auf der Leiche des Egos. Eine Krone aus fünf getrockneten Schädeln, Symbol dafür, dass jede einzelne der fünf Dakinis, die je für eine der Weisheitsaspekte stehen, zugleich alle fünf Weisheiten in sich vereinigt. Der Knochenschmuck, den sie trägt, zeigt, dass sie die Angst vor dem Tod transformiert und sie somit zu Ornamenten der Weisheit macht.

Sie ist allgegenwärtig, das weibliche Prinzip in symbolischer Form. Deshalb gibt es die Dakinis auf verschiedenen Ebenen, als Weisheits-Dakini in der Meditationspraxis, als Wächterin über die Praktizierenden, als Dakini-Energie auf menschlicher Ebene in einer Frau und als die Dakinis der Elemente und der Natur. Ihre Energie ist machtvoll und unberechenbar, jenseits von System oder Gesetzmäßigkeiten. Sie beschützt, korrigiert, regt Neugier an, bewirkt Spontaneität, schafft befreiendes Chaos, hält den Spiegel vor, stößt den Wankenden voran. Aber all dies kann das Wirken der Dakinis nur sehr flach beschreiben. Auf die Frage: »Was sind Dakinis« antwortete mein erster Lehrer: »Da kann man nie sicher sein.« Aber das Wahrnehmen dieser Energie, diese sehr spezielle Sensitivität für ihre ungewöhnliche Qualität, gilt als »der Nektar der Dakinis«.

Die Grimmige Rote Tara

Frauen hatten einen großen Anteil an der Entstehung des tantrischen Buddhismus im mittelalterlichen Indien. So wurden wichtige Schriften von Yoginis, den Dharma praktizierenden Frauen, überliefert, wie auch dieser Text zur Praxis der Grimmigen Roten Tara, einer Form mit vier Gesichtern und acht Armen, denn im Tantrayana muss keine Rücksicht auf eingefahrene Sehgewohnheiten genommen werden:

Visualisiere die Buddhas der zehn Himmelsrichtungen in der Form der Tara …
Sie reinigen alle Wesen mit Strahlen von Weisheitslicht und lassen sie zu Buddhas werden.
Bitte von jetzt an bis zur vollständigen Erleuchtung darum, schnell Buddha Tara zu werden.«[46]

Eine große tantrische Lehrerin, Vajravati, lehrte diese Meditation der Roten Tara vor 1000 Jahren im »Land der Dakinis«, in Uddiyana im nordwestlichen Indien. Darin visualisiert sich die Praktizierende schließlich selbst als »rasende Rote Tara«:

Auf einem vielfarbigen Lotos, Sonne und Hirschfell,
stehe ich als Frau mit dem Körper der heiligen Tara …
mit einem Bein ausgestreckt, dem anderen angezogen …
geschmückt mit Menschenknochen,
mit wehendem Haar,
drei roten Augen und einem strahlenden Körper.[47]

Das ist Tara-Dakini, »diejenige, die sich ganz ungebunden im freien Raum bewegt«, die mit der reinen Natur des Geistes verbunden ist und in ihrer weiblichen Weise die Inspiration der vollkommenen Weisheit weckt. Dakinis in Menschengestalt sind im tantrischen Verständnis jene Frauen, in denen die Qualität der tantrischen dynamischen Tara-Energie auf verborgene Weise lebendig ist. In den alten Geschichten aus Indien sind es oft Frauen niederer Kasten, die inkognito als Dakinis wirken. Wie in der Geschichte des berühmten Yogis Saraha, des Verfassers von »Der königlichen Gesänge des Saraha«.

Der Mahasiddha Saraha war verrufen wegen seiner unorthodoxen Ansichten und eigenwilligen Verhaltensweisen. Mahasiddha ist eine Bezeichnung für eine besondere Art von tantrischen Meistern und bedeutet etwa »Meister der klaren Sicht«, manchmal auch als »Meister der verrückten Weisheit« übersetzt. Um seinem schlechten Ruf die Krone aufzusetzen, nahm Saraha ein junges Mädchen aus der niedrigsten Kaste zur Gefährtin. Er weihte das Mädchen, das er als sehr offen für den spirituellen Weg erkannt hatte, in tantrische Methoden ein und lebte mit ihr abseits im Dschungel. Eines Tages wünschte er Rettich-Curry zum Mittagessen, aber um die Rettiche zu besorgen, musste seine junge Frau auf den Markt in ein nahegelegenes Dorf gehen. Als sie heimkam, saß Saraha in tiefer Meditation auf seiner Matte und reagierte weder auf Worte noch auf Berührung. Und so saß er, die Zeit verging, ein Jahr, noch ein Jahr und noch eins. Es dauerte schließlich zwölf Jahre, bis er plötzlich wieder munter wurde. Das Erste, was er sagte: »Wo ist der Rettich-Curry?«

Seine Frau hatte die zwölf Jahre mit all der Praxis verbracht, die er sie gelehrt hatte, und sie war dabei zu einer wahren Dakini geworden. Sie schüttelte den Kopf und schimpfte: »Das kann doch nicht wahr sein! Zwölf Jahre lang hockst du hier wie ein Rettich, und jetzt fällt dir nichts anderes ein, als immer noch der alte Rettich-Curry? Wofür soll es gut sein, sich abzuschalten? Mehr Klarheit hast du offenbar damit nicht gewonnen!«

Saraha erkannte, dass seine Frau, in den zwölf Jahren zur Dakini entfaltet, recht hatte, und dank ihrer Schelte öffnete sich sein Geist in kurzer Zeit zu immer größerer Klarheit. Es heißt, dass beide die Vollkommene Befreiung des Geistes erreichten, und als sie starben, wurden ihre Körper zu reinem Licht, und nichts blieb zurück.

Die Geschichte ist beliebt, wenn auch nicht in der Hagiographie verbürgt. Jedenfalls macht Sarahas zwölfjährige innere Abwesenheit ein Phänomen deutlich, das auch als »Meditations-Sackgasse« bezeichnet wird. Es ist das Missverständnis, unter Meditation inneren Rückzug, eine Art Abschalten aller Sinne zu verstehen.

Saraha erkannte, dass er, der berühmte Meister, nun Schüler seiner Frau, der weisen Dakini, sein musste, um die Lehren, die er so gut verstanden hatte, auch in seinem Sein unmittelbar verwirklichen zu können. Er fasste seine Bewunderung für die Dakini an seiner Seite in begeisterte Worte:

Hier sind Sonne und Mond nicht mehr unterscheidbar,
in ihr entsteht die dreifache Welt.
Sie vervollkommnet das Denken
Und ist die Einheit der erleuchteten Spontaneität –
O kenne diese Yogini!

Sehr berühmt ist auch die Geschichte eines anderen großen Meisters, der eines Tages mit einigen seiner Schüler über einen Marktplatz ging. Dabei kamen sie an einem Stand vorbei, wo ein kräftiges Schlachtermädchen Knochen zerhackte und Fleisch zerteilte. Einige Schüler machten teils abfällige, teils belustigte

Bemerkungen über sie. Der Meister ging schweigend zu dem Mädchen und ehrte sie mit drei Niederwerfungen, wie man einen Buddha-Schrein und große Meister zu ehren pflegte. Das Mädchen hackte weiter, ohne den Meister zu beachten.

Die Schüler hatten verblüfft zugeschaut. Als der Meister schweigend weiterging, fragten sie vorsichtig, ob er ihnen eine Erklärung geben würde. Der Meister sagte: »Wozu denn? Ihr seid so dumm, dass ihr eine Dakini nicht sehen könnt, wenn sie vor eurer Nase steht.«

Die gängige Vorstellung von einer menschlichen Dakini ist eine attraktive junge Frau, doch weit gefehlt. Die Dakini, die dem Praktizierenden die transformierende Macht der weiblichen Energie – seiner eigenen weiblichen Energie – vermittelt, tritt so auf, wie sie gebraucht wird. Es gibt viele Geschichten, in denen die Dakini in unerwarteter oder auch unerkannter Weise in Erscheinung trat.

Also aufpassen – man weiß nie, wen man vor sich hat!

Ein Lama, der bekannt war für sein Wissen und seine lange meditative Praxis und um den sich viele Schüler gesammelt hatten, träumte eines Nachts, wie er seine spirituelle Entwicklung zur völligen Öffnung des Geistes voranbringen könne. Am nächsten Tag bat er ein paar vertraute Schüler, unbedingt die Gefährtin für ihn zu finden, die ihm seine Traumvision angekündigt hatte. Sie lebe nicht weit entfernt in einem Tal und warte dort darauf, zu ihm gebracht zu werden. Sie sei sehr machtvoll, erklärte er, eine ganz außergewöhnliche Frau, eine Königin der Weisheit. Ehrerbietig sollten sie darum bitten, die Einladung des Lamas anzunehmen.

Die Schüler machten sich auf den Weg, ein bisschen verwundert, wie sie einander gestanden, dass es ihren verehrten Lehrer auf seine alten Tage noch nach der tantrischen Praxis der Vereinigung verlangte. Aber brav wanderten sie durch viele Ortschaften auf der Suche nach der besonderen Frau.

Von der Vision in seinem Traum überzeugt, vertiefte sich der Lama in die Meditation, Tag für Tag, um ganz und gar bereit zu sein für die einzigartige Gefährtin. Schließlich kamen die Schüler zurück, allerdings mit leeren Händen. Sie hätten diese Frau, die er beschrieben hatte, nicht gefunden, sagten sie.

Der Lama schüttelte den Kopf. »Sie ist da«, sagte er, »ich weiß es. Erzählt mir einfach, wen ihr so alles getroffen habt.«

Die Schüler berichteten von allen Frauen, denen sie begegnet waren, aber für eine Königin hätte man wirklich keine halten können.

»Schon gar nicht die Holzfällerin«, sagte einer von ihnen und verzog das Gesicht.

»Ja, die war wirklich zum Davonlaufen«, sagte ein anderer, »hässlich wie die Nacht.«

»Also, die war schon zum Fürchten«, sagte ein Dritter, »zerlumpt, wie sie war, auf einem Auge blind, uh, und der eine Zahn! Die wollte gar nicht mit uns reden und jagte uns mit einer rostigen Sichel davon.«

»Das ist sie!«, unterbrach der Lama aufgeregt. »Das ist Ekajati, die Mutter aller, die große Gefährtin, die Herrscherin der drei Welten. Ach, ihr Ahnungslosen! Ihr müsst sie bringen, sofort!«

Aber die Erwählte dachte gar nicht daran, mit den Schülern mitzugehen. Da musste sich der Lama schon selbst auf den Weg machen. Als er in ihr einziges Auge blickte, fiel er überwältigt auf die Knie und trug sein Anliegen vor. Sie stimmte augenblicklich zu, denn eine Dakini weiß, wer ein geeigneter Daka, der geeignete Gefährte der Dakini, ist.

Nicht nötig zu sagen, dass sie einander das nicht bedingte Glück der vollkommenen Einheit schenkten. Es heißt, dass bald nicht nur viele Schüler dem Lama als einem Meister der Weisheit zuströmten, sondern dass jene, die es wagten, sich seiner unberechenbaren, furchterregenden Dakini zu nähern, ganz außerordentliche Inspiration und Vertiefung der Einsicht von ihr erhielten.

Natürlich sah der Lama in seiner Gefährtin etwas ganz anderes als seine Schüler, denn sein inneres Universum, das tantrische Mandala, konnten seine Schüler nicht mit ihm teilen.

Diese Geschichte gefällt mir ganz besonders gut, weil ich seit dem ersten Kennenlernen Ekajatis, der großen tantrischen Beschützerin, eine starke Anziehung zu ihr empfand. Das mag verwundern, denn ihr wildes äußeres Erscheinungsbild würde hervorragend als böse Hexe in Grimms Märchen passen. Doch damit demonstriert sie lediglich symbolisch ihre Kraft, dämonische innere und äußere Zustände zu entmachten. Das ist ein bedeutender Aspekt des weiblichen Prinzips, der reinen Leidenschaft, einer Leidenschaft des Geistes, sozusagen wertneutral, frei von Ego. Sie personifiziert die grimmige weibliche Kraft, die aus dem Weisheitsgeist kommt und in der Welt der Verwirrung erscheint, um die ursprüngliche Offenheit und Klarheit des Geistes wiederherzustellen.

Tara in der Erscheinungsform der Weisheits-Dakini als »Grimmige Rote Tara«[48] war mir eine große Inspiration. Sie verkörperte Chaos *und* Ordnung, Naturgewalt *und* Schutz, diejenige, die mutig ist, sich nicht unterwerfen lässt, nicht klein beigibt, sich für andere einsetzt, und das mit einer machtvollen Haltung der Selbstverständlichkeit, ohne jede Aggression.

Das war die Botschaft.

Wie sah die Umsetzung aus?

Mein erster Lehrer hatte immer betont, es sei so wichtig, dass wir genau wüssten, wer wir eigentlich sind. Aber wer ist nicht der Meinung, sich zu kennen? Ich war immerhin so weit vorgedrungen, dass ich das nicht zu wissen glaubte. Meine Fallen kannte ich zwar einigermaßen, aber die Dakini in mir wollte mehr. Das genaue Hinschauen, das aufmerksame Wahrnehmen meiner Emotionen, aller meiner Impulse und Beweggründe, ohne zurückzuschrecken, wollte gelernt sein und war sehr unbequem. Doch nur durch Anerkennung können sie auch transformiert werden.

Ich hatte einmal gelesen, dass es in Indien für alle Emotionen die dazu passenden Götter gab, dass sie als etwas betrachtet wurden, das kam, nicht etwas, das zum Selbst gehörte. Das entspricht der sprichwörtlichen Aussage: »Es ist über mich gekommen.«

Es geht nicht darum, meine Gefühle zu verurteilen, erkannte ich, sondern darum, was ich damit mache. Ich muss sie nicht ausagieren, und ich muss sie nicht unterdrücken. Ich kann mir erlauben, sie wahrzunehmen als das, was sie sind, und ich kann sie anerkennen und sie sein lassen, halten, damit sie sich in ihre ursprüngliche reine Energie verwandeln können. Sie sind die Quelle der Weisheits-Dakinis in meinem Tara-Mandala.

In meiner Beziehung zu Tara vollzog sich diese Erkenntnis als eine Veränderung, in der Tara, das Du, viel weniger getrennt von mir erschien. Ein Meister hatte zu seinen Schülern einmal gesagt, sie würden doch ständig Rollen spielen – die Rolle zu Hause mit den Kindern, die Rolle im Büro, die Rolle mit Freunden, also warum nicht auch eine wirklich gute Rolle, wie die Rolle einer Gottheit?

Das war ein weiterer Schritt.

Schwester Natur

Wir haben für die Natur lediglich versachlichte Begriffe und behandeln sie auch entsprechend – als Sachen, als Objekte der Ausbeutung, die ohne jede Achtung behandelt werden. Obwohl das Gewonnene auf längere Sicht zu doppeltem Verlust führt, ändert sich diese Haltung in den Zivilisationsgesellschaften nicht. Die Versachlichung dient dem Gefühl der Sicherheit durch Kontrolle. Stellt sich heraus, dass Kontrolle nicht funktioniert, wird nicht etwa das Konzept der Absicherung infrage gestellt, sondern es werden augenblicklich neue Kontrollideen entwickelt. Eine fatale Entwicklung.

Im kosmischen Mandala sind die Elemente weiblich und den Weisheitsenergien zugeordnet. Das weibliche Prinzip zeigt sich aber auch als »weltliche Dakinis«, Kräfte, die ihren Ursprung im Weisheitsgeist haben, jedoch in der Welt des Samsara, der Verwirrung, aktiv sind. Sie sind die Wächterinnen unserer natürlichen Welt. Sie beschützen unsere Umwelt und reagieren zornig auf Missachtung. Wenn das Wasser und die Luft verschmutzt werden, wenn die Erde aufgerissen und durchbohrt wird in der Gier nach ihren Schätzen, wenn Wissenschaft nicht dem Wunsch nach Wissen, sondern nach Mitteln zur bedenkenlosen Ausbeutung entspringt, wenn die Menschen nicht mehr füreinander da sind, sondern sich gegeneinander richten, zeigen die weltlichen Dakinis ihre Empörung über diese Missachtung durch einschneidende Naturkatastrophen, Epidemien und Kriege, wie alte Texte erklären.

Mir sagt es mehr, wenn ich solche Katastrophen als Folge einer schweren Beziehungsstörung unserer Industriegesellschaften und Regierungen sowohl in zwischenmenschlichen Beziehungen als auch im Umgang mit der Natur auffasse, als nur rational auf Ursache und Wirkung zu schauen. Es ist ein Beziehungsproblem, und in dieser Hinsicht wie in vielen anderen Bereichen wäre ein gründliches Wiedererlernen von Beziehung zu allem Lebendigen nötig.

Die Elemente als Du anzuerkennen erzeugt nicht nur Respekt, sondern auch Dankbarkeit. Das bedeutet Beziehung, ein Austausch findet statt, Verbindung entsteht. Ein echtes Gefühl des Dazugehörens könnte dem Leben wieder eine gesunde Struktur geben.

Die Welt sei nicht so abgeschlossen, wie wir denken, sagt der Physiker Dürr, den die materielle Begrenzung seines Fachs zur Philosophie geführt hat. Wir hätten noch Chancen, etwas zu ändern, denn »wir erleben mehr, als wir begreifen«. Und er spricht von der Abspaltung der »Außenansicht« von der »Innenansicht« zugunsten des Rationalismus, begleitet vom Verlust der Intuition. »Die von uns allgemein gültig erachtete Außenansicht hat aber nur begrenzte Gültigkeit. Sie ist nur vergröbertes Abbild einer tieferen Wirklichkeit, deren Züge sich uns besser durch Innensicht offenbaren.«

Das weibliche Prinzip als die Weisheits-Dakinis im Mandala bedeutet eine tiefere Einsicht in »die Dinge«, das Erleben einer anderen Wirklichkeit, einer Wirklichkeit der Innenansicht, die von innen her wirkt. So wie der große Meister Thinley Norbu die Welt unseres Globus als die fünf Weisheits-Dakinis vorstellte:

»Ihr fünf Weisheitsschwestern,
Wenn wir Euch nicht Ehre erweisen,
Werdet Ihr fünf Hexen,
Macht uns krank und bringt uns Leiden.
Da wir Euch nicht vertreiben können,
Hängt unser Schicksal allzeit von Euch ab.

Ihr fünf Weisheitsschwestern,
Wenn wir Euch Ehre erweisen,
Werdet Ihr fünf Engel,
Macht uns gesund und bringt uns Freude.
Da wir uns nicht von Euch trennen können,
Hängt unser Schicksal allzeit von Euch ab.«[49]

Ekstase als Methode

Die tantrischen Weisheits-Gottheiten treten oft als Buddha-Paare in der Vereinigung mit ihrem Partner beziehungsweise ihrer Partnerin auf. Als ich zum ersten Mal in einem tibetischen Tempel das sakrale Orchester sah, stellte ich verwundert fest, dass jedes Instrument doppelt vorhanden war – zwei Trommeln, zwei Becken, zwei Trompeten, zwei Langhörner usw. Ich erfuhr, dass damit die beiden Aspekte Weisheit und Methode zum Ausdruck kommen. Hier steht Methode an der Stelle von mitfühlendem Handeln, wie es im Mahayana genannt wird, denn der Reichtum an Methoden ist wiederum ein Ausdruck des umfassenden Mitgefühls, das der Natur des Geistes inhärent ist. Diese beiden Aspekte sind das feminine und das maskuline Prinzip, das sich in der Existenz manifestiert. Die Weisheit ist dem femininen Prinzip zugeordnet, denn aus ihr wird das mitfühlende Handeln, das maskuline Prinzip, geboren.

Die große Würdigung der Sexualität als unterstützendes Mittel in den tantrischen Lehren und Methoden hat in der westlichen Welt und damit am Anfang auch in mir einigen Wirbel verursacht. Als ich mit dem Dharma in Berührung kam, war ich noch völlig überzeugt, dass Sexualität als hinderlich zu gelten hatte. Die Körper- und Lustfeindlichkeit meiner christlichen

Erziehung hatte sich natürlich tief in mein System eingelagert, schlug sich aber tapfer mit der Großzügigkeit der Hippiebewegung herum. Vorsichtshalber fragte ich bei meiner ersten Reise in den Himalaya einen Lehrer, wie das zu sehen sei. Er antwortete: »Nun, es kann ein Mittel zur Gefangenschaft sein oder ein Mittel zur Erleuchtung.«

Die alten indischen Tempel mit ihren freizügigen Reliefs geben ein Bild davon, dass eine Kultur Sexualität als eine Quelle heiliger Freude betrachten kann – oder zumindest konnte. Dem hat die viktorianische Prüderie der Kolonisatoren in Indien leider total den Garaus gemacht. Ich weiß nicht, ob es irgendwo in der Welt noch offiziell als Kulturgut so etwas wie »heilige Sexualität« gibt, wo Liebe und Intimität von der Gesellschaft als hoher Wert gefeiert werden. Stattdessen haben wir Porno, sexuellen Missbrauch an Kindern und sexualisierte Gewalt in und außerhalb von Familien. In unserer Kultur ist die Anerkennung der Verbindung von Spiritualität und Sexualität gewiss noch nicht bald zu erhoffen.

Hinter der heiligen Sexualität des buddhistischen Tantrayana steht die Lehre Buddhas von der Nächstenliebe, der Bereitschaft und Fähigkeit, sich in andere Menschen hineinzuversetzen und das eigene Glück nicht vom Glück aller Wesen getrennt zu sehen. Die Trennung zwischen Ich und Andere zu überschreiten ist die grundlegende Bedeutung von Liebe, und die Erfahrung von Einheit, die Befreiung des Geistes anzustreben ist Wunsch, Sinn und Bedeutung der heiligen Sexualität.

Dass Mann und Frau beide Aspekte der Körpergeist-Energie, den männlichen und den weiblichen, in sich tragen, wird im Tantrayana als selbstverständlich betrachtet. Praktizierende Paare, Yogi und Yogini, sind Partner, die das Dakini-Prinzip in sich verwirklichen und einander als Manifestation von Dakini und Daka wahrnehmen. Sie haben die Lehren und die Praxis der Disziplinierung des verwirrten Geistes kontempliert und geübt, ebenso die Lehren und die Praxis des Mitgefühls, um so bereit zu sein für die tantrische Verbindung. Diese Verbindung von Yogi und Yogini kann man sich etwa so vorstellen: Wenn der Mann die Dakini, die weibliche Energie seiner Partnerin, achtet und verehrt, nährt er dadurch seine eigene weibliche Energieseite, während die Frau den Daka, die männliche Energie ihres Partners, achtet und verehrt und dadurch ihre eigene männliche Energieseite nährt. Wenn dieser Konsensus besteht, ist das eine hervorragende Voraussetzung für ein erfolgreiches geistiges Reifen.

Leidenschaft ist ein Begriff, der ziemlich ambivalent interpretiert wird. Einerseits betrachten wir feurige Leidenschaftlichkeit als erwünscht, andererseits ist Leidenschaft mit Trieb verbunden und erinnert in der abendländisch-christlichen Kultur immer noch peinlich an die Tiernatur im Menschen. Man führe sich nur mal die Liste sexualisierter Kraftwörter und Flüche in der westlichen Welt vor Augen, da prallen Haben-wollen und Nicht-haben-wollen fatal aufeinander.

Anders beim yogischen Paar. Die gewaltige Kraft der Leidenschaft fließt nicht durch den Filter des Egos, sondern kann sich frei, kreativ und ekstatisch entfalten. Damit fallen all die vielen Irrungen und Verwirrungen, das ganze fatale Feuerwerk der Leidenschaft weg, und nur die ekstatische und zugleich harmonisierende Beglückung wird geerntet. Das ist der besondere tantrische Ansatz: »Da Verlangen und Leidenschaft für unser menschliches Leben von so grundlegender Bedeutung sind, ist es wichtig, damit in der besten Weise umzugehen, indem man sie als Treibstoff für die Entwicklung von Wachheit und Mitgefühl verwendet.«[50]

So ist der Stab zu verstehen, den die Weisheits-Dakini im Arm hält – als die innere Vereinigung der beiden Energien, ein Zeichen der vollkommenen Befreiung des Geistes.

Leben und Sterben

Wenn ich auf die Jahrzehnte mit Tara zurückblicke, sehe ich einen Prozess, der sich mit einem Webfaden vergleichen lässt. Aus dem Faden wurde ein Gewebe, und das Gewebe veränderte sich, wuchs, dehnte sich aus, veränderte sich auf unvorhersehbare Weise. Meine Wahrnehmung veränderte sich, sodass Tara zwar irgendwie immer »meine Tara« blieb, aber immer klarer wurde, dass »meine« und »nicht meine« kein Widerspruch ist. Meine Tara ist aller Tara, mein Geist ist der Geist aller. Die Trennung findet nur in meiner begrenzten, individuell fixierten Vorstellung statt.

»Die Zukunft ist eine Illusion, und die Vergangenheit ist ein Traum« – dieser Spruch verweist wie kein anderer darauf, dass es um die Jetzt-Wahrnehmung geht. Ein weiser Spruch, der mich schon so lange begleitet, weil er wie die Luft im Kuchen ist, die den Kuchen genießbar macht. Wir leben in der Welt der Dualität, das ist nun mal so, aber wir können das Beste daraus machen. Das Beste schmolz für mich im Lauf der Zeit zusammen zu immer mehr Einfachheit. Wobei ich sagen muss, dass das immer noch ziemlich kompliziert ist, aber wenigstens überschaubar, weil einigermaßen geräumig. Zweifel darf seinen Platz haben, Chaos darf seinen Platz haben, Ordnung ist dennoch da, und das Ganze ist belüftet mit Vertrauen, denn ohne Vertrauen gibt es keine Klarheit. Für mich ist Tara unter anderem ein wichtiges Symbol für Vertrauen.

Mein jetziger Lehrer sagte, Tara sei die wichtigste Praxis für unsere Zeit. Als er das sagte, sah unsere Situation noch nicht so problematisch aus wie heute, da ich dieses Buch schreibe, aber der Berg war sozusagen längst schon im Rutschen. Wir haben also eine Lage, die dringend Taras Energie benötigt; damit kann man auch in extremster Verwirrung etwas Gutes sehen.

Die Lage zeichnet sich dadurch aus, dass die gesamte Zivilisation immer mehr deutlich macht, wie ein blindes Streben nach Sicherheit und Bequemlichkeit zu immer größerer Instabilität geführt hat. Das wirkt sich auch auf die geistige Gesundheit aus. Psychologen attestieren unserer modernen Gesellschaft kollektive geistige Krankheit.

Mitgefühl, Empathie, Zuwendung, Freundlichkeit, Güte, gegenseitiger Respekt, Rücksicht, das Gefühl einer grundlegenden Zusammengehörigkeit als Menschen – das alles ist Ausdruck von geistiger Gesundheit und schafft ein Energiefeld, in dem Vertrauen wachsen kann. Vertrauen bedeutet, das Leben zu akzeptieren und Freundschaft zu schließen mit dem Tod.

Leicht gesagt. Wahrscheinlich gibt es kein Wort, das eine größere Bandbreite an negativer emotionaler Reaktion auslöst als »Tod«. Der Tod gilt als der Erzfeind des Lebens, er ist die Wurzel aller Angst. Kein Wunder, dass er mit Wegwerfunterhaltung in Form von Krimis jeden Abend im allgegenwärtigen öffentlichen Fernsehen konsequent banalisiert wird. Doch Betäubung ist die schlechteste Art, ein Problem aufzulösen.

Als ich in meinem ersten Retreat im Nonnenkloster in Nepal auf dem Berg Shivapuri meinem zweiten Lehrer berichtete, dass ich ständig vom Tod naher Menschen träumte, lächelte er beruhigend und sagte, ich solle mir keine Sorgen machen, dass ich bald sterben müsse, das sei vielmehr ein Zeichen für erfolgreiche Praxis. Ich musste erst einmal gründlich nachdenken, bis mir klar wurde, dass aus buddhistischer Sicht der Tod ein natürlicher Teil des Lebens ist.

»Das tibetische Totenbuch« (das diese Bezeichnung vom ersten Übersetzer der Einfachheit halber erhielt, weil bereits zuvor ein ägyptisches Totenbuch entdeckt wurde, mit dem es gar nichts gemein hat) ist genau genommen ein Text, der wiederholt, was der Sterbende in seinem Leben schon gelernt hat. Es sind die tantrisch-buddhistischen Lehren, die der Sterbende in der Aufregung des Loslösens von der Materie nicht vergessen soll. Der originale Titel ist *Bardo Thödol*, Befreiung durch Hören im Zwischenzustand. Bardo bezeichnet einen Zustand, in dem es bestimmte Gesetzmäßigkeiten gibt – Bardo des Lebens, Bardo des Sterbens, Bardo der Meditation etc. Im Bardo des Sterbens wird ein Ablauf beschrieben, der sich teilweise jedes Mal vollzieht, wenn wir einschlafen. Dann ziehen sich die Energien der vier Elemente zurück, aber nur so weit, dass unsere äußeren Sinne ausgeschaltet sind. Dann liegen wir da wie eine atmende Leiche, aber auf der Ebene der Traumenergie sind die Energien dennoch aktiv.

Mit den inneren Energien unserer Sinne ist unser Erleben im Traum nicht weniger intensiv als im Wachzustand die Erfahrung mit den äußeren Sinnen. Im Bardo des Sterbens ziehen sich die Energien der Elemente jedoch vollkommen zurück und geben so die reine Natur des Geistes frei. Hat der Sterbende zu Lebzeiten schon die beschriebene »Verwirklichung« erreicht, kann sich der individuelle Geist von der Bindung als Individuum befreien. Das nennt man dann anschaulich »Das Kind springt in den Schoß der Mutter«. Ist diese Voraussetzung nicht gegeben, bieten sich noch weitere Möglichkeiten, zumindest in die Nähe der Befreiung zu gelangen. Wurde jede dieser Möglichkeiten verpasst, bauen sich neue Element-Energien auf, und ein neuer Lebenszyklus mit neuer Identität kann beginnen.

Diese Darstellung ist fast unmanierlich reduziert, aber es gibt sehr gute Literatur darüber, von relativ einfach bis überaus komplex.[51]

Mein dritter Lehrer gab eine einfache und nachvollziehbare Erklärung: »Wir haben nur deshalb Angst vor dem Tod, weil wir uns nicht vorstellen können, als Energie zu existieren.« Das passte zum Rezitationstext der Tara-Praxis: »Möge ich werden wie Du.« Tara ist die Energie der Liebe und des allumfassenden Mitgefühls. Also sagt dieser Text: So möchte ich werden! Genauer, ich möchte Tara werden.

Ich empfand dies zuerst als wichtigen Aspekt der Tara-Praxis, später jedoch als die Hauptbedeutung, die in weiteren Tara-Sadhanas[52] noch deutlicher wurde. Die Tara-Praxis ist ein Training für geistige Gesundheit, die den Tod als Teil des Lebens mit einbezieht. Im Mandala meines inneren Universums ist es Arya Tara, die Edle Tara, die das Leben begleitet und zugleich Vorbereitung auf das Sterben ist. Je mehr das Wahrnehmen von Taras Buddha-Qualität durch die Praxis gereift ist, desto weniger schwierig wird das Lösen des Festhaltens am Leben sein, wenn es ans Sterben geht.

Steine im Weg

Der spirituelle Entwicklungsweg im Buddha-Dharma hat genau genommen keine Stufen – das sieht nur am Anfang so aus. Es ist ein Prozess, der mäandert, ständig genährt von Lernen und Praxis, gestört von kleinen und großen Schwierigkeiten (im Dharma »Hindernisse« genannt), ein Wachsen und Reifen, das man selbst gar nicht beurteilen kann. Du kannst nie sagen, wo du gerade stehst, sagte mein erster Lehrer. Manchmal dachte ich, es gehe vorwärts, dann wieder sah es nach Rückfall aus. Ich konnte nie sicher sein, meine dualistischen Maßstäbe waren ebenso verführerisch wie unbrauchbar. Gelegentlich gab es Brüche, die ich nicht verstand. Es war überaus beunruhigend festzustellen, dass ich keine Kontrolle darüber hatte. Ich konnte sie nur als Hindernisse einordnen. Verwirrung war das Treibmittel, um Verwirrung zu überwinden.

Je mehr sich meine Beziehung zu Tara vertiefte, desto mehr Hilfe bekam ich von ihr, und ich verließ mich darauf. Bis eines Tages, ausgelöst durch einen dummen Fehler, ein sehr heftiger Einbruch kam. Es fiel alles, was sich in meinem Leben an Fehlern angesammelt hatte – Fehler aus Unwissenheit, aus Unachtsamkeit, aus Missverständnissen, vor allem aus Dummheit – auf einmal in monströsem Ausmaß über mich her. Unter einem äußeren Funktionieren steckte ich in einem Sumpf von Schuld, Reue und Scham fest. Nur meine Beziehung zu Tara gab mir einigen Halt, während ein Sturm negativer Emotionen mich von ihr wegzuziehen versuchte.

Die buddhistische Tradition hat einen asiatischen Hintergrund, dort waren psychische Probleme der Art, wie sie in den westlichen Industrienationen auftreten, unbekannt. Das kann bei ernsten Störungen problematisch werden, denn intensive Praxis, wie etwa in längeren Retreats, kann eine tiefgreifende, unter Umständen verstörende Wirkung haben und unterbewusste Inhalte aufbrechen lassen. Ich weiß von Praktizierenden, die sich psychotherapeutische Unterstützung holen, das aber möglichst niemanden wissen lassen. Als wäre es peinlich, wenn nicht gar eine unverzeihliche Bankrotterklärung. Ich wünsche, es gäbe mehr buddhistisch praktizierende, inspirierte Psychotherapeuten.[53]

Der Zustand ließ sich zunächst durch keines meiner besten Argumente beseitigen. Es gab nichts mehr, woran ich mich hätte halten können. Das erinnerte mich an eine Aussage meines ersten Lehrers: »Wir haben das Gefühl zu fallen, zu fallen, zu fallen, und es gibt nichts zum Festhalten. Das ist die schlechte Nachricht. Aber die gute Nachricht ist: Es gibt gar keinen Boden.«

Später erkannte ich, dass dieser Dämon etwas mit meiner Kindheit zu tun gehabt hatte. Die banale Grausamkeit meiner beiden viel älteren Schwestern, die mit der Nazi-Ideologie aufgewachsen waren, hatte die ängstliche, kränkliche kleine Schwester früh zu etwas wie Franz Kafkas Käfer[54] gemacht (in dieser Erzählung verwandelt eine Person sich über Nacht in einen verachteten Käfer). Dieses beschädigte Selbstgefühl blieb die Kindheit und Jugend über bestehen, was mir natürlich nicht bewusst war. Man lebt auch als Käfer irgendwie weiter, und ich hatte die Möglichkeit eines Ersatzlebens mit Hilfe der Weltliteratur. Ein Psychiater holte mich damals als 18-Jährige mit dem Mittel der Überkompensation aus dem Käferdasein heraus. In dieser psychologischen Verkleidung konnte ich weiterleben. Aber gleichzeitig wäre ich gern verschwunden. Ich wünschte mir, nicht mehr da zu sein. Erst als ich, kaum erwachsen, eine kleine Tochter bekam, begann ein lebbares Leben.

Als ich über Trauma-Forschung las, begriff ich, was sich vor langer Zeit in dem Kind, das ich war, eingekapselt hatte. Die Verkleidung war nach und nach abgefallen, unterstützt vor allem durch buddhistische Praxismethoden, aber in dieser viel späteren völlig unerwarteten Episode hatte mich der Käfer eingeholt. Das konnte ich nun als ein Phänomen begreifen, das zu dem großen Prozess des Auflösens gehörte, aber eben nicht eines Auflösens, wie ich es mir in meiner Jugend vorgestellt hatte. Nicht als Beseitigung meiner selbst, sondern im Sinne des Dharma, der zunehmenden Befreiung aus der Selbstumklammerung des Ichs.

Als ich meinem Lehrer – es war damals mein vierter Lehrer – von diesem qualvollen Zustand berichtete, sagte er, Scham und Bedauern ist gut, aber nicht Schuld! Ich hatte nie darüber nachgedacht, wie zerstörerisch die Schuldkultur war, in der ich aufgewachsen bin, wie sehr sie ein natürliches, einsichtiges Bedauern erdrückt. Diese Einsicht brachte immerhin ein wenig Erleichterung. Im Übrigen traute mir mein Lehrer zu, dass ich mein Problem auflösen würde.

Während dieses schmerzhaften Durchgangs war ich doch auch Beobachterin geblieben. Das ist Karma, erklärte ich mir, nicht nur in diesem, sondern in unzähligen Leben aufgehäuftes Karma, und Karma gehört zum Selbst, und das Selbst ist ein Produkt aus Identifikation, und das hält nicht mich fest, sondern ich halte es fest. Mein ganzes persönliches Universum ist nur da, weil ich es festhalte. Und weil ich es festhalte, produziere ich ständig weiteres Karma. Das ist das Lebensrad, es dreht sich ununterbrochen. Gleichzeitig gibt es mir das Material zur Transformation. Es beißt mich, damit ich aufwache aus dem tagtäglichen dualistischen Traum.

Der Zustand endete nicht plötzlich. Durch die beharrliche Wiederholung dessen, was meine Lehrer mir durch mehr als nur Worte beigebracht hatten, schrumpften die aufgeblähten Fehler und lösten sich in Vergangenheit auf. Danach hatte ich den Eindruck, mich selbst nicht mehr so ernst nehmen zu müssen. Genau genommen war ich damit an die Wurzel der gesamten Talfahrt gelangt.

Meine Beziehung zu Tara ging aus dieser Erfahrung mit größerer Weite und Klarheit hervor.

Dass ich die Erzählung meiner Beziehung zu Tara mit dem Bericht eines schmerzhaften Durchgangs abschließe, hat damit zu tun, dass nach meiner Erfahrung zwar häufig die Rede davon ist, welchen Schwierigkeiten man am Anfang des spirituellen Weges begegnen kann, aber nur selten davon, dass Einbrüche jederzeit möglich sind. Wer kennt schon die Hintergründe des eigenen Karmas? Nichts gegen die Stolpersteine – sie sind Hilfsmittel, Vorstellungen von sich selbst über Bord zu werfen und zutiefst zu erkennen, dass letztlich all die scheinbar so gewichtigen Meinungen und Urteile, ja selbst die hauchdünnsten Festlegungen unbrauchbar sind. Nur das Ego braucht sie. Der Geist braucht sie nicht, er ist völlig unabhängig.

Was ich von meiner Beziehung zu Tara erzählte, ist natürlich eine unabgeschlossene Geschichte. Der Prozess geht weiter. Ich durfte viel lernen, bekam viele kostbare Unterweisungen und Anleitungen zur Praxis, bekam alles, was ich von dem wunderbaren spirituellen System des Buddhismus begreifen und entsprechend umsetzen konnte. Meine Lehrer wiederholten oft, dass sie nur den Weg zeigen können. Gehen musste ich ihn selbst. Ich lernte den großen Wert einer lebendig erhaltenen Tradition schätzen, den Wert der Sorgfalt, mit der alle Mittel zum konkreten Ausdruck des Inhalts werden – die Meditationen, die Rituale, der Reichtum an symbolischen Formen und Darstellungen, die Genauigkeit der Ikonografie. Ich lernte, Taras Welt, den Buddha-Dharma, als Wissenschaft, Philosophie, Psychologie, Mystik, Metaphysik und Religion einzuordnen – irgendwie all das und alles zusammen und keines davon. Doch das größte aller Geschenke, die ich von meinen kostbaren Lehrern erhielt, ist die Möglichkeit zu einer immer subtiler werdenden Beziehung zu »meiner« Tara in meinem inneren Universum.

Meine Tara

Tara im maigrünen Licht
schön wie die Frische des Morgens
Kennte ich dich nicht
mein Herz würde dich erfinden
denn du sagst ohne Worte
was Vertrauen ist
Falle ich und greife nach dir
lachst du
springst auf
um durch den unendlichen Raum zu tanzen
und ich weiß
das Fallen ist Tanz
Verstumme ich in Not
dann singst du ekstatische Lieder
und füllst die Welt mit Klang
Kein Ende des Gebens
der Mutter, die Buddhas gebiert

Du bist Lachen
du bist Weinen
du bist jeder Tag
hältst stets dein Versprechen zu lieben
Du bist der Baum vor dem Fenster
so wandelbar und immer richtig
die Weite des Sees
offen und ungeschützt und mutig
Immerwährende Aufforderung
zum Wagnis des Lebens
EMAHO

Meine kostbaren Lehrer

Chögyam Trungpa Rinpoche, 1939 – 1987

Mein erster Lehrer, mein »Wurzel-Lehrer«, war ein führender Pionier des Dharma im Westen. Er hatte ein abgeschlossenes Shedra (Klosteruniversitäts-)-Studium und war das Oberhaupt mehrerer Klöster in Ost-Tibet, bevor er 1959 vor der chinesischen Okkupation Tibets floh. Er erhielt ein Stipendium für das Studium der Religionswissenschaft in Oxford und lernte dort nicht nur hervorragend Englisch, sondern verfolgte auch sein großes Interesse am Christentum und westlicher Lebensart. Das heißt, er wollte wissen, wie westliche Menschen ticken. Für mich ein großes Glück, denn seine Art des Lehrens konnte mich unmittelbar, also ohne Übersetzer, erreichen. Zudem behandelte er das Phänomen Sprache mit großer Sorgfalt und machte seine Schüler auf die vielfältigen Fallen in den Übersetzungen buddhistischer Texte aufmerksam. Ich hatte nie zuvor daran gedacht, dass sowohl Englisch als auch meine eigene Muttersprache vollgesogen sind mit Bedeutungen des christlichen bzw. theistischen Kulturhintergrunds.

Er war ein »Mahasiddha«, ein Lehrer der besonderen, sehr unkonventionellen Art, die dazu dient, Gewohnheitsmuster aufzudecken und Relativität in allen Festlegungen zu erkennen. Das wird als »verrückte Weisheit« bezeichnet. Dazu kam seine wunderbare Kreativität. Er bezog japanische Elemente wie Oryoki, eine sehr elegante ritualisierte Art des Essens, in seine Lehrmethoden ein, regte Ikebana und Kyudo, die Kunst des Bogenschießens, an, vermittelte spontane Poesie und gab dem Erlernen der Achtsamkeit eine viel tiefere und lebendigere Bedeutung, als ich sie jemals geahnt hatte.

Damals lebte er mit seiner englischen Frau und seinen Kindern in Boulder, Colorado, und lehrte nur auf dem nordamerikanischen Kontinent. Einer seiner ältesten Schüler vertrat ihn in Deutschland; das war eine wertvolle Hilfe. Obwohl ich nur einmal im Jahr nach USA fliegen und mit ein paar Hundert anderen Schülern an einem seiner großen Seminare teilnehmen konnte und es sich nur ganz wenige Gelegenheiten zu einem persönlichen Kontakt ergaben, war er mir immer sehr präsent, man könnte sagen, »er ging mir unter der Haut«. Das wurde durch das gesammelte Lehrmaterial, das mir zur Verfügung stand, und die vielen Bücher, die aus seiner unermüdlichen Arbeit des Lehrens entstanden, ständig unterstützt. Bis heute.

Der Tod meines ersten Lehrers erschütterte mich tief. Ich konnte es nicht fassen, dass er mit nur 49 Jahren aus meinem Leben verschwand. Nicht einmal beim großen Ritual seiner Einäscherung konnte ich dabei sein. Dabei geschah etwas, das von der regionalen Zeitung als »meteorologische Besonderheit« vermerkt wurde: Am wolkenlosen Himmel entstand ein großer, kreisrunder Regenbogen um die Sonne, der sich lange nicht auflöste.

Trungpa Rinpoches Stil, sozusagen meine spirituelle Kinderstube, prägte grundlegend mein Verständnis des Dharma, das nach seinem frühen Tod durch die folgenden Lehrer weiter angereichert wurde.

Tulku Urgyen Rinpoche, 1920 – 1996

Nach dem Tod meines ersten Lehrers war mir klar, dass ich wieder einen Lehrer finden musste, der mich weiterführte. Mit einem der großen alten Meister der tibetischen Tradition, Dilgo Khyentse Rinpoche, hatte er eine tiefe Verbindung gehabt, und dessen Kloster befand sich in Kathmandu. Also flog ich nach Kathmandu, doch dieser Rinpoche war damals in Bhutan, wo er sich, wie ich erfuhr, als der Berater des bhutanesischen Königs meistens aufhielt. Ich hatte ein zweiwöchiges Visum und wenig Geld. In meiner Ratlosigkeit blieb mir nichts anderes übrig, als auf ein Wunder zu warten.

Es ergab sich, dass ich einen Hinweis auf einen alten Meister erhielt, von dem ich noch nie gehört hatte, und es ergab sich auch, dass ich den westlichen medizinischen Betreuer und Übersetzer dieses Meisters zu einem Kloster am Ende des Kathmandu-Tals begleiten durfte. Dort saß der Rinpoche in einem kleinen Zimmer nach tibetischem Stil auf seinem Bett, empfing mich freundlich und freute sich offensichtlich, als ich den Namen meines verstorbenen Lehrers nannte. Schüler meines ersten Lehrers haben bei tibetischen Lehrern den Ruf, gut ausgebildet zu sein.

Als ich das kleine Zimmer verließ, war ich mir völlig sicher, meinen zweiten Lehrer gefunden zu haben. Dieser Meister schien irgendwie nur aus Raum zu bestehen, unendlich viel befreiendem Raum. Ich war in einer außergewöhnlichen, zeitlosen Hochstimmung und hatte das Gefühl, dass dieser Meister weit mehr noch als mit Worten mit seiner sehr besonderen Energie lehrte. Ich hatte keine Ahnung, wie ich damit umgehen sollte. Aber die Anziehung war eindeutig.

Einige amerikanische Schüler meines ersten Lehrers traf ich bei Vorträgen des alten Meisters wieder, von dessen Ruf als einem der ganz großen Yogis Tibets ich erst durch sie erfuhr. Die meisten fühlten sich in dem sehr traditionell tibetischen Rahmen offenbar nicht wohl. Dieser Rahmen bestand aus drei Klöstern, die Tulku Urgyen Rinpoche nach seiner Flucht aus Tibet im nepalesischen Exil so getreu wie möglich nach ihrem tibetischen Original aufgebaut hatte, dank Spenden und mit eigenen Händen und der Hilfe seiner Söhne, die später ebenfalls weltweit bekannte Lehrer wurden. Die reiche Tradition des tibetischen Buddhismus wird im Exil allein durch die Klöster bewahrt. Es ist eine primär von der männlichen Energie bestimmte Tradition, was mich irritierte. Aber das wurde übertönt durch die überwältigende Ausstrahlung des Rinpoche, die fern war von allem Ungleichgewicht. Ich bin zu dem Schluss gekommen, dass der Buddhismus im Westen den Rückhalt durch die Klöster braucht, andererseits jedoch die Kraft aufbringen muss, eine Balance der männlichen und weiblichen Energien zu finden. Das scheint sich anzubahnen, da sich heute vielerorts westliche Frauen aktiv für die Etablierung von Dharma-Zentren einsetzen.

Meistens hielt sich der Rinpoche in seinem Nonnenkloster auf dem Berg Shivapuri am Rand von Kathmandu auf. Das gab mir in den folgenden Jahren die Möglichkeit, in einem kleinen Häuschen bei den Nonnen jährlich zwei Monate im Retreat (in Klausur) zu verbringen.

Ich fragte Tulku Urgyen Rinpoche, wie der frühe Tod meines ersten Lehrers zu erklären sei. Er sagte, Trungpa Rinpoches Leben sei wie eine gewaltige Flamme gewesen, und so habe er innerhalb von kurzer Zeit ungeheuer viel geschaffen. Leise lachend fügte er hinzu, bei ihm selbst sei das anders, er brenne ganz langsam. Er war damals 70 Jahre alt, und ich dachte, das gäbe mir die Gewissheit, dass er sehr alt werden würde. Leider täuschte ich mich.

Nach meinem zweiten Besuch in Kathmandu gründete ich 1990 den Verein »Tashi Delek e.V., Gesellschaft zur Förderung der tibetisch-buddhistischen Kultur im Exil«. Es war eine Zeit in meinem Leben, die völlig neue Akzente setzte. Ich mochte diese asiatische Welt, die nicht von der rationalen Dominanz der

Industrienationen besessen war, begann aber auch nach einigem inneren Widerstand, die Schattenseiten mancher altehrwürdiger Gewohnheiten zu sehen.

Damals begannen Geschichten mit tibetisch-buddhistischem Hintergrund zu mir zu kommen, aus denen dann meine Romane entstanden. Ich erfand die Geschichten nicht, sie kamen eher zu mir wie geistige Sturzgeburten, die geschrieben werden wollten.

Tarab Tulku Rinpoche, 1934 – 2004

Gleichzeitig lernte ich in München meinen dritten Lehrer kennen, der einen speziellen Platz parallel zu dem großen alten Meister und, nach seinem Tod, meinem vierten Lehrer Chökyi Nyima Rinpoche einnahm.

Ich lernte Tarab Tulku Rinpoche durch ein Interview über sein Programm *»Unity in Duality«* (Einheit in der Vielfalt) kennen. Er war ein wenig bekannter Lehrer aus der tibetischen Gelug-Tradition, den der Dalai Lama nach seiner Flucht aus Tibet zur Universität in Kopenhagen vermittelt hatte. Sein Studium hatte er in der berühmten Klosteruniversität Drepung mit besonderer Auszeichnung abgeschlossen und war mit den anderen vier Traditionen des tibetischen Buddhismus[55] gut vertraut. Mit seiner dänischen Familie lebte er in Kopenhagen als Dozent an der Universität und war Forschungsmitglied der Königlichen Bibliothek. Er erzählte mir, dass er bei einem Kongress über transpersonale Psychologie den bekannten Psychologen Stanislav Grof und bei einem weiteren Kongress den Psychiater Ronald Laing kennengelernt hatte und so in nahe Verbindung mit westlicher Psychologie kam. Von diesem Austausch inspiriert begann er, Kurse für Psychologiestudenten zu geben, die sich nicht für Buddhismus als Religion, aber sehr für das Wissen des Buddhismus interessierten. So entstand sein Programm *»Unity in Duality«*, das er in Seminaren und Ausbildungen vor allem in europäischen Ländern vorstellte.

Das Besondere daran war für mich, dass er in den Inhalten wie in seiner Lehrmethodik jegliche kulturelle Verpackung vermied. Obwohl er ein Tulku, eine hohe Wiedergeburt, war, kleidete er sich wie mein erster Lehrer auf westliche Art. Auf den ersten Blick hätte niemand in dem freundlichen, auf entspannte Weise zurückhaltenden Mann einen hohen Würdenträger seiner tibetischen Tradition vermutet. Er sprach gut Englisch, bediente sich konsequent westlicher Umgangsformen (er hielt mir die Tür auf, was mir, bei hohen Lehrern das Gegenteil gewohnt, geradezu peinlich war) und verzichtete auf alle »religiösen« Einschränkungen traditioneller Art. Und er bot seine Seminare nur an weltlichen Veranstaltungsstätten an.

Tarab Tulku Rinpoche präsentierte den Buddhismus als Wissenschaft, in der jegliche Erfahrung mit der spezifischen Erfahrungsweise verbunden ist. Das machte deutlich, dass Letzteres genau das ist, was wirklich untersucht werden muss, wenn man den eigenen Geist kennenlernen will. Es hieß, hinter den Vordergrund der Erfahrung zu gehen und ihre Energie wahrnehmen zu lernen. Das ist Tantra, der »Weg der Energie«. Der Lehrer sagte: »Nachdem ich die westlichen Psychotherapiemethoden kennengelernt hatte, vertiefte ich mich in das Studium der buddhistischen psychologischen und therapeutischen Möglichkeiten. Ich verband beide Systeme miteinander und stellte das Ganze auf den Boden buddhistischer Philosophie, oder sagen wir buddhistischer Ideen.«

In gewisser Weise führte er mich parallel zu meinem Eintauchen in die klösterliche tibetische Tradition in Nepal zurück in den westlich angereicherten Rahmen meines ersten Lehrers, diesmal jedoch innerhalb der europäischen Kultur und mit Berücksichtigung der westlichen Psychologie. Das war ein spannender Wechsel der Perspektive und kam mir sehr entgegen, denn es unterstützte mein Bedürfnis des Umkreisens, das Intellekt und Intuition verbinden kann. Er gab mir sehr wertvolle Anstöße, und ich hatte das große Glück, mit ihm besprechen zu können, wie ich das, was ich von ihm gelernt hatte, im Rahmen meiner Seminare weitergeben wollte.

Tarab Tulku starb, während ich in Kathmandu war – der dritte Lehrer, den ich in diesem Leben nicht mehr sehen würde. Aber auch er blieb mir wunderbar gegenwärtig, mit meinen vorigen Lehrern in der Mitte des Mandalas vereint und allesamt eins mit meinem vierten, gegenwärtigen Lehrer in seiner Präsenz als Manifestation der Lebendigkeit der Lehre des Buddha.

Chökyi Nyima Rinpoche, geb. 1951

Mit meinem vierten Lehrer war ich schon recht vertraut, als mein zweiter Lehrer, sein Vater Tulku Urgyen Rinpoche, starb. Somit war es ein eher sanfter Übergang, als ich ihn bat, mich weiterhin zu führen in der tibetischen Tradition. Ich hatte die mehr als tausendjährige klösterliche Tradition Tibets schätzen gelernt und das Nonnenkloster ins Herz geschlossen, obwohl ich, wäre ich noch jung und kinderlos gewesen, gewiss keine Nonne hätte werden wollen. Es kann gut sein, dass ich das in einem meiner früheren Leben war, denn es verbindet mich mit dem Nonnenkloster Nagi Gompa auf dem Berg Shivapuri mit dem weiten Blick über Kathmandu und das Kathmandu-Tal eine Art nostalgischer Liebe. Und auch im Mönchskloster, dem Hauptkloster der drei Klöster, die Chökyi Nyima Rinpoche sozusagen geerbt hat und mit dem Hauptkloster KaNying als seinem ständigen Wohnsitz, fühlte ich mich irgendwie zu Hause, zugleich mir meines doppelt fremden Hintergrunds sehr bewusst, einerseits meiner europäischen Kultur und andererseits der »modernen« Formen der Dharma-Vermittlung von Chögyam Trungpa Rinpoche und Tarab Tulku Rinpoche.

Inzwischen schon 30 Jahre lang darf ich mich immer wieder von der intensiven Energie meines vierten Lehrers »aufladen« lassen, früher durch persönliche Gespräche im Kloster, später vor allem durch Vorträge und die großartigen Rituale bei seinen Besuchen im Westen in seinen Zentren in Dänemark und Österreich. Die gesellschaftliche Entwicklung in diesen Jahren war gewaltig und die Herausforderung, die geistigen Schätze des Dharma im Westen zugänglich zu machen, nicht minder. Es hat mich sehr beeindruckt, wie liebevoll mein Lehrer auf den riesigen Bedarf in unserer Gesellschaft nach Freude und wohlwollendem Miteinander eingeht. Tara ist die beste Praxis für diese Zeit, sagt er und betont wiederholt: »*Never forget your good heart*« – vergesst nie euer gutes Herz. Und er lebt es vor, dieses grundlegende Zugewandtsein, die bedingungslose Offenheit des Herzens in unserer zersplitterten, in einer extrem harten Realität erstarrten Industriegesellschaft.

Er hat früh schmerzhafte Veränderung erlebt, als die chinesischen Truppen über Tibet herfielen und seine Eltern aus dem großen Kloster seines Vaters mit ihm und dem kleinen Bruder über den Himalaya nach Sikkim fliehen mussten. Er ist heute Oberhaupt von drei großen Klöstern, die traditionsgemäß Orte des Studiums und der Praxis sind und von Spenden leben. So trägt er die Verantwortung für Hunderte Menschen. Ich begann zu verstehen, dass ein teilweiser Wiederaufbau der 6000 zerstörten tibetischen Klöster die einzige Möglichkeit war, im Exil den geistigen Schatz Tibets zu bewahren und weitergeben zu können. Das fordert eine gewisse Anpassung an neue äußere Umstände. Das Prinzip heißt: Im Außen flexibel sein, um den Kern zu schützen.

Mit meinem katholischen Hintergrund konnte ich nicht anders, als mich mit dem Phänomen Klöster auseinanderzusetzen. Mein erster Lehrer sah auf längere Sicht wenig Chancen für die klösterliche Form im Westen. Er setzte auf die yogische Form, die äußerlich jede verfügbare Lebensweise ermöglicht, jedoch den Dharma als die zentrale innere Orientierung umschließt.

Der Buddhismus manifestiert sich in Asien als ein dezentrales System, er ist ein großes Mandala, das viele Mandalas beinhaltet. Jedes Kloster, sogar jedes westliche Zentrum ist unumgänglich eine Institution. Eine Institution ist wie der Körper – man braucht ihn unbedingt, ohne ihn könnte sich der Geist nicht manifestieren und entfalten. Aber er ist anfällig, muss gepflegt werden, verändert sich, und man muss sich seinem Alterungsprozess angemessen anpassen. So kann man auch Institutionen sehen. Wir leben in der Welt der Form, wir brauchen die Form der Institutionen, aber auch den kritischen Geist, der darauf achtet, dass sich Form und Inhalt nicht spalten und die Form auf Kosten des Inhalts auswuchert und allen Wert verliert. Das ist ja nicht nur im Westen, sondern auch in Tibet geschehen.

Chökyi Nyima Rinpoche arbeitet, wie auch andere große tibetische Meister daran, dass immer mehr Studien- und Praxis-Zentren des tibetischen Buddhismus im Westen und auch in Asien entstehen und ihnen eine den veränderten Umständen passende Form gegeben wird. In meinem Lieblingszentrum Gomde in Österreich[56] hat er solch eine neue Form entwickelt, die ich gern mit dem Begriff »Ökoton« (Ökologie und Tonus) verbinde, einem Begriff aus der Biologie, der den Bereich beschreibt, wo Wiese und Wald einander begegnen. Dort schafft die Natur einen Übergangsgürtel, in dem eine große biologische Vielfalt entsteht. Plötzlich wachsen neue Pflanzen in diesem Freiraum, Insekten tauchen auf, die an diesem Ort weder im Wald noch auf der Wiese lebten. Es ist ein Freiraum, in dem sich unerwartete Kreativität entfalten kann.

Solch ein geistiges Ökoton konnte in Gomde entstehen, wo die Tradition (der beständige, sich wenig verändernde Wald) und die westliche Welt (die Wiese, die sich ständig verändert) einander begegnen. Da hat der Lhakang, der Schreinraum oder Tempel, oben im Haus, in dem Disziplin mit viel Praxis und Lernen herrscht, ebenso seinen Platz wie unten die kleine Bar und der Shop, in dem Bücher, Statuen, Ritualgegenstände etc. verkauft werden. Der notwendige Feuerwehrteich wurde auf Rinpoches Rat zu einem Pool mit Selbstreinigung und gemütlichen Strand-Pavillons gestaltet. All dies umgeben von kunstvoller Gartengestaltung, deren Schönheit öffentliche Anerkennung findet. Freude ist so wichtig, sagt der Rinpoche. Menschen sollen sich hier wohlfühlen können!

Zentren sind unbedingt nötig für die Pflege des Buddha-Dharma im Westen. Den Teich bauen, damit die Schwäne landen können, nannte das mein erster Lehrer. Das verlangt Gemeinschaften, die ein lebendiges Mandala mit Innen, Mitte und äußerem Bereich bilden, mit einer tiefen inneren Anbindung an die gemeinsame Aufgabe. Ein ebenso schönes wie in vielerlei Hinsicht nicht einfaches Unterfangen, wie ich aus Erfahrung weiß.

Ich vermute, dass sich alte Gedankenmuster gründlich ändern müssen, um solche geistigen Ökotone entstehen zu lassen. Manche westliche Praktizierende des Buddhismus befürchten, Vergnügen würde die spirituelle Disziplin unterminieren. Stattdessen kann man beides als Aspekte des Lebens erkennen, die natürlich sind und in einem guten Gleichgewicht einander befruchten.

Diese kurzen Skizzen können meinen wunderbaren Lehrern natürlich nicht gerecht werden, lassen aber vielleicht ein wenig von der Vielfalt an Erfahrungen und vor allem Erfahrungsweisen ahnen, die sie mir ermöglichten. Mein Dank ist so groß, dass ich keine Worte dafür habe.

ENDNOTEN

1 Vajradhatu, später Shambhala
2 www.tashi-delek.de
3 Tarab Tulku, »Einheit in der Vielheit«
4 www.gomde.eu
5 Jonang Tharanatha, »Die Goldene Girlande«
6 Bokar Rinpoche, »Tara the Feminine Divine«
7 Kampa ist der östliche Distrikt Tibets, aus dem die tapfersten Männer stammten, die mit Unterstützung der CIA Tibet gegen die Chinesen verteidigten
8 Diana Y. Paul, »Die Frau im Buddhismus«
9 Teresa von Avila, »Ich bin ein Weib – und obendrein kein gutes«
10 Ma gcig, »Gesänge der Weisheit«
11 »Gesänge der Weisheit«
12 Maharatnakuta-Sutra, Textsammlung
13 Dharmakirti, auch Serlingpa genannt
14 zitiert von Dzgchen Ponlop Rinpoche in »Rebell Buddha«
15 Wendy Garling, »Stars at Dawn«
16 Sanskrit Tripitaka, das bedeutet »drei Körbe«. Der erste ist der Korb der Lehrreden, der zweite Abhidharma, die abstrahierte Fassung der Lehren, der dritte der Korb der Regeln
17 Gotama ist die Pali-Version von Gautama Buddha, der Erleuchtete aus dem Gautama-Klan
18 Hans Peter Dürr, »Geist, Kosmos und Physik«
19 Herz-Sutra, Prajnaparamita-Text
20 Dalai Lama, »Meine spirituelle Autobiografie«
21 Die großen jährlichen Seminare von Trungpa Rinpoche dauerten je drei Monate; dieses spezielle Seminar fand in einem alten Hotel in Pennsylvania mit 400 Teilnehmern statt.

22 Bodhidharma brachte den Buddhismus um 600 nach China
23 Chögyam Trungpa, »Aktive Meditation«
24 Chögyam Trungpa, »Das Buch vom meditativen Leben«
25 Tarab Tulku, »Einheit in der Vielfalt«
26 Kodo Sawaki, »Zen ist die größte Lüge aller Zeiten«
27 James Low, »Sparks«
28 Dzongsar Khyentse Rinpoche
29 David Chadwick, »Thank you and okay«
30 Kloster Nagi Gompa auf dem Berg Shiapuri am Rand des Kathmandutals
31 Ulli Olvedi, »Buddhas Kinder«
32 Kodo Sawaki,, »Zen ist die größte Lüge aller Zeiten«
33 Hans Peter Dürr, »Geist, Kosmos und Physik«
34 Jamyang Khyentse Wangpo, in Tulku Urgyen Rinpoche & Trulshik Adeu Rinpoche, »Skillful Grace«
35 Lynne McTaggart, »Das Nullpunktfeld«
36 ebd.
37 Thinley Norbu, »Welcoming Flowers«
38 Gerald Hüther, »Wege aus der Angst«
39 Ulli Ovedi, »Die Energien des Lebens und des Sterbens«
40 Tara Tulku, »Einheit in der Vielheit«
41 Hans Peter Dürr, »Es gibt keine Materie«
42 Die fünf Weisheitsaspekte des Buddha-Geistes (»Buddha-Familien« genannt), die befreiten fünf Bewusstseinsfaktoren und fünf hinderlichen Gewohnheitsmuster, die fünf Himmelsrichtungen (Ost, Süd, West, Nord und Mitte), die fünf Elemente (Erde, Wasser, Feuer, Luft und Raum), die fünf grundlegenden Farben (Rot, Grün, Gelb, Blau und Weiß) und noch vieles mehr.
43 Hans Peter Dürr, »Es gibt keine Materie«
44 Tsültrim Allione, »Die fünf Dakinis«
45 Miranda Shaw, »Erleuchtung durch Ekstase«
46 ebd.
47 ebd.
48 In dieser Erscheinungsform kann sie auch Vajrayogini oder Kurukulle etc. heißen
49 Thinley Norbu, »Magischer Tanz«
50 Judith Simmer-Brown, »Dakini's warm Breath«
51 siehe Literaturliste
52 Sadhana bedeutet die Gesamtheit von Teilen einer Praxis
53 Beispiele: Anregungen für Psychotherapeuten mit dem »Unity in Duality«-Programm von Tarab Tulku; Contemplative Psychotherapy, Naropa University, Boulder, Colorado
54 Franz Kafka, »Die Verwandlung«
55 Die 5 Traditionen: Gelug, Karma Kagyü, Shakya, Dzog Chen und Bön-Buddhismus
56 Rangjung Yeshe Gomde, www.gomde.eu

དཔེ།

LITERATUR

Allione, Tsütrim, *Tibets weise Frauen*, Theseus 2001

Bokar Rinpoche, *Tara – The Feminine Principle*, Clear Point Press 1999

Chögyam Trungpa, *Aktive Meditation*, Walter 1972

Chögyam Trungpa, *Das Buch vom meditativen Leben*, O.W. Barth 1986

Chadwick, David, *Thank you and okay*, Penguin/Arkana 1994

Dürr, Hans Peter, *Geist, Kosmos und Physik*, Crotona 2010

Dürr, Hans Peter, *Es gibt keine Materie*, Crotona 2016

Dalai Lama, *Meine spirituelle Autobiografie*, Diogenes, 2010

Dzongsar Khyentse Rinpoche, https://khyentsefoundation.org/homage-to-tara/

Garling, Wendy, *Stars at Dawn*, Shambhala 2016

Hüther, Gerald, *Wege aus der Angst*, Vandenhoeck & Ruprecht 2020

Kodo Sawaki, *Zen ist die größte Lüge aller Zeiten*, Angkor 2005

Kafka, Franz, *Die Verwandlung*, Hamburger Lesehefte 1915

Low, James, *Sparks,* Simply Being U.K. 2017

Magcig, *Gesänge der Weisheit*, Garuda 1998

McTaggart, Lynne, *Das Nullpunktfeld*, Goldmann 2003

Olvedi, Ulli, *Die Energien des Lebens und des Sterbens*, O.W. Barth 2013
Olvedi, Ulli, *Buddhas Kinder*, Nymphenburger 2017
Paul, Diana Y., *Die Frau im Buddhismus*, Papyrus 1981
Ponlop Rinpoche, *Rebell Buddha*, O.W. Barth 2011
Shaw, Miranda, *Erleuchtung durch Ekstase*, Wolfgang Krüger 1997
Simmer-Brown, Judith, *Dakini's Warm Breath*, Shambhala 2001
Tarab Tulku XI, *Einheit in der Vielfalt*, Theseus 2005
Taranatha Jonang, *Die goldene Girlande*, Otter 2009
Taranatha Jonang, *The Origin of Tara Tantra*, Library of Tibetan Works and Archives 1981
Theresa von Avila, *Ich bin ein Weib – und noch dazu kein gutes*, Herder 1982
Thinley Norbu, *Welcome Flowers*, Jewel Publishing House 1997
Thinley Norbu, *Magischer Tanz*, Windpferd 2010
Tulku Urgyen Rinpoche u. Trukshik Adeu Rinpoche, *Skillful Grace*, Rangjung Yeshe Publications 2007

Tashi Delek e.V.

Gesellschaft zur Förderung der tibetischen Kultur im Exil Gemeinnütziger Verein seit 1990, gegründet und geleitet von Ulli Olvedi

www.tashi-delek.de

www.tashidelek.de

REGISTER